Martina Wimmer
Champagner für alle

Martina Wimmer

Champagner für alle

Wie man in Würde altert, ohne erwachsen zu werden

Marion von Schröder

Inhalt

Am Anfang die Wahrheit

Mit einer kurzen Nachricht fing es wohl an. Die durchschnittliche Lebenserwartung einer durchschnittlich gesunden Frau betrage nach der jüngsten Erhebung des Statistischen Bundesamtes 81 Jahre. Das war irgendwo in einer Randspalte jener Zeitung vermeldet, die ich seit ein paar Jahren versuche regelmäßig und mit dem gebotenen Realitätssinn zu studieren. Ich saß also mittags bei einem späten Frühstück in meiner Küche und las diese Zahl. Ließ den Blick abwesend schweifen, von der überfüllten Leergutecke über den maroden Geschirrschrank hin zur Wackelbild-Jesus-Postkarte an der Wand. Im Hintergrund tickte der alte Radiowecker von Miriam, Überbleibsel aus meiner ersten WG, ein spätes Siebziger-Jahre-Modell, so was wird heute in Berlins Mitte meistbietend als Neo-Chic verkauft. Miriam hat mittlerweile vier Söhne, der erste wird bald volljährig. Sie hat nie nach dem Wecker gefragt.

Ich versuchte zu begreifen. 81 dividiert durch zwei macht 40,5. Es war absehbar. Ich näherte mich deutlich der zweiten Hälfte meines Lebens. Der Radiowecker, der sich erstaunlich gut gehalten hatte, plärrte nebenbei Musik, die ich schon lange kannte. Ich stelle mir in der Erinnerung gerne vor, es sei wenigstens Elvis Costello gewesen, aber wahrscheinlich war es doch R.E.M. »Nur für Erwachsene«, jubelte ein Jingle dem Lied hinterher. Es war das neue Motto des Senders. Ich hatte deswegen schon mehrmals erwogen, eine andere Station einzustellen, aber der Radiowecker reagierte auf jegliche Art von Berührung äußerst empfindlich; wenn man Pech hatte, würde man danach stundenlang nur noch Rauschen hören.

Ich war müde, es war spät gewesen in der Nacht zuvor. Den letzten Abstecher in den neuen Club hätte man sich vielleicht sparen können, aber, hey, wir hatten getanzt, das macht man ja auch nicht mehr alle Tage. Am Telefon mit meiner liebsten Nachtschwärmerin würde eine von uns später sagen: »Ganz guter Laden. Angenehm. Nicht so viel Jungvolk.« Dann würden wir beraten, ob ein Bauchnabelpiercing die geeignete rituelle Handlung für unsere gemeinsame Freundin Sylvie sein könnte, um ihren Trennungsschmerz zu überstehen.

Mein Mann (verheiratet, ich? Ja, tatsächlich) würde dazu die Augen verdrehen, leicht genervt vom zelebrierten Girlie-Talk, und mich danach wieder mal fragen, wie man unseren neuen iPod richtig programmiert. Manchmal sagt er: »Ich bin zu alt für so was.« Dann lachen wir beide, weil wir wissen, er hat es nicht so gemeint.

Trotzdem: Die zweite Hälfte steht an. Dabei hat uns gar keiner gefragt, ob wir mit der ersten schon fertig sind. Sind wir nämlich noch lange nicht. Werden wir vielleicht nie. Fertig. Erwachsen. Geht doch alles viel zu schnell. War das nicht erst gestern, raus in die große Welt, kann alles passieren, gehört alles mir? Irgendwann haben wir gedacht, kommt der Knacks, automatisch wird man es spüren, wenn man auf die andere Seite gerät. Jetzt stehen wir da, fühlen uns wie immer, nur die Indizien sprechen gegen uns.

Denn Cellulite gibt es wirklich, Sport macht irgendwann nicht mehr schön, sondern nur noch glücklich, die biologische Uhr lässt sich nicht umtauschen, wenn sie zu laut tickt. Wir werden älter. Alle. Jede. Es könnte also durchaus sein, dass ich nie mehr lerne, fließend Italienisch zu sprechen, um für alle Fälle (eine neues Leben in Rom oder Mailand, eine strahlende Villa, ein schnittiger Bankier) gerüstet zu sein. Könnte sein, dass es nichts wird mit der ersten Million, der lieblichen Großfamilie, der Weltumsegelung und dem Waldgrundstück. Könnte sein, dass die Lachfalten irgendwann tiefer werden und das Weihnachtsgewicht nicht mehr runtergeht. Könnte sein, dass mich das in schwachen Momenten traurig macht.

Es wird sich aber nur ertragen lassen, wenn ich weiter dazu lachen kann. Mit allen anderen, die verwirrt kreiseln zwischen Spätpubertät und straffenden Masken im Gesicht. Die sich fragen, warum man nicht reif und erfahren wird, sondern einfach nur älter.

Ich saß also da, ließ den Radiowecker rauschen und dachte nach darüber, ob es ein Verfallsdatum für unsolide Lebensführung, lauten Musikgenuss und lockere Kleidung gibt. Wie man in Würde altert, ohne erwachsen zu werden. Es ist ein Buch daraus geworden. Eines, das Spaß machen soll, denn damit wenigstens kennen wir uns schon etwas länger aus.

Berlin im Februar 2005

1 Rechnen mit Unbekannten

Über runde Geburtstage, die Brutalität gedruckter Tatsachen in Ausweisdokumenten und die richtige Reaktion auf Komplimente wie: »So alt sehen Sie doch noch gar nicht aus.«

Große Ängste, kleine Freuden

Das Atmen fiel mir zusehends schwer, und meine Füße brannten wie Feuer. Das Kleid aus tiefroter Seide war im Laufe des Abends deutlich zu eng geworden, die zehn Zentimeter hohen Schuhe auch. Ich hielt mich an der etwas zu vornehmen Bar fest. Mit schiefem Lächeln und leichenblass stolperte bereits zum dritten Mal in zehn Minuten Freundin Luise an mir vorbei. Gestützt von Anka, die dem Rest der geliebten Damenrunde zuraunte: »Das nächste Mal geht jemand anders mit ihr aufs Klo. Ich war jetzt schon dreimal.« Luise, verantwortungsvolle Mutter und erfolgreiche Geschäftsfrau, hatte zu viel Kuchen gegessen. Ein selbst gebackenes Geschenk, vom Spender großzügig mit Marihuana versetzt. Auf einem der zartbeigen Ledersofas saßen ein paar therapierte Freunde beim Mineralwasser, ein Mann mit einem Cowboyhut stülpte mir eine Luftballonskulptur über den Kopf. In einer Nische an der Wand verglichen ein Kollege und eine hochschwangere Freundin ihren Bauchumfang. Freundin Sabine schaukelte auf einem Hocker, im gefährlich kurzen

Rock. Der Anblick ihrer schönen Beine gab mir ein wenig Halt. Ein paar versprengte Stimmen sangen immer noch ein Lied, in dem mehrmals mein Name vorkam. Ich versuchte zu verstehen. Ich war gerade vierzig geworden.

Vierzig, nicht vierzehn. Meine Gäste tanzten Pogo, Luise ging es wieder besser. Nur mir wurde zusehends komisch. Das aber hatte nichts mit dem Kuchen zu tun. Ich war vierzig. Sieben Buchstaben, ein Wort. Je öfter ich es dachte, umso merkwürdiger hörte es sich an, wie ein Idiom aus einer fremden Sprache. Esperanto. Kauderwelsch. »Und? Wie fühlst du dich?«, brüllten ein paar ausgelassene Gäste, während sie an mir vorbeischunkelten. Ich begann mich innerlich abzutasten, als sei ich gerade aus einer Vollnarkose erwacht. Wartete. Auf einen Blitz, einen Schock, ein spätes Initiationserlebnis. Es passierte: nichts. Ich bestellte mehr Champagner. Heute sollte es an nichts fehlen, das war meine Devise für die Feier gewesen. Stilvolles Ambiente, Abendgarderobe und gute Getränke. Glücklicherweise hatten meine Gäste für Haschkuchen und Pogo gesorgt.

Die Wochen im Vorfeld des Ereignisses waren eine Geisterbahnfahrt der verwirrten Gefühle gewesen. Es gab panikartige Fernreisepläne, die trotzige Ankündigung der kompletten Verweigerungshaltung, die leicht dramatische Idee, ein mehrgängiges Mahl für meine zehn liebsten Menschen zu inszenieren, was natürlich schon im Vorfeld an den konkreten Überlegungen zur allzu eingeschränkten Auswahl der Gäste scheiterte. Ich habe die halbe Stadt nach geeigneten Kulissen für die besondere Party durchkämmt, ich habe mangels Zeit kistenweise Designerware per Post bestellt, schließlich das teuerste Kleid meines Lebens gekauft und dazu Schuhe, mit denen ich schon im Laden keine zwei Meter ohne Schmerzen laufen konnte. Und als mein Friseur schwer verkatert unseren Termin am Nachmittag vor der Feier absagen wollte, habe ich ihn angeschrien. Die Frisur ist ihm trotzdem gelungen.

Ich war nach alldem, wie mir schien, letztlich gut vorbereitet auf das entscheidende Datum, wollte hoch erhobenen Hauptes, elegant und damenhaft im großen Kreise meiner Liebsten in eine neue Ära schreiten. Und dann passierte nichts. Nichts Außergewöhnliches. Zumindest nicht mit mir. Nur Luise wurde schon wieder schlecht. Es war eine tolle Feier, mit tollen Gästen. Obwohl es Winter war, blieben sie bei mir, bis es draußen endlich hell wurde. Dann war es vorbei und hat gar nicht wehgetan, nur ein bisschen im Kopf, als ich aus der Bewusstlosigkeit wieder erwachte. Aber das kannte ich vorher schon. Und als er wieder klar war, der Kopf, wunderte er sich stark über die Angst und die Aufregung, die einer schönen Nacht vorausgegangen waren. Es war mein vierzigster Geburtstag. Ein weiterer Geburtstag. Und ich erinnerte mich, dass statt der Beklemmung, die dieses Datum im Vorfeld bei mir ausgelöst hatte, vor langer Zeit ganz andere Symptome meinen Jubeltag ankündigten.

Hypernervöse Vorfreude. Schlaflose Nächte im Kinderzimmerbett. Ein großartiges Gefühl. Das beste meines Lebens bis zum ersten Orgasmus. Wenn der Bauch kitzelte, das Hirn vibrierte und die Füße brannten. Wenn das Weckerläuten so wunderbar klang wie ein Liebeslied von David Cassidy. Dann war Geburtstag. Mein Geburtstag. Nicht Weihnachten für alle – sondern Geburtstag ganz allein für mich. Mein jugendlicher Glückshormonhaushalt sorgte verlässlich dafür, dass ich mich an jenen erlesenen Wintermorgenden selbst in einem abgetragenen Flanellnachthemd meiner großen Schwester fühlte wie eine gelungene Mischung aus Popstar und Prinzessin.

Das war wichtig, denn die Feier der Jahrestage im elterlichen Heim folgte einem unumstößlichen Ritual. Im Dunkeln musste ich liegen bleiben und so tun, als sei dies ein Morgen wie jeder andere, einer, an dem mich weder der blecherne Wecker noch die entnervte Stimme meiner Mutter in die Senkrechte quälen konnte. Musste warten und das Geraschel und Getuschel vor meiner Zimmertür ignorieren, und fast ist es mir Jahr um Jahr gelungen, mich selbst davon zu überzeugen, dass ich nicht wüsste, was gleich passiert. Die Familie wiederum – Mutter, Vater, Schwester – spielte ihren Part ebenso perfekt. Betrat schließlich vorsichtig mein Schlafgemach, um mich, die ich schon lange so wach war, als hätte man mir seit Wochen statt Schokopulver Speed in die Milch gerührt, zu wecken. Mit einem im Chor geflöteten »Alles Gute zum Geburtstag«.

Dann kam jener Teil des Programms, für den es hilfreich war, seiner selbst auch in einem blassgelben Flauschkittel ganz und gar sicher zu sein. Wir nannten es den Triumphzug. Im unbeleuchteten Flur stellte sich die Familie – aus Loyalität ebenfalls noch im Nachtgewand – in Polonaise-Formation hintereinander auf, ich als Jubilarin allen voran. Wir marschierten im Gleichschritt durch den Gang, die Mannschaft hinter mir sang aus vollem Herzen: »Martina hat Geburtstag, Geburtstag hat sie heut, wir kommen gratulieren, trallallallalla.«

Der Marsch endete vor der Wohnzimmertür, der Gesang verstummte, und in diesen Moment der perfekten Stille hinein drückte ich die Klinke der Tür. Hinter der Öffnung: Dunkel. Nur Kerzenschein und Hyazinthenduft. Es waren die schönsten Sekunden des Tages – im Türrahmen stehen mit verklärtem Blick auf die flackernde Dämmerung, Pakete im Schattenriss, die Vorfreude auf dem Höhepunkt. Dann schließlich das Licht anschalten, Kerzen auspusten, Geschenke auspacken, den Satz wortwörtlich nehmen bis in die letzte Nervenfaser: »Das ist mein Tag.«

Echt wahr: Als Heranwachsende habe ich jeden Geburtstag damit zugebracht, mehr oder minder ununterbrochen zu denken: »Ich bin die Beste. Mein Leben wird ein Feuerwerk. Her mit all den Ehrenbezeugungen, Huldigungen und Gaben, sie sind hier am richtigen Platz.« Selbst die Schule war ein Fest, weil all meine auserwählten kleinen Gäste ausschließlich über die nachmittägliche Party sprachen. Da gab es dann auch das volle Programm. Mehr Geschenke, Gummibärchen bis zum Erbrechen und in späteren Jahren das Privileg, als Gastgeberin die hübschesten halbwüchsigen Mofafahrer konkurrenzlos beflirten zu dürfen, weil meine Freundinnen mir zu Ehren mühsam Zurückhaltung übten.

Das war Geburtstag. War. Ist schon lange nicht mehr so. So unverschämt euphorisch. So fraglos selbstverliebt. So ignorant und ohne Zweifel hoffnungsfroh. Vierundzwanzig Stunden unmotiviertes »Hoppla, jetzt komm ich«-Gefühl. Das hört irgendwann auf und verschwindet für immer, genauso wie die sichere Überzeugung, ohne Nutella nicht frühstücken zu können, oder die Hoffnung, dass laute Musik das eigene Seelenleben retten kann. Seltsam nur, dass man nicht wirklich merkt, wann es passiert. Und auch nicht weiß, warum. Die ahnungsvolle Furcht: es hat was mit dem Älterwerden zu tun.

Partys, Gäste und andere Katastrophen

Der Achtzehnte war noch okay, die letzte Feier zu Hause, morgens Triumphzug im übergroßen Snoopy-T-Shirt, abends das Menschenexperiment im elterlichen Partykeller. Wie viele Teenager passen stehend, liegend, tanzend in einen Vierzig-Quadratmeter-Raum? Wie viel Wodka kann man mit fünfundvierzig Kilogramm Lebendgewicht trinken? Wie oft hintereinander ertragen Jungs »Angie« von den Rolling Stones? Schön war das, am nächsten Morgen war mir immer noch schlecht, Mami half aufräumen, und wie so oft dachte ich, dass danach mein erwachsenes Leben beginnt.

Ein erstes Indiz, ein leises Zeichen der Ernüchterung in den folgenden Jahren: Im Studentenapartment war kein Mensch und kein Platz für Triumphzüge zum Wiegenfest. Daraus folgte die Erkenntnis: Wer sich feiern will, muss es selbst organisieren. Mein Ehrentag im Winter verging niemals ohne Festivitäten, das ist man sich schuldig als Aufbegehren gegen Vernunft und Alltag, gegen Gleichgültigkeit und Durchschnitt, gegen Kalender und Geburtsurkunden sowieso.

Nicht jedes Fest war gelungen – wann immer an Geburtstagen die ertrotzte Euphorie in kleine oder große Desaster mündet, spürt man ihn umso deutlicher, den Lauf der Zeit. Es ist beleidigend, wenn der Spaß ausbleibt, aus Versehen fängt man am Ende zu grübeln an. Über fade Gäste und falsche Entscheidungen, über unpassende Geschenke und langweilige Liebhaber, über misslungene Menüfolgen und persönliches Chaos. Und hat dabei die fürchterliche Ahnung, dass Fehlentwicklungen an Geburtstagsfeiern sinnbildlich für den Rest des Lebens sind.

Derartige Realitätsschübe haben wenig mit der tatsächlich gefeierten Jahreszahl zu tun. Relative Jugend schützt vor altersweiser Sinnkrise nicht. Ich erinnere mich äußerst ungern an einen Geburtstag, der als opulente Party angelegt war in der großzügigen Wohnung, die ich damals mit ein paar Freundinnen bewohnte. Die Voraussetzungen waren nicht gerade günstig. Ich litt unter den Symptomen einer Erkältung von lebensbedrohlicher Dimension mit allen optischen Beeinträchtigungen, die derartiges Leid mit sich bringt: triefende Augen, eine karnevalesk leuchtende Nase groß wie ein Ping-

Pong-Ball und eine Gesichtsfarbe, die ins leicht Gräuliche tendierte.

Glücklicherweise kam Freundin Tanja etwas früher als die anderen Gäste. Tanja war Krankenschwester von Beruf und bestens ausgestattet mit chemischen Hilfsmitteln aller Art. Ich nahm fünf bis zehn von ihr verabreichte Kapseln unterschiedlichster Form und Farbe in seligem Vertrauen auf Tanjas äußerst professionelles »Bald sind wir wieder gesund«-Lächeln, mit dem sie in der Klinik wahrscheinlich auch hundertzwanzigjährige Komapatienten bedachte. Dann strömten die Gratulanten ins Haus.

Allen voran, und das war (noch) keine Wahnfantasie, ausgelöst vom schillernden Pillenmix, der von mir angebetete, hochverehrte Michael, ein psychopathischer Armleuchter mit engelsgleichen Zügen. Er schenkte mir ein blendendes Lächeln und einen Strauß weiße Rosen, dann setzte die unbeabsichtigte Wirkung der Tabletten ein. Von der Erkältung war nichts mehr zu spüren, leider habe ich auch darüber hinaus wenig Substanzielles wahrgenommen. Schemenhafte Schleier, vertraute Gesichter, die Bude war voll, und alle grinsten mich freundlich, aber mit einem Hauch von Mitleid an. Ich saß paralysiert die ganze Nacht auf einem Sofa, sprach- und hilflos abgepuffert von der Außenwelt.

Am nächsten Morgen lag Michael in meinem Bett. Zum ersten Mal. Und zum letzten. Ich hatte schneidende Kopfschmerzen, die vertrauten Erkältungserscheinungen, doch meine Wahrnehmung war wieder intakt. Er sagte: »Nett war's«, und nach kurzer dramaturgischer Pause: »Wir können uns leider nie wieder sehen, ich heirate morgen.« Dann küsste er mich huldvoll auf die Stirn, zog sich an und verschwand.

Das Schlimmste daran war nicht, dass der erreichte Höhepunkt nach einer dreimonatigen Balzarie mit Michael im Drogenrausch gänzlich unbemerkt an mir vorbeigezogen war. Viel unerträglicher war die Angst, einer unerbittlichen Wahrheit ausgesetzt zu sein. Irgendeinen Zug verpasst zu haben. Andere Frauen wurden geheiratet. Wahrscheinlich kurierten sie Krankheiten mit sorgfältig sortierten Kräutermischungen, oder ihre Nasen waren so zart und klein, dass ein ausgewachsener Schnupfen sie schlichtweg nicht entstellen konnte. Ich aber war mehr und mehr dem Verfall anheim gegeben, war haltlos, gebrechlich, tablettensüchtig, im bewusstlosen Zustand notfalls als letzte Station eines Junggesellenlebens zu missbrauchen.

Ich war gerade dreiundzwanzig geworden, und ich hatte vorher noch nie ans Heiraten gedacht. Aber ich war mir sicher: Damit ist es vorbei.

An meinem dreißigsten Geburtstag habe ich mich dafür jünger gefühlt als mit achtzehn. Alles war neu: Liebe, Leben, Wohnort, das frisch bezogene Domizil voll alter eigens angereister Freunde, die mir aufrichtig Glück wünschten für die verheißungsvolle Zukunft auf 52 Quadratmetern. Es war seine Wohnung, für den Anfang. Ich hatte mein Leben auf zwei Koffer und einen Laptop reduziert. Das ebenfalls zugehörige Fahrrad war mir gleich nach meiner Ankunft gestohlen worden. Und ich dachte erneut: Jetzt fängt alles erst an.

Auf den Tag fünf Jahre später schüttete es in Strömen. Ich war mittendrin, im Regen, auf der Straße, heulend, ohne Schirm. Der Plan war ein anderer gewesen, er hieß: sich selbst etwas Gutes tun. Ein Präsent kaufen, von mir für mich, etwas von Wert mit Symbolkraft, etwas von dem man dachte, dass man es sich als Frau Mitte dreißig schon lange nicht mehr selbst schenken muss. Ein funkelnder Ring, eine hübsche Uhr, auf Samt gebettet in einer Schachtel, die bei einer leichten Berührung wie durch Zauberkraft aufspringt.

Dann würde er sich martern, vor Scham versinken, er, der

kein Geschenk und keine Zeit für mich hatte, er, der schon seit Wochen im Beruf versank. Ein wichtiges Projekt, Termine, die sich nie verschieben ließen, nur ich war wieder mal verschoben, sogar an meinem Ehrentag. Stand also schließlich trotzig beim Juwelier, konnte nichts finden, was mich wirklich glücklich machen würde, und kam mir wieder schrecklich spät vor in diesem meinem Leben. Vergeudet, vertan, die besten Jahre, und wenn alles vorbei ist, bleibt nicht mal ein Diamantring zurück.

Ein paar Mal bin ich als deutsches Winterkind in die Wärme geflohen, an den Palmenstrand. In Costa Rica feierten wir auf der Dachterrasse eines Hippie-Hotels mit den verlebten Stammgästen und den feurigen Ortsansässigen. Wir hörten freiwillig Salsa die ganze Nacht, von beckenkreisenden Schönheiten umringt, die fröhlich »Baila, baila, Martina!« riefen.

Ich bin kein Mensch, der im Urlaub optisch sehr gewinnt. Meine Haut färbt sich lieber rot als braun, dafür werden meine Augenbrauen und Wimpern weiß. Überflüssig zu erwähnen, dass sich auch mein westeuropäischer Hüftschwung nicht mit südamerikanischen Naturtalenten messen kann. Und den Traum vom langen schokoschwarzen Haar habe ich bereits im Kleinkindalter abgelegt.

Ich musste trotzdem tanzen, darauf wurde bestanden. Ein wenig habe ich mich dabei gefühlt, als sei ich zum Karneval in Rio ungekämmt im Schlafsack erschienen. Bis mein Geliebter an mir vorbeiwippte und mir ins Ohr flüsterte: »Du bist die Schönste von allen. Ich liebe dich.« An diesem Geburtstag dachte ich, es könnte auch einfach mal alles so bleiben, wie es ist.

Klar, das Leben, die Dramen, das Glück spielen sich ebenso an 364 anderen Tagen ab. Aber es gibt diesen einen besonderen Tag im Jahr, der unerbittlich wiederkehrt. Da fällt es einem wohl mehr auf, das Glück, das Leben, das Drama.

Dabei ist es grundsätzlich keine schlechte Idee, die eigene Geburt in regelmäßigen Abständen gebührend zu feiern. Und außerdem keine gangbare Alternative, den Tag zu verweigern, sich angstvoll oder, wie man sich vielleicht einredet, bescheiden zurückzuziehen. Ich finde es würdelos, am einzigen Tag, an dem man sich selbst ohne weitere Erklärung und ohne mühsame Vorarbeit auf die Showtreppe stellen kann, lieber ganz privat mit Wollsocken vor dem Fernseher zu vegetieren und hartnäckige Anrufer mit Sätzen wie: »Das wäre aber nicht notwendig gewesen«, »Ach, dass du an mich gedacht hast«, »Weißt du, in meinem Alter nimmt man das nicht mehr so wichtig« in die eigene Depression zu stürzen.

Nichts als die Wahrheit

Dennoch hat die Sache einen unleugbaren Haken: Geburtstag ist Zähltag. Wer aus diesem Anlass Gäste empfängt, Bars belagert, Orgien inszeniert, gibt denselben bekannt. Alleine schon, weil sonst keiner gescheite Geschenke mitbringt. Leider setzt man sich damit unweigerlich einer wenig originellen, aber gerne gestellten Frage aus: »Wie alt wirst du eigentlich?« Das allerdings wollte man im Rausch der Feier gerne kurzfristig vergessen. Diese Zahl im Kopf, die man nie wichtig nehmen wollte. Die sich dennoch immer breiter macht im eigenen Bewusstsein. Und mathematisch immer größer wird.

Reflexhafte Reaktionen zur psychischen Defensive fallen seltsam schwach aus. »Konnte ich mir nie vorstellen, aber jetzt bin ich doch so alt«, denkt man. Weiß noch, wie man mit achtzehn die Fünfundzwanzigjährigen für unerreichbar hielt und mit fünfundzwanzig dachte, die über Dreißigjährigen seien jenseits von Spaß und Böse. Ein bisschen ist das wie beim Wind- und Wetterbericht, nur andersherum. Mit gefühlten wohligen zwanzig plus pfeift einem aus dem eigenen Ausweis der eisige Wind der angehenden Vierziger mitten ins Gemüt.

Prominente Damen aus Film, Funk und Fernsehen lösen die Problematik zumindest oberflächlich oft auf einfachste Weise. Sie verschweigen die harte Zahl. Hören irgendwann um die dreißig auf zu zählen. Solchen Memmen haben wir es wahrscheinlich auch zu verdanken, dass man uns irgendwann nicht mehr nur nach dem Alter fragt, sondern hämisch höflich hinterherschiebt: »Oder darf man schon nicht mehr fragen?« Das ist die nächste Stufe zum Abgrund, der Tiefschlag. Zu wissen, dass Menschen vermuten, dass sie nach einem Alter fragen, nach dem man nicht mehr gefragt werden will.

Für Damen mit einem halbwegs funktionierenden Sozialleben, die nicht jährlich ihren kompletten Freundeskreis austauschen, wäre es ohnehin schwierig, vertrauensvoll auf die Diva-Taktik zu setzen. Meine Bekannten jedenfalls feiern mit mir schon seit Jahren, und sie können rechnen. Sie können eins und eins zusammenzählen, genauso wie dreißig plus fünf plus fünf. Es wäre ihnen aufgefallen, würde ich seit zehn Jahren behaupten, neunundzwanzig zu sein.

Bleibt also die Frage, die stetig lauert, auf eigenen und fremden Geburtstagsfeiern, inmitten spontaner Flirts, nach ungeplanten Höhepunkten, bei Gewinnspielen, in Amtsstuben, an Theaterkassen. »Wie alt sind Sie/bist du eigentlich?« Gute Frage. Auf die es fast nur schlechte Antworten gibt.

Was man auf Fragen, das Alter betreffend, lieber nicht sagen sollte:

1. *»Ich stehe zu meinem Alter.«*
Herausposauntes Heldentum ist in diesem Fall ganz und gar unsinnig. Ihr Alter ist keine zweifelhafte politische Grundhaltung, kein allseits geächteter Begleiter, kein gewagtes Outfit und auch keine fragwürdige Freizeitbeschäftigung. Sie haben es sich nicht selbst ausgesucht. Und Sie können es auch nicht ändern.

2. *»Na, raten Sie doch mal.«*
Ganz gefährlich. Das kann eigentlich nur nach hinten losgehen. Für Sie, für den, der fragt, für den Rest des Abends, den Lauf der Dinge, die glückliche Zukunft, die gesegnete Nachtruhe, für den Verlauf Ihrer Psychotherapie, die Entwicklung Ihres Kontostandes und den nächsten Allergietest. Die auszulösende Katastrophe hat viele Gesichter. Man schätzt Sie zu alt. Peinlich für den Fragenden, vernichtend für Sie. Ohne weitere Worte. Man schätzt Sie zu jung. Sie können lächelnd nach oben korrigieren und ganz souverän die eigene Genugtuung im Keim ersticken. Oder begeistert nicken und dabei so wenig überrascht wirken, als hätten Sie, ohne zu tippen, fünf Millionen im Lotto gewonnen. Sie werden in beiden Fällen ohne professionelle Mimenausbildung wenig glaubhaft sein. Bleibt die dritte Möglichkeit: Man schätzt Sie richtig. Das, finden Sie, gilt nicht. Sie wollten spielen. So viel Nüchternheit steckt keine weg. Wie sieht das denn aus, mit leerer Miene einfach »Stimmt« zu sagen? Sie müssen also lügen, um sich selbst bei Laune zu halten. Nach unten schwindeln, weil alles andere noch viel blöder wäre. Und damit, so waren wir uns doch einig, fangen wir gar nicht erst an.

3. *»Noch lange nicht so alt, wie du aussiehst, haha.«*
Sie lachen gerne. Man liebt Sie für Ihr unbekümmertes Gemüt, und wenn das gerne mal Pause machen möchte, füttern Sie es in schwachen Stunden mit Comedyshows auf Pro 7. Werden dort derartige Witze gemacht, lacht das ganze Publikum laut, ausgelassen, mehr als fröhlich. Das kann es auch sehr unbesorgt, es ist ja nicht gemeint. Ihr Gegenüber aber weiß genauso gut wie Sie: Die Sache ist ernst. Und Sie sind nicht lustig. Sondern verzweifelt. Wenn Sie Glück haben, sieht er deswegen davon ab, seine eigene Schätzung abzugeben. Zehn Jahre zu hoch. Und so dass ihn jeder hören kann.

4. *»Wer hat Sie eigentlich eingeladen?«*
Grundsätzlich immer eine berechtigte Gegenfrage. Vor allem wenn die eigene Feier von marodierenden Halbwüchsigen im Gefolge einer Kusine eines Freundes Ihres Freundes überfallen wird. Die sich neben Ihnen lauthals über das Getränkeangebot beschweren (»Wie? Kein Absinth da? Scheiße, die Knacker hier trinken alle Rotwein und rauchen Ökozigaretten, gähn«), sich brutal über Ihre Lippenstiftsammlung hermachen (»Boah, alles Clinique, ey!«), beim Anblick Ihrer CD-Auswahl in haltloses Gelächter ausbrechen und dann japsen: »Ey Mann, wie alt wirst'n du?« Bewahren Sie trotzdem Ruhe, zeigen Sie Reife, denken Sie meinetwegen: »In eurem Alter sah ich viel besser aus als ihr jetzt.« Und schweigen Sie weise dazu.

5. *»Hab ich vergessen. Aber seit meiner letzten Entziehungskur geht es mir schon wieder viel besser.«*
Kann passieren. In jedem Alter. Davon sollten aber nur die besten Freunde wissen. Wenn Ihnen gar nichts anderes einfällt – simulieren Sie lieber einen Schwächeanfall, und warten Sie, bis Ihnen Eingeweihte zu Hilfe kommen.

6. *»Das fragt mich mein Mann auch immer.«*
Sie sollten in sich gehen. Entweder Ihr Angetrauter weiß Ihr Alter wirklich nicht mehr, was vermutlich bedeutet, dass er ebenso konsequent Geburts- und Hochzeitstage, regelmäßige Liebesbeweise und seine Pflicht, Sie als Sexgöttin zu verherrlichen, vergisst. Es sei Ihnen zu wünschen, dass er stattdessen nicht eine Zahl zwischen siebzehn und vierundzwanzig umso deutlicher im Kopf herumträgt. Wenn aber der Satz »Wie alt *bist* du eigentlich?« aus seinem Mund eher als verächtliches Schnauben kommt und er dabei vehement das dritte Wort betont, scheint er der Meinung zu sein, dass zwischen Ihrem Auftreten und Ihrem Alter eine deutliche Differenz besteht. Das ist, vorausgesetzt Sie tragen zu Hause keine Hausschuhe mit Hasenohren, fast noch trauriger und reaktionärer als die erste Variante. Seien Sie auf der Hut, solche Äußerungen sind oft Vorboten wenig charmanter zwischenehelicher Auseinandersetzungen. Bald fragt er Sie auch: »So willst du ausgehen? Willst du dich lächerlich machen?« Verräumt Ihre Robbie-Williams-CDs und weigert sich, mit Ihnen verkatert zum wiederholten Mal die »Shrek«-DVD anzusehen.

7. *»Die Quadratwurzel aus 1600225 plus 0,12433434834, dividiert durch 17, abzüglich meiner Lieblingsprimzahl. Das Ergebnis dürfen Sie bis auf vier Kommastellen aufrunden.«*
Die Verwirrungstaktik. Macht mundtot, wirkt aber sehr gewollt und trägt nicht zum eigenen Sympathiewert bei. Zahlen-Cracks hatten es immer schon schwer mit der gesellschaftlichen Reputation und dem Coolness-Faktor. Wenn Sie aber heute noch stolz sind, dass Sie vor vielen Jahren das beste Mathe-Abi hatten und natürlich keiner bei Ihnen spicken durfte, dann gehen Sie sicher, dass bei solch verstiegenen Äußerungen kein Hochbegabter vor Ihnen steht. Der könnte nämlich

herausfinden, dass das Ergebnis Ihrer Rechnung circa 9 ½ beträgt.

8. *»Also als ich Karli bekommen habe, war ich zweiunddreißig und der ist jetzt gerade ... Ach, der Kleine ist schon ein richtig großer Junge. Ich hätte ja gerne noch eines, als Babys sind sie noch so süß. Aber zwei Kinder ... ich komme ja jetzt schon zu gar nichts mehr. Was hatten Sie gleich noch mal gefragt?«*
Ja, ja, an den Kindern sehen wir, wie wir altern. Das heißt aber nicht, dass wir gleichzeitig zwingend verblöden müssen. Also reißen Sie sich gefälligst zusammen. Karli ist nämlich schneller, als Ihnen lieb sein wird, achtzehn, halb kriminell und drogenabhängig oder mit einer schicken Geschäftsidee auf dem Weg zur ersten Million oder damit beschäftigt, Ihre beste Freundin zu schwängern. Egal was er tut, an Sie denkt er dabei dann herzlich wenig. Erst recht nicht, wenn Sie ihm mit weinerlicher Stimme vortragen, Sie hätten ihm Ihre besten Jahre geschenkt.

9. *»Ich halte es da mit Jean Cocteau. Der hat mal gesagt: ›Wahre Jugend ist eine Eigenschaft, die sich nur mit den Jahren erwerben lässt.‹«*
Ist im Ansatz nicht schlecht. Aber risikoreich. Eine solche Vorlage lädt feuilletonistische Fasler zu intellektuellen Schauläufen ein. Die versuchen dann, Sie den Rest des Abends mit einem fundierten Gespräch über das Wirken des französischen Filmemachers zu langweilen. Und es wird Sie einige Mühe kosten zu verbergen, dass Sie Ihre Party-Bonmots nicht aus Fachbibliotheken, sondern aus dem Internet ziehen.

10. *»Das ist mein kleines süßes Geheimnis.«*
Wir sprachen bereits davon. Das kleine süße Geheimnis wird immer größer, fällt irgendwann auf und ist dann kein Ge-

heimnis mehr. Außerdem klingen Sätze wie dieser so aufdringlich nach schlechtem Fernsehfilmdrehbuch, dass alle Umstehenden hoffentlich der Meinung sind, Sie könnten Derartiges nur voller Spott zitieren. Das allerdings wird Ihnen eine aufrichtige Antwort nicht ersparen.

Runde Nummern

Womit wir beim Kern der Sache sind: die aufrichtige Antwort. Es ist nur eine Zahl. Ein Wort. Ein Zahlwort. Sagt sich ganz schnell. Am allerschnellsten sprechen sich die glatten Zahlen. »Vierzig« lässt sich beispielsweise müheloser artikulieren als »neunundreißigvierfünftel«. Das hat doch auch was für sich, wenn es endlich so weit ist, oder nicht?

Trotzdem fällt es offenbar besonders schwer, im eigenen Leben die Dekade zu wechseln. Wie sagte eine Freundin meiner Mutter so schön: »Dreißig macht richtig Spaß, mit vierzig lacht man noch, mit fünfzig tut es schon weh, und mit sechzig ist es einem wurscht.« Runde Geburtstage sind die ultimative Steigerung paranoider Party-Neurosen. Wenn man selbst zu einem eingeladen wird, ist die beliebteste Smalltalk-Frage: »Wann bist du denn dran?« In einem scharfrichterlichen Tonfall gestellt, so als sollte man in einer verqualmten Küche neben Fleischbällchen und Kartoffelsalat den eigenen Hinrichtungstermin verlautbaren.

Mit dreißig haben wir die vermeintliche Zeitenwende noch leichten Herzens als wichtige Erfahrung abgespeichert. Damen meines Bekanntenkreises haben voreilig behauptet: »Ich fühle mich jetzt endlich erwachsen.« Kam einem irgendwie passender vor, als starke, selbstständige Frau über dreißig zu sein. Endlich nicht mehr nur jung, sondern ernsthaft im Spiel, mit vollem Einsatz. Die Freundinnen, die uns voraus waren, feuerten uns an: Mit dreißig ginge es richtig los. Die beste Zeit, so hieß es, das sollten die nächsten zehn Jahre sein. Das klang erst mal gut. War aber etwas vorwitzig. Hätte man dran denken können. Dass zehn Jahre auch vergehen.

Plötzlich also steuert man auf die vierzig zu. Heißt das jetzt, die besten zehn Jahre sind vorbei? Was macht man dann mit den restlichen dreißig bis vierzig? Könnten die besten zehn Jahre nicht noch ein paar Wochen, Monate länger dauern? Oder wenigstens das Gefühl, das man mit ihnen verbindet? Die Verwirrung nimmt zu. Wenn man mal vierzig ist, ist man beim nächsten Runden schon fünfzig, und das ist schließlich schon fast so alt, wie die eigene Mutter bei unserem Dreißigsten war.

Die eigene Mutter übrigens hat mal gesagt, dass sie sich so richtig alt erst gefühlt hat, als die erste Tochter vierzig wurde. Schönen Dank. Da ist man also mit dem zweifelhaften Jubiläum gleich für zwei Frauenschicksale verantwortlich.

In meinem Bekanntenkreis allerdings kursiert neuerdings das hartnäckige Gerücht, von vierzig bis fünfundvierzig werde es noch mal richtig gut, das Leben, wie so oft, schon wieder, ein stetiges Feuerwerk. Erst danach setze der wahre Schmerz des Älterwerdens ein. Die, die die vierzig bereits hinter sich haben, beteuern außerdem, es sei gar nicht so schlimm, verändere nichts, wieso sollte es auch.

»Es« sorgt währenddessen in meinem Umfeld dennoch für ständige Unruhe. Der Vierzigste schließlich, so lautet die einhellige Meinung, müsse noch mal anständig gefeiert werden. Als wollten wir uns alle gegenseitig beweisen, dass wir dazu nach wie vor oder mehr denn je in der Lage sind.

Etwas Besonderes, wohl um sich selbst abzulenken, soll es außerdem sein. Etwas Besinnliches hat es oft. Nicht immer beabsichtigt allerdings. Freundin Meike dachte, sie nimmt die Hürde ganz salopp, stört sie überhaupt nicht, vierzig zu werden, hat sie mehrfach und tatsächlich glaubhaft im Vorfeld beteuert. Sie hat ihren Vierzigsten dann mit akuter Darmgrippe im Bett verbracht, der ersten Darmgrippe übrigens, die sie in ihrem jungen Leben befallen hat. Anneliese hat die wichtigsten Freunde und Freundinnen ihrer Laufbahn eingeladen, vom Sandkastenkumpan bis zum jüngsten Liebhaber, in wochenlanger Denkarbeit sorgfältig handverlesen, und hat sie alle in einer flammenden Rede auf sich selbst untergebracht. Ein bisschen war das, als bereite sie frühzeitig ihren eigenen Nachruf vor. Hanna orderte ihre trinkfreudigsten Bekannten zu einem Landausflug mit geheimem Ziel: Wir haben zur Feier des Tages mit ihr einen alten Bunker der DDR-Volksarmee besucht.

Wer noch nicht so weit ist, übt schon mal. Wird dreißigirgendwas, seufzt theatralisch über das Alter und kauft sich aus gegebenem Anlass ein paar limitierte Turnschuhe für 200 Euro das Paar. Keine Ahnung, in wie vielen traut-trunkenen Nächten ich schon mit meinen weiblichen Gefährtinnen versucht habe zu ergründen, wann uns die erste Midlife-Crisis ereilt hat. Gerne überbieten wir uns dabei mit dramatischen Geschichten.

Ich behaupte oft, die Ahnung einer frühen Altersdepression hätte sich schon damals eingestellt, als ich mit siebenundzwanzig einen Zweiundzwanzigjährigen liebte und mich meine WG-Genossinnen als »Kinderfickerin« verlachten. Daniela klagt regelmäßig über die Zeit, als ihr die Kleidergröße 34 abhanden kam. Je nach Schaumweinkonsum variieren ihre konkreten Altersangaben dazu zwischen sechzehn und einundzwanzig. Die verträumte Annette hat die eigene Vergänglichkeit erstmals Mitte dreißig wahrgenommen, als ihre fünfzehn Jahre alte Katze verschied. Und Maria behauptet mit sturer Beharrlichkeit, darüber habe sie sich noch niemals

Gedanken gemacht. Es gehe ihr blendend, man sei so alt, wie man sich fühle. Und wenn sie uns damit alle mundtot gemacht hat, schildert sie detailverliebt die Schmerzstufen ihrer letzten Hexenschussattacke oder seufzt: »Kinder, ich muss nach Hause, ich halt nicht mehr so lange durch.«

Schwarz auf weiß

Während man ständig die eigene Selbstwahrnehmung neu sortiert, überfallen einen die Tatsachen hinterrücks. Hat man sich jemals Gedanken darüber gemacht, wie schmerzhaft es sein kann, wenn Ausweisdokumente ablaufen? Zehn Jahre habe ich ganz selbstverständlich ein Bildnis der eigenen Blüte mit mir herumgetragen. So jung, so zart, so hübsch, versiegelt für eine halbe Ewigkeit. Und auch wenn manch Uniformierter bei Kontrollen in Nacht und Nebel, an Grenzstationen oder Flughäfen unverschämt oft zwischen Pass und Person den Blick wandern ließ, alles, was auf offiziellen Papieren steht, ist stimmig, richtig, wahr, also auch das Bild mit den Engelshaaren und dem ungetrübten Unschuldsblick. Jetzt kommt es weg, für immer, wird zerhexelt mit der alten Pappe. Dann muss ich neue Fotos fertigen lassen, und die Gegenwart wird auf sich aufmerksam machen, wann immer mich ein Wachposten überprüfen will.

Spannend wird dabei nur, ob die Gendarmen dann immer noch ihren zweifelhaften Charme spielen lassen. Die Zahlen studieren und mit verunglücktem George-Clooney-Lächeln verschwörerisch raunen: »Also, so alt sehen Sie wirklich noch nicht aus.« Dieser Satz ist das merkwürdigste Kompliment aller Zeiten, und lange Zeit war ich darüber ernsthaft erbost. Hat man das nötig? Ist es ehrbar, verdienstvoll, jünger auszusehen, als man ist? Oder fehlt einem zum echten Alter gar die passende Würde? Wirkt man so albern, dumm und unreif, dass einem die eigene Jahreszahl nicht steht?

Richtig gefährlich wird es, wenn man sich von dem faden Spruch irgendwann geschmeichelt fühlt. Sachen antwortet wie: »Ach, wie reizend, finden Sie wirklich?« Dann noch mit nervösem Kichern hinterherschiebt: »Ja, man tut, was man kann …« Das ist das Ende. Oder zumindest der Anfang davon. Mich jünger schwindeln, als ich bin, darf übrigens nur mein Vater. Er praktiziert es hartnäckig und mit unvergleichlichem Charme auf gemeinsamen Skiausflügen. Geht zur Kasse, ordert mit fester Stimme: »Zwei Tageskarten. Ein Erwachsener, ein Kind.« Auf strenge fragende Blicke der Verkaufskräfte hin dreht er sich lächelnd zu mir um und sagt: »Schon gut, ich geb's zu, sie ist gerade siebzehn geworden.«

2 Chaos im Kleiderschrank

Das Drama der perfekten Garderobe: Wie hält man weiße Blusen sauber? Machen Nadelstreifen schlank oder langweilig? Und: Wer hat nur diesen grell geblümten Minirock in meine Einkaufstüte gesteckt?

Der erste Anzug

Es war unvermeidlich. Musste so kommen. Ich war, zugegebenermaßen, mein halbes Leben vorgewarnt. Mein erster Vorstellungstermin für eine berufliche Tätigkeit vor Sonnenuntergang bei einem soliden Arbeitgeber stand an. Ein Ereignis, das einen zwangsläufig aus dem eigenen Weltbild katapultiert. Dabei empfand ich es als durchaus positiv, in naher Zukunft mit dem eigenen Lebensunterhalt nicht mehr direkt vom Alkoholkonsum und den Trinkgeldern desolater Kneipengänger abhängig zu sein. Und auch der mögliche Einzug fester Arbeitszeiten in mein haltloses Dasein würde, so vermutete ich, durchaus von Vorteil sein. Dennoch – der Termin stellte mich vor ein exorbitantes Problem.

Dort oben in der Chefetage war nicht nur mein Wissen, mein Können, mein Charme gefragt. Ich brauchte das, was meine Mutter in den modisch experimentierfreudigen Jahren meiner Pubertät (die in dieser Hinsicht niemals wirklich enden wollte) etwas »Anständiges zum Anziehen« nannte. Es war Zeit für das erste Business-Ensemble, Kostüm, Anzug, weiße Bluse, Strumpfhosen ohne Laufmaschen, dezente Pumps, alles in gedeckten Farben, das volle »Ich bin eine erfolgreiche Frau, und das soll man mir gefälligst auch ansehen«-Programm.

Ich hatte die derart ausgerüsteten Damen schon öfter verstohlen, aber durchaus beeindruckt beobachtet, auf Flughäfen, in Hotellobbys, wie sie, den Kopf hoch erhoben, die Handtasche fest im Griff, ausschreiten, als gelte es mit jedem Tritt den Willen zur Weltherrschaft zu verkünden. Wer dabei akkurat sitzende Blazer, messerscharfe Bügelfalten, blütenweiße Blusen, frische Frisur, dezentes Make-up, elegant glänzende Schuhe und eine schlichte Designer-Brille trägt, kann durchaus überzeugend wirken.

Vielleicht war ich deswegen vor meinem ersten Ausflug in die Geschäftswelt der irrigen Meinung, eine seriöse Garderobe brächte souveränes Auftreten automatisch mit sich wie ein Zaubermantel. Also besuchte ich die vornehmste Etage eines deutschen Traditionskaufhauses.

Begleitet vom verwirrten Blick meiner Freundin Irmi (eine liebenswürdige Lebenskünstlerin ohne festes Einkommen, die einzige Frau, die Kleidungsstücke in allen Spektralfarben gleichzeitig und übereinander tragen kann, ohne dabei wie das Maskottchen eines ambitionierten Ethno-Projekts auszusehen), probierte ich die Uniform meiner goldenen Zukunft an. Irmi mühte sich nach Kräften, versuchte sich in aufrichtigen Ratschlägen wie: »Also das andere Grau war etwas lebendiger«, »Wenn du die Jacke zuknöpfst, sieht man gar nicht, dass die Hose Bundfalten hat«, »Probier doch die Bluse mal in Gelb«.

Ich ließ mich nicht beirren, ignorierte außerdem das offene Staunen der blasierten Verkäuferinnen und investierte gutgläubig einen am Kneipentresen hart erkämpften Monatsumsatz in teures Tuch. Dachte, ein Anfang muss gemacht werden, ein erster Schritt hin zum atemberaubenden Leben zwischen Geldanlagen und Gucci-Store.

Immerhin, in meiner damaligen Wohngemeinschaft tat die Investition ihre Wirkung. Ehrfurchtsvoll senkten meine Mitbewohnerinnen und Gewährsfrauen, mit denen ich sonst gen Wochenende die Aussagekraft verwegener Dekolletees und aktueller Rocklängen diskutierte, ihre Häupter. Ich habe aus alter Freundschaft davon abgesehen, die kurzfristige Demut auszunutzen und meine neue Rolle spontan mit ein paar scharfen Befehlen die Haushaltsführung betreffend zu erproben. Aber für meinen Auftritt im Chefzimmer am darauf folgenden Tag hatte ich keinerlei Bedenken mehr.

Der Tag fing allerdings schlecht an. Unsere Katze besaß offenbar ebenfalls einen erlesenen Geschmack, sie hatte über Nacht keine Mühen gescheut, um mein Luxus-Ensemble vom Bügel auf den Boden zu zerren. Ein Wunder, dass ich nicht aufgewacht war vom außergewöhnlich lauten Schnurren, mit dem sie sich zufrieden im teuersten Kleiderhaufen meines Lebens suhlte. Die Zeit, die ich an diesem Morgen eingeplant hatte für Seelenmassage, Meditation und unauffälliges Makeup, verbrachte ich nun damit, den Winterpelz des räudigen Tieres, so gut es ging, aus den feinen Fasern zu entfernen.

Die fehlende Gesichtsbemalung musste ich auf die Autofahrt verschieben. Und hätte ich nicht trotz des sich abzeichnenden Desasters damals die Basis für mein Berufsleben geschaffen, die erste Geschäftsidee hätte ich en passant auch schon gehabt: Schminkkurse im Stop-and-go-Verkehr. Es bedarf einiger Übung, mit Hilfe des Rückspiegels eines Kleinwagens Make-up fleckenlos und gleichmäßig zu verteilen, das Tuschen-Bürstchen mit sicherer Hand über die Wimpern zu führen und die Lippenfarbe dort zu platzieren, wo sie hinsoll. Vor allem, wenn diese Aktivitäten auf die Dauer einer Rotphase begrenzt sind. Ich hatte mir aufgrund meiner notorischen Unpünktlichkeit schon einiges an Routine erarbeitet, auf dem Weg zu Abendverabredungen oder Kneipendienst. Aber an diesem Morgen war ich nicht nur zu spät, ich war auch noch nervös.

An der ersten Ampel entglitt mir die Make-up-Tube und hinterließ eine schmierige Spur auf meinem Hosenbein. Bei der zweiten Ampel tauchte ich ab, um die Tube zu suchen, dabei entleerte ich den Rest meines Schminkbeutels in den Fußraum. Es wurde wieder Grün, hinter mir hupte man ungeduldig, ich musste fahren. Lidschatten- und Puderdosen, Kajalstifte, Lipliner und Parfümproben zerbarsten mit grausigen Geräuschen unter den von mir betätigten Pedalen.

Einen Lippenstift konnte ich retten. Er war signalrot. Besser als nichts. Nur das elende Gehupe trieb mich zum Wahnsinn. Ich hatte schließlich zu tun, dachte für meinen schönen Mund könnten die freundlichen Verkehrsteilnehmer in der Rushhour auch mal zwei Minuten warten. Letztlich verlor ich doch die Fassung, drehte mich um, zornig, erbost, den Mittelfinger im Anschlag, dummerweise hatte ich den Lippenstift noch in der Hand. Signalrot. Ein fetter Strich landete auf dem Kragen der ersten weißen Bluse, die ich seit meiner Firmung getragen hatte. Als ich am Zielort ankam, sah ich aus wie eine Avon-Beraterin nach einem Amok-Lauf.

Ich hatte keine andere Wahl, kein Jil-Sander-Set als Austauschgarderobe parat, auch keine persönliche Assistentin dabei, die mir dasselbe ohne ein verräterisches Schmunzeln anreichen und gleichzeitig meine Verspätung per Telefon mit der verzögerten Landeerlaubnis für meinen Privatjet begründen würde. Ich hatte, um ehrlich zu sein, noch nicht mal eine Packung Tempo in der Tasche. Dafür einen wichtigen Termin, für den ich bereits fast überfällig war.

Ich betrat also mit mutig vorgerecktem Kinn das Verlagsgebäude, die oberste Etage, das Zentrum der Macht. Versuchte mit Haaren, Händen, Beinen das unfreiwillige Farbenspiel auf meinem neuen Anzug zu kaschieren. Und wurde empfangen von einer Sekretärin in Leggings und Sweatshirt. Im Chefzimmer schließlich saß hinter wild wuchernden Stapeln aus Büchern, Magazinen, Tonträgern und Videokassetten ein rundlicher Mann mit einem rundlichen Gesicht, lustigen Augen, wirren Haaren und einem trägen Grinsen. Saß da in Jeans undefinierbarer Herkunft, die ihm – lange bevor junge Menschen auf der ganzen Welt die Hosen unterm Hintern trugen – locker um die Hüften spielten. Sein verwaschenes Baumwollhemd suchte vergebens Halt im Hosenbund und flatterte frei um seine stattliche Körpermitte. Er war das Oberhaupt einer auflagenstarken Fachzeitschrift. Ich habe drei Jahre dort gearbeitet, und es wäre ihm wahrscheinlich nicht mal aufgefallen, wenn ich in der Zeit mein Geschlecht gewechselt hätte.

Termine und Traumata

Das war mein erstes Erlebnis im Business-Kostüm. Vielleicht erklärt es mein bis heute gestörtes Verhältnis zu Nadelstreifen und artverwandten Kleidungsstücken. Zu allem, was in Modemagazinen seit der Erfindung der Karrierefrau als unentbehrliche Klassiker der soliden Garderobe angepriesen wird, gerne versehen mit irreführenden Kommentaren, in denen ein leicht autoritärer Unterton schwingt: »Damit sind Sie immer gut angezogen«, »Für den perfekten Auftritt im Büro«, »In diesem Outfit macht Ihnen keiner was vor«.

Nicht dass ich es nicht immer wieder versucht hätte, geschniegelt auszusehen und mir selbst eine Projektion der Global Playerin vorzuspielen. Gibt ja doch ab und an Anlässe, bei denen sich geschäftsmäßiges Auftreten empfiehlt. Es findet sich durchaus in dem Zimmer, das mein Kleiderschrank ist, eine stattliche Sammlung schwarzer Hosen, schicker Blazer und weißer Blusen; Stücke, die sich, wie die Fachwelt gerne sagt, »gut kombinieren« lassen. Bei mir allerdings passt im Ernstfall gar nichts zusammen.

Am Abend vor seriösen Auftritten wiege ich mich noch in Sicherheit. Schließlich ist es ja da, das optische Rüstzeug für die erste Liga. Am nächsten Morgen wird die erfolgreiche Frau aufstehen, wegen der Kürze der Zeit und der ihr eigenen Körperdisziplin ein wenig Obst essen und mit ein paar schnellen Handgriffen das perfekte Outfit von den Bügeln klauben. Bei länger angesetzten Rollenspielen, auch Dienstreisen genannt, faltet sie eine ebenso akkurate Austauschgarderobe in ihren kirschroten Trolley. Dann bestellt sie ganz ohne Zeitdruck ein Taxi.

Seltsam nur, dass am nächsten Morgen alle Teile, die ich vor meinem geistigen Auge zu einer makellosen Kombi montiert habe, ganz anders aussehen, als ich sie in Erinnerung hatte. Die Hosen alle zu eng, zu weit, zu kurz, falsch geschnitten, verknittert, verbraucht. Die Jacken dito. Die Schuhe glanzlos und/oder in der falschen Farbe. Die weißen Blusen, alle eigentlich gewaschen und gebügelt, sind weit davon entfernt, gewaschen und gebügelt auszusehen.

Überhaupt: die weiße Bluse, ein Kleidungsstück, dem in diesem Kontext ein paar Extrazeilen Hass gebühren. Eine Klamotte wie eine Frischzellenkur. Blütenreine, glatte Baumwolle, nicht zu weit aufgeknöpft, das hat was. Das sieht so gesund aus und so energiegeladen, so natürlich und so makellos. Allerdings nur, wenn andere Frauen eine weiße Bluse tragen. Dann bin ich geneigt zu vergessen, dass dieser Klassiker den schaurigen Anhauch ausgedehnter Familienfeiern und verklemmter Artigkeit in sich trägt.

Ich habe es versucht. Mehrmals. In diese weiße Welt der Wäschestärke vorzustoßen, in der auch duftende Bettwäsche und Damasttischdecken eine tragende Rolle spielen. Ich habe Blusen gekauft, schneeweiß, fabrikneu, leichter Chemiegeruch. Sie reflektierten das Licht in der Umkleidekabine und ließen, wie ich dachte, auch meine Aura strahlen. Manchmal hat das sogar bis zur ersten Wäsche funktioniert. Die erste Wäsche allerdings ist bei weißen Blusen oft schon fünf Minuten nach dem Anziehen fällig. Schminke am Kragen, Frühstück am Busen, Deo-Flecken sowieso. Danach ist es dann vorbei mit der unschuldigen Pracht. Das Reinweiß entjungfert, die Leuchtkraft dahin. Einige Exemplare sind außerdem eingegangen, sitzen dann so knapp, dass ich darin aussehe wie die allzeit bereite Sekretärin in einem Porno-Film. Man sollte für Frauen wie mich weiße Blusen zum Wegwerfen kreieren. Sauber gefaltet, zu kaufen im Zehnerpack, die man nach einmaligem Gebrauch zerknüllt wie ein benutztes Taschentuch.

Das wäre ein hilfreicher Schritt zur Bewältigung des Ernstfalls, der regelmäßig eintritt, wenn ich morgens viel zu spät feststelle, dass meine klassische Garderobe aussieht, als hätte Karl Lagerfeld jetzt auch noch eine Kollektion für Humana entworfen. Es ist für Selbstwert und professionelles Auftreten nicht wirklich förderlich, wenn man im Taxi zum nächsten Karrieresprung feststellt, wie verflust selbst ein Mantel aus hochwertigem Wollgemisch sein kann, oder realisieren muss, dass auch ein sündhaft teurer Designeranzug nicht wirklich zeitlos ist. Besonders bitter wird die Erkenntnis, wenn einem am Zielort ein weiteres Mal jene Damen begegnen, die mit sanft lächelnder Selbstverständlichkeit makellos weiße Blusen und das passende Drumherum tragen. Die, bei denen man vermuten muss, dass sie auch am Abend noch so aussehen, wie ich es in der Früh nur hoffen kann.

Die Übersprunghandlung folgt auf dem Fuß. Es ist dann wieder mal Zeit, etwas Solides zum Anziehen zu kaufen. Da, wo es wehtut. Wo es richtig Geld kostet. In der stillen Hoffnung, die Rüstung für das große Leben halte besser, wenn sie mächtig teuer ist.

Ernsthaft einkaufen

Seit Jahren verlasse ich in regelmäßigen Abständen meine Wohnung, übe schon auf dem Weg in die hochpolierten Einkaufsviertel der Stadt die souveräne Kopfhaltung, den abschätzenden Blick, die selbstgefällige Arroganz, die man braucht, um Läden zu betreten, die so aussehen, als könnte einem dort auch Catherine Deneuve begegnen, oder wenigstens Senta Berger.

Hab dabei so ein Bild von mir im Kopf, das behauptet, es könnte mir auch irgendwann gelingen, ganz selbstverständlich den Tag in Bleistiftröcken zu verbringen und auf hohen Schuhen, mit einem elegant über die Schultern gelegten Kaschmirmantel, damenhaft fröstelnd, in einem schicken Straßenlokal mit kleinen Schlucken Kaffee zu trinken. Der Mantel bewegt sich dabei kein Stück. Wie in einem französischen Film.

Darunter trage ich erlesene Wäsche, Seidenstrümpfe für hundert Euro das Paar, trage sie, ob es stürmt oder schneit oder gerade der Asphalt brennt. Kümmere mich nicht um Blasenentzündung im Winter und Fußschweiß im Sommer und sehe in jeder scharfen Szene atemberaubend aus. Zwischendrin schließe ich knallhart Millionendeals ab, wickele gut aussehende Konzernbosse um den Finger und heirate schließlich doch den ungleich charmanteren Pizza-Boten, der aber heimlicher Nobelpreisträger ist. Wie in einem amerikanischen Film.

Ich betrete also diese Läden und weiß in der Sekunde, in der mich das Personal erblickt, dass die wissen, dass ich denke, dass die denken, ich sei hier fehl am Platz. Mein Selbstbild zerbröselt gleich einem drei Tage alten Croissant. Ich schrumpfe zur hilflosen Provinznudel: leicht ungeordnete Frisur, treuherziger Blick, große Augen angesichts der kalten Fassade von Konsum und Kapitalismus. Eine, die einen Einkaufsgutschein im Kreuzworträtsel einer Klatschzeitung gewonnen hat. Wie in einem britischen Film.

Umdrehen geht dann nicht mehr, allein schon, um einen letzten Rest an Würde zu bewahren. Das eigentlich Unerträgliche kann dann zur vorläufigen Rettung werden: Verkäuferinnen, die gar nichts verkaufen wollen. Die einen geflissentlich ignorieren, weil einem nicht die goldenen Kreditkarten aus dem Louis-Vuitton-Beutelchen fallen, weil man keinen Pelz und keine Prada-Schuhe anhat, noch nicht mal einen kleinen Brilli oder eine halbwegs repräsentative Uhr. Weil einem zudem die naturgegebene Grazie fehlt, irgendeine Kate-Moss-artige ätherische Aura, die das vornehme Personal in Aufruhr versetzt, obwohl einem die Jeans wie Bettlaken am Körper hängen und man immer noch Buddha-Bändchen trägt.

Ich jedenfalls gehöre offensichtlich zu der Spezies, die in solchen Läden automatisch unsichtbar wird. Das hat durchaus seine Vorteile, wenn man mit sich selbst im Reinen ist und keine suizidären Tendenzen hat. Dann kann man die Missachtung der topgestylten Verkaufskräfte vergnügt übersehen, kann mit klebrigen Fingern nach schockverdächtigen Preisschildern grabschen und aus den Augenwinkeln amüsiert beobachten, wie die Damen hinterm Tresen langsam die Nerven verlieren.

Sie haben, unter uns gesagt, mehr als sanfte Rache verdient. Dafür dass sie bei mir seit je und immer noch kurz aufflackernde Identitätskrisen verursachen können. Man muss sich als gut situierte Frau mitten im Leben schon fragen dürfen, warum einem von Lohnempfängern irgendwelcher Luxuskonzerne mit voller Absicht suggeriert wird, man könne sich den überteuerten Spaß an der Kleiderstange ohnehin nicht leisten, und man sich selbst auch noch davon beeindrucken lässt. Man sollte sich die Freude nicht entgehen lassen, die ausgestellten Pretiosen ohne große Ehrfurcht zu betrachten und zu berühren. Spätestens wenn dabei ein Tausend-Euro-Kleid versehentlich vom Bügel auf den staubigen Boden rutscht, erwachen die steinernen Damen aus ihrer Berufsstarre.

Bewegen sich plötzlich pfeilschnell direkt auf einen zu, mit einem festgenagelten Lächeln im Gesicht, und stellen jene Standardfrage, bei der sie alle rote Ohren und lange Nasen kriegen müssten, so wenig ernst und aufrichtig ist sie wahrscheinlich gemeint: »Kann ich Ihnen helfen?« Hilfe allerdings ist von ihnen in den seltensten Fällen zu erwarten. Echte Hilfe. Ein freundliches Lächeln etwa, das einem über die eigene Unsicherheit und die individuellen Figurprobleme hinweghilft. Eine Aura von Solidarität, irgendetwas, das einen glauben lassen könnte, die Dame hinterm Tresen habe Verständnis für das gelebte Leid hinter dem Vorhang der Umkleidekabine.

Aber nein. Die erste Hose sitzt schlecht, die zweite gar nicht. Die Verkäuferin sagt dann nicht: »Mit Ihrer wunderbaren Figur sollten Sie lieber den passenden Rock zum Sakko probieren.« Sie sagt mit einem geradezu empörten Kopfschütteln: »Also nein, diese Hosen sind wirklich nichts für Sie.« Dabei sieht sie mich an, als hätte ich gerade vergebens versucht, mich in einen Strampelanzug zu zwängen.

Oder ich stelle gerade zufrieden fest, dass das schicke Jackett eine schöne Taille formt und sich bestens über meinem Lieblings-T-Shirt macht. Sie kommt angerauscht, zerrt resolut an allen Enden, flötet unverschämt überrascht: »Hätte ich gar nicht gedacht, dass Ihnen so etwas steht. Aber Sie sollten es eine Nummer größer nehmen, dann sitzt es perfekt – muss ja schließlich noch eine Bluse darunter. Eine schöne weiße ist immer am besten. Wir haben etwas ganz Feines da. Ich hol Sie Ihnen gleich mal in Ihrer Größe.«

Es kann also durchaus vorkommen, dass ich an schlechten Tagen überteuerte Läden mit einem zu groß geratenen Jackett und einer weiteren weißen Bluse, die ich exakt ein Mal tragen werde, verlasse. Mich fragen muss, warum mein Eigensinn und meine Standfestigkeit, mit der ich im Lauf der Jahre gelernt habe, Blechschäden, Beziehungsknatsch und Honorarverhandlungen auszufechten, in der Kommunikation mit Verkaufspersonal oft kläglich versagt.

Nicht weniger schmerzhaft, als teure Dinge zu kaufen, die man so nicht wollte, ist es, wenn einem Dinge, die man vielleicht gerne hätte, verweigert werden. Meine hoch geschätzte Freundin Nina, ein mehr als zierliches Geschöpf mit großer Strahlkraft, dabei erfolgreiche Star-Anwältin in der eigenen Kanzlei, eine Frau also, die jede aufgehübschte Mittzwanzigerin durch ihre bloße Anwesenheit auf die Plätze verweist und außerdem wirklich schöne Beine hat, war auf der Suche nach einem neuen Rock. Hatte viele probiert, noch keinen gefunden, war noch nicht ganz frustriert, bevor der Verkäufer zu Hilfe kam. Der sie prüfend musterte, sich schließlich seufzend abwandte und in der Drehbewegung sprach: »Ich fürchte, wir haben gar nichts Passendes da. Mini kommt für Sie ja nicht mehr in Frage.«

Womit wir beim nächsten Problem angelangt wären. Setzen wir einmal mutig voraus, man habe die Lage im eigenen Kleiderschrank gerade kurzfristig im Griff. Habe gegen alle Widerstände der Textilindustrie und deren Lakaien ein paar repräsentative Stücke angesammelt, mit denen man glaubt, einen allseits versierten Eindruck zu machen. Dann bleibt immer die Frage, wann man was trägt, wo man was trägt, wie man was trägt und ob es der eigenen Erscheinung, dem avisierten gesellschaftlichen Status, der gewünschten Fremdwahrnehmung, der Farbe der Sitzmöbel, dem hygienischen Standard des Zielortes und vielen anderen kleinen Details, die einem immer erst dann auffallen, wenn man sich mal wieder vermeintlich vergriffen hat, gerecht wird. Die Garderobenfrage ist ein dramatischer Nebenschauplatz der Orientierungslosigkeit unserer Generation.

Sagen Sie jetzt nicht, Quatsch, was soll denn das, ist doch heute alles viel zwangloser als früher, heute kann man anziehen, was man will. Popstars tragen in der Öffentlichkeit Jogginghosen, selbst meine Mutter geht schon mit Jeans ins Theater, Turnschuhe zum schwarzen Anzug, Plastikkörbchen als Abendtäschchen beim großen Auftritt, was haben wir nicht schon alles gesehen. Das, behaupte ich, ist gerade die Krux: der Niedergang des Dresscodes, die Lässigkeit unseres Lebens. Ohne Regeln kann man nichts mehr richtig machen – aber alles falsch.

Das Spektrum des eigenen Freizeitverhaltens macht die Angelegenheit noch etwas unübersichtlicher. Man verlässt das Haus in größtmögliche Eleganz gehüllt, geladen zu einer gediegenen Abendveranstaltung. Gesetztes Essen, gepflegte Unterhaltung, gepolsterte Stühle. Idealer Einsatzort für das schöne, neue, teure kleine Schwarze. Dazu mindestens acht

Zentimeter Absatz. Man spielt die Frau von Welt bis zum zweiten Zwischengang. Dann wird es langsam langweilig. Deswegen trinkt man möglicherweise ein wenig mehr, als die kleinen Portionen auf den großen Tellern gestatten.

Der Plan war: viel Wasser, früh ins Bett, Kleid, Schuhe, Füße und den Rest schonen. Das Ergebnis ist: mit dem hübschesten Kerl der drögen Party, welcher natürlich der eigene Begleiter ist, noch diesen Kellerclub zu suchen, den geheimnisvollen Ort ohne Adresse und Lüftung mit der besten Musik der Stadt. Ein Freund eines Freundes eines Freundes legt dort Platten auf, die Gelegenheit ist günstig, die Laune auch.

Und dann steht man da – die Grande Dame plötzlich auf unsicheren Füßen, weil Acht-Zentimeter-Absätze nicht zum Freistiltanz gebaut sind. Kann sich nicht mal anlehnen, weil der Putz blättert und das Kleid dann leidet. Steht da, als wäre man eine hochgezüchtete Millionenerbin, die ihr Leben bis vor fünf Minuten in einem goldenen Kinderzimmer verbracht hat und zum ersten Mal junge Menschen in Jeans und Turnschuhen sieht. Die jungen Menschen erwidern diese Blicke mit ähnlicher Befremdung. Die jungen Menschen haben Spaß, man selbst nicht, man ist jetzt nur noch betrunken, was die Bewegungsfreiheit auf Acht-Zentimeter-Absätzen etwas mehr einschränkt.

Man hat jetzt exakt zwei Möglichkeiten: fährt entweder umgehend nach Hause, quält im Taxi den Begleiter mit einem wenig originellen Monolog über modernes Studenten-Spießertum und die befreiende Kraft des Kapitals. Oder man bleibt, trinkt weiter, tanzt und tobt ohne Rücksicht auf Materialverluste. Erntet dabei durchaus Aufmerksamkeit und Anerkennung. Und freut sich an der eigenen Flexibilität im Geiste – bis man am nächsten Morgen neben dem Bett die Reste der Edelgarderobe sieht.

Kauf lieber teure Sachen, dafür weniger, sagt meine Mutter immer. Weil sie länger halten. Alles allerdings halten sie auch nicht aus. Keinen Limbo-Tanz auf schroffen Kellerböden, keine Bierduschen und keine abgestürzten Zigaretten. Kann teuer werden, so ein lustiger Abend im schwarzen Loch der fehlenden Konventionen.

Und außerdem tut es weh, wenn die Highlights der feinen Garderobe so unwürdig ihren Glanz verlieren. Das hängt einem lange nach. Meine erste leidvolle Erfahrung dazu habe ich bereits im zarten Teenie-Alter von sechzehn gemacht. Als meine Mutter mir zu Weihnachten einen schwarzen Seidenkimono schenkte. Mein erster schwarzer Seidenkimono. Ich zog ihn auf der Stelle an – und war eine andere Person. Kam mir vor wie Lana Turner beim wohlverdienten Feierabend. Fehlte nur noch ein Kaminfeuer und jemand, der mir die Füße krault. An Heiligabend in Oberbayern war diese Fantasie relativ weit hergeholt. Es gab stattdessen: einen Kachelofen und meine große Schwester.

Immerhin, als die Eltern zu Bett gegangen waren, bastelte sie für uns beide einen Joint. Kiffen an Weihnachten mit den Eltern nebenan im Schlafzimmer, das war fast genauso abenteuerlich wie meine schwülen Hollywoodträume.

Vielleicht fehlte die Übung im professionellen Umgang mit dem Objekt, vielleicht war es einfach Pech, Schicksal, Gottes kleine Sündenrache. Ein glühender Haschbrösel fiel mir beim Rauchen in den Schoß und kokelte ein pfenniggroßes Loch in die sündige Seide. Weihnachten war versaut.

Leben und Leiden auf Gummisohlen

Es spricht also einiges dafür, dass wir, die Turnschuhgeneration, sooft wie möglich die Turnschuhe anbehalten. Dazu Denim tragen, wie die Modemagazine Jeans neuerdings nennen, wohl weil es so gar nicht in die zuständigen Trendköpfe passen will, dass wir alle, seit wir laufen können, stur dieselbe Hose anziehen. Die kultivierte Zwanglosigkeit hat im Umkehrschluss einen Heimvorteil: Wenn man ganz leger in Alltagsmontur, also gekleidet wie ein fünfzehnjähriger Teenager (männlich), aus Versehen in hochpoliertes Marmorambiente gerät, weil einen gerade die 357. Trotzphase seines Lebens überfallen hat oder die Freundin bei der Verabredung zum schnellen Bier vergessen hat zu erwähnen, dass sie außerdem zwei Einladungen für eine Filmpremiere mit George Clooney in der Tasche hat, lässt sich das schlampige Auftreten auch als unkorrumpierbare Aufrichtigkeit verkaufen.

So sind wir doch sozialisiert worden, mit einer eingepflanzten Protesthaltung, die man ganz offen nach außen trägt. Erst waren wir aus Überzeugung ungeschminkt, einziger Schmuck der Anti-AKW-Button auf kariertem Flanellhemd zu löchriger Jeans, dann haben wir uns den Widerstand gegen die Norm dramatisch ins Gesicht gemalt, schwarze Lippen, schwarze Augenränder, bunte Haare. Und jetzt, haha, ganz cool, das hat man noch drauf, steht man eben mal mit dem verschlufften Lieblingspulli am Austernbüfett. Kann gut gehen, vor allem weil man so in der Lage ist, den Abend in entspannter Haltung und ohne Fußkrampf zu überstehen. Wird aber richtig blöd, wenn der Mann, der einen eben mit einem sanften »Excuse me« aus dem Weg geschoben hat, tatsächlich George Clooney war.

Ganz bitter allerdings fühlt sich die baumwollene Bequemlichkeit erst an, wenn sie zum unfreiwilligen Dauerzustand gerinnt, wenn man als Angehörige der Turnschuhgeneration auf einmal dazu gezwungen ist, immer und ausschließlich Turnschuhe zu tragen. Im echten ersten Krisenfall des eigenen Alterungsprozesses. Weil es die Bandscheibe so will. Und die Krankengymnastin droht: »Wehe, Sie tragen hohe Schuhe.«

Zwei Monate nach meinem sechsunddreißigsten Geburtstag kam die schmerzhafte Überraschung und mit ihr das wahrscheinlich vernünftige Verdikt: Sechs Monate kein Absatzschuh.

Turnschuhe in allen Farben und Preisklassen, Turnschuhe, die so viel kosten wie fünf Kisten Champagner, konnten über den tragischen Widerspruch nicht hinwegtrösten: Ich sah aus wie eine Berufsjugendliche erster Kategorie und fühlte mich wie kurz vor der Bahre. Da lernt man auf demütigende Art und Weise die Bedeutung des Wortes »unisex« kennen. Und die kultivierte Lässigkeit weicht der ganz großen Sehnsucht nach damenhafter Eleganz. Nach der Zwangspause in ewig sportlicher Garderobe war ich mir sicher: Der geistige Wandel war vollzogen, nie wieder wollte ich wie eine bisexuelle Spätpubertierende aussehen. Wollte die Weiblichkeit fortan immer edel verpacken, die eigenen Vorzüge betonen, solange es noch geht.

Der formvollendete Auftritt

Die eigenen Vorzüge richtig zu bewerten und kleidungstechnisch hochleben zu lassen ist allerdings eine Aufgabe für Fortgeschrittene. Vor allem wenn man Spaß an seinen Formen hat, stößt man als offiziell erwachsene Frau auf eigentümliche Verhaltensweisen bei offiziell erwachsenen Männern.

Nach der Rekonvaleszenz war ich auf ein honoriges Sommerfest geladen, idealer Einsatzort, so dachte ich, für ein schmeichelndes Seidenkleid mit hübschem Ausschnitt. Balancierte auf scharfen Hacken mitten in die intellektuelle Gästeschar, unterhielt mich auf Anhieb blendend mit berühmten Kollegen, machte die ungezwungene Bekanntschaft sonst gänzlich unnahbarer Dichter und Denker, war wie berauscht von der eigenen Versiertheit im geistvollen Partygespräch.

Ich war angekommen in einer anderen Dimension des Lebens, würde mich von nun an sicher über jedes gesellschaftliche Parkett bewegen, von keiner Diskussion überfordert, nie um eine originelle Antwort verlegen sein. Tauschte Visitenkarten mit aufregenden Auftraggebern, sah die goldene Zukunft vor mir. Ein Gefühl wie der erste gelungene Yoga-Kopfstand. Wollte darauf noch ein Glas Schaumwein trinken, als mir Freundin Sonja auf dem Weg zur Bar begegnete. Wir waren gemeinsam zu dem Fest gekommen, ich hatte sie auf meiner Erfolgstour kurzfristig verloren. Sonja grinste mich an, verdrehte die Augen, sagte lachend: »Ist ja kaum mehr auszuhalten, wie dir alle in den Ausschnitt glotzen. Muss ich kommen, dich zu retten?«

Sonjas Analyse der Sachlage war leider richtig. Mein vermeintlich gelungenes Selbstmarketing hatte nicht eine anspruchsvolle berufliche Anfrage zur Folge. Dafür zwei windige Versuche einer privaten Annäherung. Die wichtigen Herren waren nicht interessiert an meinen politischen Kommentaren oder meinen philosophischen Erkenntnissen, vielleicht fanden sie noch nicht mal meine Witze gut. Was sie in den Bann geschlagen hat, war Körbchengröße C in einem leichten Sommerkleid.

Das Resümee meiner garderobentechnischen Erfahrungen ist ergo ebenso verwirrend wie ein Blick in meinen Kleiderschrank: Immer Nadelstreifen und Profikostüm sind teuer, unbequem und machen schleichend schlechte Laune; ein Leben in Understatement, Lieblingsjeans und Turnschuh untergräbt die weibliche Identität; der selbstbewusste Umgang mit figurbetonter Mode ist schlecht für den gesellschaftlichen Status und die berufliche Verhandlungsposition.

Kein Wunder, dass wir, derart verwirrt, gerne Zuflucht nehmen zu einer Farbe, die viele Bedenken neutralisiert und uns seit den frühen Achtzigern treu begleitet. Wenn gar nichts mehr geht, geht immer Schwarz. Der kleine Koffer für Dienstreise, Seitensprung, Strandurlaub oder Sportprogramm füllt sich nach vielen vergeblichen Packversuchen ganz automatisch mit schwarzen Shorts, Shirts, Blusen, Abendkleidern, Jogginghosen. Schwarz bleibt sauber, Schwarz macht schlank, Schwarz passt zu Schwarz passt zu Schwarz passt zu Schwarz und kombiniert sich bestens mit tiefrotem Lippenstift. Wir haben beizeiten davon abgesehen, uns Mund, Fingernägel und Haare schwarz zu färben, wir hören auch nicht mehr so viel schleppende Musik, aber Schwarz vom Rollkragen bis zum Puma-Schuh ist in wackeligen Gemütslagen schon jetzt das Frührentner-Beige unserer Generation. Die sichere Nummer: Wenn man gar nicht mehr weiß, wo man hingehört, rückt man sich optisch in die ewige Grüblerecke. Wirkt gesetzt und modern und ernsthaft und sexy und alles zugleich.

Zumindest so lange, bis einem an der nächsten Straßenecke irgendein taufrisches Gör begegnet, ganz in Pastell, mit flatternden Blütenstoffen, bunten Schuhen, mit Strass im Haar und Gloss auf den Lippen, neben der man sich plötzlich fühlt wie die personifizierte Achtziger-Jahre-Depression. Man weiß, wo sie herkommt und warum sie aussieht wie jede dritte Litfasssäule in der Stadt. Man sträubt sich noch, aber da ist er schon: der Sog der billigen Runderneuerung, die schlecht genähte Versuchung, jeden Trend tragen zu wollen. Und eh man sichs versieht, ist man wieder bei H&M gelandet. Steht mit zehn Kilo Klamotten, die man so ähnlich schon hat oder bestimmt nicht braucht, in Farben und Schnitten, die man nie tragen wollte, vor der Umkleidekabine inmitten einer ausufernden Schlange gackernder Schulschwänzerinnen.

Es macht die Sache nicht besser, dass ich denen erzählen könnte, wie ich damals, als es die schwedische Modemafia hierzulande noch gar nicht gab, in London bei einem drogenverseuchten Aufenthalt auf den Spuren des Spätpunk meinen ersten H&M-Pullover gestohlen habe. Dass er lange mein Lieblingspulli war und zehn Jahre gehalten hat, vielleicht heute immer noch bei mir wäre, wenn ihn nicht ein ungeliebter Liebhaber für immer entliehen hätte. Weil H&M-Sachen damals ganz solide ehrliche Kleidung waren, für mehr als eine Viertelsaison gedacht.

Es gilt den Tatsachen ins Auge zu sehen: ein guter Teil der Mädels in der Schlange war damals noch gar nicht geboren. Und sie kaufen Klamotten nicht für mehrere Jahre, auch nicht für eine Viertelsaison. Allenfalls für ein Wochenende. Das Zeug wird einmal tüchtig durchgeschwitzt und dann am Montag ganz artig mit Kassenzettel umgetauscht. Hab ich mir sagen lassen. Meine Hochachtung: das ist ebenso preisgünstig wie mein spätpubertärer Ladendiebstahl und dazu risikofrei.

Die Generationen übergreifende Billigkette ist heute so was wie das Epizentrum jeglicher Sozialisationsverweigerung. Bei H&M kauft die Enddreißigerin mit Trotz dieselben angerüschten Puffärmelhemdchen wie die kichernde Schulmädchenfraktion, und die jüngst Geschlechtsreifen probieren ihren ersten schwarzen Spitzen-BH an. Günstige Preise halten die Hemmschwelle niedrig, alles gibt's in allen Größen, keine fühlt sich ausgegrenzt. Ich bin mir noch nicht sicher, ob das die perfekte Demokratie des Konsums ist oder ein besonders perfides Verkaufssystem. Vielleicht lande ich deswegen immer wieder dort. Wenn ich nicht weiß, wo ich hinwill oder was mir wirklich fehlt. Gehe zu H&M und werde was finden. Ein albernes Top zum alten Rock, ein neues Äußeres im Ausverkauf.

Das geht natürlich nicht immer gut. Und schlimmer noch: Es tut auch nicht immer gut. Ich stoße an meine nervlichen Grenzen, wenn grazile Achtzehnjährige neben mir leichtfüßig in krachfarbenen Hotpants aus der Kabine hüpfen, während ich erkennen muss, dass sich nicht jedes Sommerkleid mit fortschreitender Bindegewebsschwäche verträgt. Es schmerzt auch zu sehen, dass ich seit einiger Zeit im Retro-Alter angekommen bin. Man verhökert als aktuellen Trend, was wir zum ersten Vollrausch in gekachelten Kneipen zur Schau getragen haben: Nietengürtel, zerrupfte Hemdchen und Lederarmbänder. Und im Kopf dröhnt der Satz, mit dem die Mutter schon nervte, der, bei dem man nie, nie ankommen wollte: »Man muss alles aufheben, irgendwann wird es wieder modern.«

In solchen Momenten hilft auch der Gedanke nichts mehr, dass mein Aufenthalt hier reiner Zeitvertreib und keine pekuniäre Notwendigkeit ist, dass ich auch gehen könnte, irgendwohin, wo arrivierte Frauen anständige Sachen einkaufen für ein Vielfaches des Werts der billigen Accessoires und grellen Hotpants an den dünnen, jungen Beinen neben mir.

Verliere ich bei H&M und artverwandten Junge-Mode-Retorten die Konzentration auf meine Stärken, meine Schwächen, auf das Wesentliche, was mich ausmacht, passieren fiese Sachen. Man findet sie später in großen Tüten in meinem ausufernden Kleiderschrank. Glitzerleibchen, die Janet Jackson die Schamröte ins Gesicht treiben würden. Röcke, zu denen mein Vater breiter Gürtel sagt. Eine Biker-Jacke, die exakt so aussieht, wie jene, die ich vor fünfzehn Jahren weggeworfen habe, weil ich ihr mental entwachsen schien. Nur: die von früher war nicht gelb, weil ich damals schon sehr gut wusste, dass es kaum eine Farbe im Spektrum gibt, die mir so wenig steht. In der Umkleidekabine erschien mir das noch eine gute Idee: ein bisschen Farbe fürs kommende Wochenende, mal wieder was Schräges, eine coole Kostümierung für die nächste Nacht oder die frühen Morgenstunden in einem hippen Club. Alleine zu Hause, kehrt langsam mein Erinnerungsvermögen zurück. Ich war seit Wochen nicht mehr tanzen, falls es doch ausnahmsweise im Übermut passiert, stehen wir lieber lästernd an der Bar, weil uns die Musik nicht gefällt. Ansonsten kocht man wochenends jetzt mehr, schiebt samstags ständig Braten in die Röhre für heimische Gelage, hat nie mehr Zeit, sich auch nur umzuziehen.

Man könnte jetzt vernünftig sein. Das denken, was man vorher offenbar versäumt hat: »Den Plunder ziehst du niemals an.« Könnte ihn zurücktragen zu den miesen Schweden, den verramschten Catwalk-Kopierern, den Geldwert einfordern und erneut shoppen gehen. Könnte hocherhobenen Hauptes an den kichernden Kinder-Klüngeln vorbeigehen und es dabei nicht versäumen, noch einmal genau hinzusehen im Girlie-Paradies. Es hat nämlich durchaus seine Vorteile, nicht mehr zwanghaft bauchfrei gehen zu müssen, für Teenie-Mode echt zu alt zu sein. Wir müssen keine Brikettschuhe an unsere Füße schnallen, weil der Gruppendruck uns zwingt. Wir dürfen den ganzen Winter unsere Nieren warm halten und müssen dabei keine Angst haben, dass wir dann so uncool aussehen, dass mit den süßen Skater aus der Nachbarschaft nichts läuft.

Wir könnten uns also auch freuen, dass die Vielfalt unserer Möglichkeiten immer größer wird. Morgens Geschäftsfrau, abends Blumenkind, heute schaut mich alle an, morgen wehe, es spricht einer mit mir. Ganz wie es uns gefällt. Je nach Sonnenstand, Großwetterlage oder Hormonhaushalt. Wir können klug aussehen oder lieblich, verwegen, vermögend, verrückt oder gar nicht. Und selbst Letzteres macht uns nicht immer etwas aus. Ich jedenfalls hätte mit zwanzig nicht geglaubt, dass man auch ohne Wimperntusche im Gesicht zur nächsten Bäckerei gehen kann. Umso mehr bin ich heute davon überzeugt, dass es irgendwann in meinem jungen Leben auch noch einen guten Tag für eine gelbe Lederjacke geben wird.

Seelenheil und schöne Füße

Und wenn nicht, hat sie für einen kurzen Moment auch ihren Zweck erfüllt. Hat in einer Umkleidekabine bei H&M die Angst vor der eigenen Langeweile weggefegt, die Furcht getilgt, für immer in der V-Ausschnitt-Fraktion gelandet zu sein. Die therapeutische Wirkung des Kaufens, das darf man nicht unterschätzen, ist mindestens genauso wichtig für die seelische Ausgeglichenheit einer leicht labilen Frau im besten Alter wie das erworbene Objekt selbst.

Müssen wir uns dafür schämen, dass wir temporäre Unsicherheiten, kleinere Krisen, große Exzesse, überflüssige Strafzettel, vergessene Liebesbeweise, unterbrochene Diäten oder das plötzliche Auftauchen einer Sommerdepression mit einem Sachgeschenk kompensieren? Ich glaube nicht. Im Gegenteil, die Welt, die Wirtschaft, das Gesundheitssystem, Gesetzeshüter, Kollegen, Freunde, Liebhaber und Ehemänner können sich alle bedanken, dass wir uns kurzfristig selbst so herrlich heilen können.

Dass wir für alle Fälle sogar ein ausgeklügeltes Notfallsystem entwickelt haben. Denn Einkaufen ist für uns der landläufigen männlichen Meinung zum Trotz nicht immer einfach. Und es wird schwieriger, je älter man wird. Das hat möglicherweise mit bereits angedeuteten körperlichen Veränderungen zu tun. Es soll also Tage geben, an denen man lieber nicht in den Spiegel schaut. Zumindest nicht vom Knöchel aufwärts. Für diesen Sonderfall hat der Gott der Frauen Schuhe erfunden. Schuhe. Schuhe. Schuhe. An denen sehen wir doch, wie jung wir noch sind. Passen nämlich wie angegossen, die blauen Chucks, die ich mir vor fünfzehn Jahren bei meiner ersten New-York-Reise gekauft habe. Und sind topaktuell. Bin gar nicht älter oder dicker geworden. Nicht an den Füßen. Deswegen haben sie in Krisenzeiten eine Sonderbehandlung verdient. Schuhe. Schuhe. Schuhe. Besser noch: teure Schuhe.

Kann man immer kaufen. Ganz egal, ob mit Figur oder Frisur gerade etwas nicht stimmt, ganz egal, ob die Haut fahl oder faltig ist. Neue Schuhe riechen gut, können nicht einlaufen und nach dem ersten Waschen Farbe und Form verlieren. Sie ziehen keine Fäden und rollen keine Knötchen. Man braucht keine Bauch-Weg-Strumpfhose und keinen Wonder-Bra, um darin gut auszusehen. Schöne Schuhe machen immer schön.

Lassen Sie sich deshalb niemals einreden, Sie hätten schon genug. Von Unwissenden, die einen Pfennig- nicht von einem Keilabsatz unterscheiden können, die nicht begreifen können, warum man schwarze Stiefel in mindestens drei verschiedenen Schaft- und Absatzhöhen braucht, die erst recht nicht verstehen, dass das beste Kleid nichts nützt, wenn dazu der passende Schuh fehlt. Der passende Schuh fehlt, wie wir immer wieder erfahren müssen, ständig. Der Unwissende, mit dem wir möglicherweise verheiratet sind und dabei eigentlich ganz glücklich, behauptet neuerdings, die geliebten Beinkleider würden überhand nehmen, sich unübersichtlich ausbreiten auf der gemeinsamen Wohnfläche. Würden seine Bewegungsfreiheit einschränken, vor allem im Flur.

Neulich hat er sich sogar mit einem breiten Grinsen mit dem Paketboten verbrüdert. Der morgens mit einer Lieferung vor unserer Tür stand. Die nicht aufgehen wollte. Weil sich ein Schuh unglücklich unter der Ritze verklemmt hatte. Kein Prunkstück meiner Sammlung, aber ein gern gebrauchter Schuh, die abgetragene schwarze Lieblingsstiefelette, die keines der drei Nachfolgemodelle, die sie für immer ablösen sollten, jemals ersetzen konnte. Der Schuh also musste mit großer Sorgfalt gerettet werden. Ich kniete auf dem Boden, bewegte vorsichtig den Schuh, der Unwissende zerrte gewaltsam an der Tür, der Paketbote schob von außen.

Irgendwann löste sich die Situation mit einem Ruck. Es gab keine Schwerverletzten, doch die Geschichte endet traurig. Der Schuh hat nun eine Delle in der Spitze und ein paar scheußliche Kratzer, die mich unglücklich machen. Ich werde Ersatz besorgen müssen. Der Unwissende hat dazu nur gelacht, nicht hysterisch wie sonst, wenn wir über neue Schuhe sprechen, sondern ehrlich belustigt. Daran war wohl der Paketbote schuld. Der in den Flur stolperte, zwei Kartons abstellte, auf meine Pretiosen blickte, die das IKEA-Regal natürlich schon lange nicht mehr fasst (nebenbei: für welche Menschen sind eigentlich Schuhregale und CD-Ständer gedacht?), ungläubig den Kopf schüttelte und sagte: »Sie wohnen hier aber nicht allein, oder?« Der Unwissende fand es besonders komisch, dass ich daraufhin mit großem Stolz verkündet habe: »Das sind alles meine Schuhe.«

Ich kann die Erheiterung nicht verstehen, Kunstsammler werden mit umstrittenen Ausstellungen gewürdigt, Bierdeckelsammler dürfen sich im Privatfernsehen produzieren, ich werde zu Hause als Irre verlacht. Von meinem Mann und dem Paketboten, der neuerdings immer öfter zu uns kommt. Nicht aus zweifelhaften Gründen, ich will dem Mann nicht zu nahe treten, aber er ist wahrlich nicht der, mit dem ich mich gerne auf dem Küchentisch rekeln würde. Er übt seinen Beruf aus. Er bringt Pakete.

Ich habe eine neue Form des therapeutischen Einkaufens entdeckt. Eine, bei der man sich nicht mit dem eigenen Verfall, der schlechten Beleuchtung in Umkleidekabinen, dem schnippischen Tonfall zu schlanker Verkäuferinnen, nicht mit Teenie-Horden und der eigenen modischen Vergangenheit auseinander setzen muss. Ich bestelle. Im Internet. Wildere bei Yoox.de, zocke bei eBay, schöne neue Zeit. Theoretisch ist das natürlich nichts anderes, als auf einem Cord-Sofa in Wanne-Eickel den Otto-Katalog zu wälzen, bis einem die Knie einschlafen. Praktisch fühlt es sich an, als läge mir die Welt zu Füßen oder wenigstens im Einzugsbereich meiner Kreditkarte.

Ich kann mit Ami-Bräuten in Florida per Mail über den Zustand der von ihnen bei eBay angebotenen Manolo-Blahnik-Stiefel konferieren, kann in aller Ruhe an meinem Bildschirm vorbei aus dem Fenster blickend darüber sinnieren, ob ich wirklich einen Kaschmirmantel von Jil Sander brauche, nur weil er im Moment noch für fünfzig Euro auktioniert wird. Ich kann so tun, als könnte ich mir alles leisten beim Designer-Mode-Versandhaus Yoox, mich in Kreationen hineindenken, von denen ich mir bis dahin gar nicht vorstellen konnte, dass es sie gibt. Ich kann, das ist für eine viel beschäftigte Frau in den besten Jahren vielleicht der größte Vorteil, einkaufen, obwohl ich gar keine Zeit zum Einkaufen habe.

Ich muss dann nur warten, auf die Pakete. Auf raschelndes Seidenpapier um edle Gewänder. Und ich liebe es, den Moment der Anprobe hinauszuzögern, als hätte die Sachen das Christkind gebracht. Das ist der wahre Luxus: nicht gehetzt, rotgesichtig und zerzaust in einer engen Umkleidekabine sich aus der fünflagigen Wintermontur zu schälen, um dann mit Wollsocken zum kessen Kleid in die feindliche Umwelt jenseits des Vorhangs zu schlurfen, weil natürlich nur im Verkaufsraum ein gut beleuchteter Spiegel hängt. Sondern zu Hause sich baden und salben und schön machen, die Lampe ein wenig abdimmen im Ankleidezimmer und als Krönung die neuen Sachen vorführen. Man kann dann ganz alleine für sich entscheiden, ob ein pinkfarbenes Seidenkleid ins eigene Leben oder zum nächsten Geburtstag passt, kann, falls nötig, Menschen seines Vertrauens zu Rate ziehen, kann feststellen, ob die neue Kleidung mit der alten kompatibel ist. Und wenn allzu viel gegen die Bewerber spricht, schickt man sie zurück oder versteigert sie weiter.

Letzteres ist zugegebenermaßen etwas mutig gesprochen. Ich kann es nicht leugnen, ich scheitere bisweilen kläglich an der Organisation meiner eskalierenden Geschäfte. Seit es eBay gibt, hat das Wort Fehlkauf eine neue Bedeutung bekommen, und selbst ein prall gefülltes Yoox-Paket ist hier schon liegen geblieben, bis die Rücksendefrist abgelaufen war. Auch das ist eine schmachvolle Erfahrung, wenn man schon fast vierzig ist und immer noch kein Dienstpersonal hat, keine Privatsekretärin und keinen Personal-Trainer, momentan noch nicht mal einen Putzmann, weil der sich reich verlobt hat, nach Schweden ausgewandert ist und jetzt selbst einen auf Künstler macht.

Der gute Tausch

In einer verschämten Ecke meines Kleiderzimmers stapeln sich Kartons und Tüten im Mindestwert eines Monatslohns. Falsch ersteigert, falsche Größe, falsche Farbe, falscher Stil. Vielleicht bin ich von den Herausforderungen des digitalen Zeitalters doch schon etwas überfordert. Ich pflege deswegen mit ebenfalls von temporärer Einkaufsphobie befallenen viel beschäftigten Freundinnen einen schönen, menschelnden Brauch. Wir treffen uns in regelmäßigen Abständen, idealerweise zum Jahreszeitenwechsel, besorgen Schaumwein und große Spiegel, tauschen Fehlkäufe und leidvoll Abgelegtes aus. Es ist ein großer Spaß, fühlt sich an wie Kinderfasching, nur betrunkener, wirkt dabei heilsam und äußerst konstruktiv. Weil man erstens sieht, dass alle einen großen Sack an Missgriffen in die Runde tragen, zweitens kaum eine in ihre Kleidung von vor zehn Jahren passt, trotzdem jede noch Hoffnung hegt und geneigt ist, innig geliebte Sachen gleich nach dem Auspacken einfach wieder mitzunehmen. Der Abschied von Miniröcken in Größe 36 aber kann sehr gesund und lange überfällig sein, und er fällt leichter, wenn man die Stücke an einer ewig schmal gebauten Lieben immer wieder sehen darf.

Der Ernst, der der Veranstaltung zugrunde liegt, ist ohnehin bald vergessen. Wenn erheiterte Mittdreißigerinnen sich grölend gegenseitig bunte Paillettenhemden überziehen oder versuchen, mit Plateausohlen auf den Strichen des Parketts zu balancieren. Wenn wir uns auf dem Boden wälzen, lachend über die Blindheit der anderen, und japsen: »Wieso hast du das denn bitte schön gekauft?« Wenn wir überdreht Geschichten erzählen, die Kleider so mit sich bringen.

Wie die vom schwarzen Ledermini, den jetzt Maya hat, der mit dem Reißverschluss über die ganze kurze Länge. Auf einer nicht ganz unwichtigen Redaktionsparty hat mein damaliger Chef neckisch daran gezogen und gleich den ganzen Rock in der Hand gehabt. Oder die rote La-Perla-Korsage, für die Sybilles Freundinnen ihren ganzen Studentenlohn anlässlich ihres Geburtstags geopfert hatten. Und das zu einer Zeit, da wir alle noch aus Bequemlichkeit BeeDees trugen. Ihr damaliger Freund, der eigentlich Nutznießer des kostspieligen Geschenks sein sollte, hat bei dessen Premiere einmal kurz von seinem Buch aufgeblickt und gemurmelt: »Na, wenn du so was schon nötig hast …«

Sybille hat sie seither nie wieder getragen. Ich habe sie übernommen, nicht weil ich so was jetzt nötig habe, sondern weil mir Rot besonders gut steht. Findet mein Mann übrigens auch. Sybille aber ist an diesem Tauschabend auch nicht leer ausgegangen. Sie trägt ihn immer noch gerne, den Blazer von meinem ersten Business-Anzug.

3 Große Gefühle

Der Mann fürs Leben, das Leben für den Mann? Wer kommt, wer geht, was bleibt? Von Liebesleid, Hochzeiten und anderen Langzeitprojekten.

Ja, ich will

Es war ein strenger Winter in jenem Jahr. Kälte und Eis und Schnee, und keiner wollte so recht allein sein. Es war der erste Winter, in dem der Mann, mit dem ich seit vier Jahren eine unsortierte Altbauwohnung teilte, über Weihnachten mit zu meinen Eltern kam. Er war der erste Mann in meinem Leben, mit dem ich überhaupt so weit gekommen bin: nicht nur zusammen frühstücken, sondern das auch noch in unserer gemeinsamen Küche, der Tisch zwar eine Leihgabe, aber immerhin.

Diese Entwicklung war mehr, als ich erwartet hatte, inhaltlich verdächtig nahe an den Rollenspielen, die ich präpubertierend mit meiner versammelten Barbie-Mannschaft und den Töchtern aus der Nachbarschaft inszeniert hatte. Heile Welt, Mann, Frau, einer für immer, große Liebe, das ganze Fantasie-Programm einer fortgeschrittenen Kindheit, in der es noch kein GZSZ gab. Gekrönt nun von seiner finalen Einwilligung, sich mit mir und meinen Eltern unter den heimatlichen Christbaum zu setzen.

Es hatte bereits in den Jahren zuvor ein paar gebremste Anläufe in diese Richtung gegeben. Einmal war er demonstrativ erst nach den Weihnachtstagen angereist, ein anderes Mal sehr wohl zur fraglichen Zeit vor Ort, aber nur weil ich ihm hoch und heilig versprochen hatte, dass er sich von den Feierlichkeiten fern halten dürfe, ohne dafür zur Rechenschaft gezogen zu werden. Er hat daraufhin Heiligabend tatsächlich im Bett verbracht, ich wurde hysterisch, er schwieg eisern dazu, und am Ende fiel mir noch die eigene Familie in den Rücken.

Als ich tränenüberströmt zur Feier kam, mich bitter über sein frevelhaftes Verhalten beklagte, wurde ich nicht etwa bemitleidet, sondern zurechtgewiesen. Er habe, so waren sich alle gänzlich gegen ihre sonstigen Gewohnheiten einig, schließlich sein Fernbleiben angekündigt, ich hätte völlig zu Unrecht versucht, den armen Mann unter Druck zu setzen, brauche mich nicht wundern, wenn er sich nur zögernd meinen Anverwandten und den zugehörigen Ritualen öffnen würde, und mein Vater krakeelte von so viel Widerstandsgeist sichtlich angestachelt: »Der hat Recht, mei, des hätt ich auch schon viel früher mal machen sollen.«

Umso erstaunlicher also, dass im darauf folgenden Jahr tatsächlich die kollektive weihnachtliche Versammlung einschließlich Freund und Vater im Haus meiner Eltern stattfand. Ein Fest des Friedens wahrlich mit allen üblichen Ingredienzien: viel Essen, Trinken und Pakete. Kein Ärger, keine Ausfälle. Leicht erschöpft, sehr satt und zufrieden saßen wir zu vorgerückter Stunde unter dem brennenden Christbaum und badeten die Füße in Geschenkpapier.

Bis sich mein mittelschwer alkoholisierter Lebenspartner leicht schwankend aus der tiefen Ledercouch meiner Erzeuger erhob, zwei konzentrierte Schritte tat und auf den Schoß meines Vaters niedersank. Er lehnte sich vertrauensvoll an dessen Bauch und gurrte ihm ins Ohr: »Darfischumdihandeinertoschteranhalten?« Mir rutschte der Sektkelch aus der Hand, mein Vater fragte unwirsch: »Wie bitte?« Mein Freund wiederholte: »Ischmöschteumdihandeinertoschteranhalten.« Dann schlang er meinem Vater die Arme um den Hals und seufzte: »Schwiegerpapa.« Mein Vater wich etwas verstört zurück, meiner Mutter schossen die Tränen in die Augen. Sie hatte offensichtlich den Ernst der Lage erkannt, versuchte die Situation zu retten und wies ihren Mann zurecht: »Schatz, er versucht doch nur nett zu sein.« Mein Vater murrte: »Meinen Segen habt ihr«, wohl auch, um die Last auf seinen Beinen loszuwerden, und so war ich verlobt.

Gut, ich bin auch gefragt worden, vorher schon. Bei jedem heftigen Streit in den Anfangsjahren unserer Liebe lautete der Schlussschrei meines mir heute Angetrauten: »Was willst du? Soll ich dich heiraten, oder was?!« Und ich brüllte »Ja!« zurück, nicht weil das mein ultimativer Wunsch war, sondern weil ich der Meinung war, er könne auch mal was für unsere Beziehung tun. Meinetwegen auch, mich heiraten.

Die Angst vor Tisch und Bett

Wirklich darüber nachgedacht hatte ich aber nie. Was heiraten heißt. Weil das Wort in meinem Wortschatz nicht vorkam. Genauso wenig wie Wertanlage, Balkonbegrünung oder Kombifahrzeug. Heiraten, das war in meinem Kopf etwas für die anderen gewesen, die Konformisten, die, die immer schon wollten, dass sich ihr Leben auf einem eingezäunten Grundstück abspielt. Für solche, die lachen können, wenn ihre Freunde auf einer Bühne vor versammelter Gesellschaft zotige Witze über das Brautpaar erzählen. Die sollten ihre Liebe in eine Amtsstube tragen, vor einem gelangweilten Staatsdiener mit einer Unterschrift besiegeln. Danach das Glück des

Tages mit Weichzeichner auf ein Schwarzweißfoto bannen. Eines, auf dem die künstliche Beleuchtung um die glücklichen Gesichter eine Ahnung von Heiligenschein malt. Dann ab zum Flittern auf die Malediven, romantischer Traumurlaub, fünf Sterne, pauschal.

Eine Argumentation aus Selbstschutz, vielleicht. Es hatte mich bis dato noch keiner darum gebeten, auf ewig sein zu sein. Zumindest nicht rechtzeitig. Die meisten Männer meines Lebens äußerten sich derart verbindlich erst, nachdem unsere Beziehungen meiner Meinung nach unwiderruflich beendet waren. Wie Hans, der liebenswerte Krankenpfleger, der mir die Schrecken einer fehlentwickelten Langzeitliebe schon nach einem halben Jahr demonstrierte. Ich wollte Großstadt, lautes Leben und Kultur, er nur noch kuscheln auf der Couch bei laufendem Fernseher. Zum Abendbrot brachte er sich immer öfter ein Paket von Happy Burger mit. Als ich ihm auf seinem Lieblingssofa meine emotionalen Ermüdungserscheinungen offenbarte, seufzte er in der Werbepause einer hirnrissigen Fernsehshow: »Mit dir wollte ich den Rest meines Lebens verbringen.« Fügte, weil er die Panik in meinem Blick zum ersten Mal richtig deutete, eifrig hinzu: »Und vorher alle Bücher, die in deinem Regal stehen, lesen.« Als ich seine Wohnungstür für immer von außen schloss, zappte er weinend durch die Programme. »Ruf mich an« stöhnte eine Frauenstimme hinter mir her.

Dann gab es noch Norbert, den eiskalten Philosophen mit der eitlen Frisurneurose. Der mich recht offensichtlich mit einer älteren Frau betrog. Welche im Gegensatz zu mir bald unmissverständlich den Alleinanspruch auf Norberts wohlgeformten Körper und seine bisweilen klugen Gedanken erhob. Ich wurde einfach abgeschoben, zur Gegenwehr war ich zu traurig und zu schwach. Ein paar Jahre später habe ich Norbert wiedergesehen, ganz zufällig, sehr spät nachts in der dunklen Ecke einer Bar. Draußen war Sommer, ich war verliebt und gut in Form, Norbert schien es auch nicht schlecht zu gehen. Zunächst. Er sprach von Geist und Gott und weltlichen Erfolgen. Und nach dem fünften Bier am Ende auch von jener Frau. Die ihn gequält, geschunden hat, verbraucht, verlassen. Dass er mich statt ihrer hätte lieben, ehren, heiraten sollen, mich, die Gute, Reine, Sanfte, die damals so großmütig seiner irren Leidenschaft ihren Raum gelassen hat. Der arme Norbert trank noch ein sechstes Bier und wagte es, nach meinen Plänen für die Nacht zu fragen. Ich orderte eine Flasche Champagner auf seine Rechnung, er fiel vornüber, ich fuhr nach Hause zu meinem Freund.

Zugegeben, nicht alle waren so windig in ihrer späten Einsicht wie der Philosoph, es gab auch gut gemeinte Angebote, wie das von Markus, der jahrelang an meiner Seite die große Freiheit proklamiert hatte, um dann, als ich sehr ungelegen – und nicht von ihm – schwanger zu sein glaubte, sich als Ersatzvater anbot, mit sehr konkreten Vorstellungen von Kleinfamilie und Eigenheim.

Ich habe Markus und die verzögerten Zukunftspläne all der anderen Herren nie ernst genommen, auch weil mein Konzept ein gänzlich anderes war. Darin kam größtenteils nur ich alleine vor. Ich, ein guter Job, gute Freunde, guter Sex, eine glückliche Beziehung gerne, aber nicht zwingend, ein Mann im Leben nur, wenn er nicht dauerhaft in meine Wohnung will. Dazu natürlich kleine Dramen und Sehnsucht und Hoffnung auf Großes in weiter Ferne, aber nur solange es mir nicht ernsthaft in die Quere käme.

Die unkalkulierbare Größe, die mein Leben schließlich gehörig durcheinander brachte, war am Anfang überschaubar. Ein kurzer Flirt vor einem Umzug über den Ozean, eine Leidenschaft ohne ängstlichen Erwartungsdruck. Die gepackten Koffer und die Aufbruchstimmung schürten bei mir

Übermut und euphorisches Selbstwertgefühl. Eine schicke Affäre vor der Abreise in die neue Welt als unverhoffter Energieschub, das sollte mich nicht weiter kümmern und kam mir gerade recht. Selbst die Tränen zum Abschied habe ich genossen. In meiner neuen Heimat New York aber wurden mir die Tage und Nächte seltsam lang. Uferten aus in endlose Telefonate, Briefe, schlaflose Nachrichten auf traurige Anrufbeantworter. Ein paar Mal haben wir uns besucht, in hastigen Treffen zu kurzes Glück erhascht. Die Entscheidung, meinen Lebensplan zu ändern, die Koffer wieder zu packen, nach Deutschland zurückzukehren wegen eines Mannes, mit dem ich netto nur wenige Wochen verbracht hatte, und über den ich kaum mehr mit Sicherheit sagen konnte als dass ich seine Grübchen liebte und seinen Humor, kam sehr spontan. Woher, weiß ich bis heute nicht. Am Ende war es vielleicht nur die Lust auf wahrlich Unbekanntes, eine weitere Reise in ein fremdes Land.

Ich zog zu ihm, weil das Geld für eine eigene Wohnung bei all den Überseegesprächen fortgeschmolzen war. Als ich wieder welches hatte, haben wir gleich gemeinsam eine größere Bleibe gesucht. Haben zusammen Schränke und Stühle gekauft, später sogar ein Doppelbett. Ich wunderte mich manchmal darüber, wie selbstverständlich die Idee vom zweisamen Glück die früheren Prinzipien auf sehr charmante Weise null und nichtig machte. Diskutierte bisweilen ein wenig mit alten Freundinnen, ob man als Pärchen zwei Schlafzimmer braucht und wie man Männer zur Hausarbeit treibt. Beschloss, beim ersten nächtlichen Streit ein Sofa ins Büro zu stellen, kaufte beizeiten eine Spülmaschine und war ansonsten selig und zufrieden.

Nun aber gab es diesen Antrag. Und große Aufregung allerorts. Eine Mutter, die gleich am Morgen des ersten Feiertages, zu einer Zeit, da mein frisch Verlobter und ich noch weit davon entfernt waren, zusammenhängende Sätze zu sprechen, ihr gesamtes Adressbuch durchtelefonierte. Laut, fröhlich, unüberhörbar mehrmals denselben Text durch die ganze Wohnung jubelte: »Ja, und dann hat er um ihre Hand angehalten. Unterm Christbaum. Das war wirklich rührend. Die Hochzeit wird im Sommer sein!« Ich lag im Bett und hörte Hochzeit, Hochzeit, Hochzeit widerhallen in meinem dröhnenden Kopf. Neben mir der Kerl, hübsch wie immer, wollte mich heiraten. Mich. Lieben auf ewig. Würde es sagen, nicht nur zu mir in schwachen Momenten, sondern laut und deutlich vor allen, die eingeladen sind.

Einladen würden wir sie natürlich alle, Verwandte, Bekannte, Freunde, Geliebte, ein fettes Fest für unser gigantisches Glück sollte es geben, ein unvergesslicher Auftritt für das schönste Brautpaar der Welt. Der Gedanke begann eine gewisse Eigendynamik zu entwickeln. Man hatte über Nacht mein Hochzeitsgen aktiviert.

Wenn dieses in Gang gesetzt ist, werden die Prioritäten im Hirn neu sortiert. Man bekommt ein paar existenzielle Probleme im Leben dazu: Was werde ich anziehen? Wer darf kommen? Wo findet die Orgie statt? Werde ich den Engel in Weiß geben, mit Schleier und Schleppe meterlang, oder will ich der Teufel in Rot sein, tiefen Ausschnitt zeigen auf hochhackigen Schuhen?

Auf dem Höhepunkt meiner vorhochzeitlichen Selbstfindungsphase, die länger dauern sollte, als ich an diesem unschuldigen Weihnachtsfeiertagsmorgen erahnen konnte, habe ich kurz überlegt, ob die ideale Brautverpackung meiner vielfältigen Wesenszüge nicht das Krankenschwesternkostüm vom letzten Karneval sein könnte, zwar weiß, aber aus Lackleder, knatscheng, kurz, beachtliches Dekolletee. Dazu natürlich Schleier, und alles zur Schau getragen vor dem wenig skandalträchtigen Standesamt meiner oberbayerischen Heimatgemeinde. Das allerdings war, wie bereits angedeutet, nicht nur Monate, sondern einige Jahre später. Zu einer Zeit, als ich wenigstens schon wusste, wo wir feiern würden.

Es war die möglicherweise längste Verlobung der Welt. Auf jeden Fall schwer rekordverdächtig. Eine Hochzeit und vor allem der zugehörige generalstabsmäßige Organisationsaufwand waren in meinem Lebensplan nicht vorgesehen. Man hat ja so einiges abgespeichert, was sich unweigerlich ereignen wird: Abitur, irgendwann arbeiten, Geld verdienen, viel Geld verdienen. Außerdem reisen, lieben, geliebt werden, Glück finden und schicke Wohnung, möglicherweise auch zu zweit. Vielleicht sogar Kinder. Kann passieren.

Aber heiraten? Das muss man aktiv entscheiden, planen, durchführen und sich gleichzeitig mit den Konsequenzen auseinander setzen. Das macht ein bisschen mehr Arbeit als der erste LSD-Trip oder ein schneller Umzug nach New York. Und scheint für uns wesentlich weniger selbstverständlich zu sein. Ich nehme mal an, meine Mutter hat bei der Bekanntgabe ihrer Eheabsichten keiner gefragt: »Echt? Wahnsinn! Warum denn??!!« Sie hatte auch keine Freunde, die einem zum Thema begeistert berichteten, die beste Hochzeitsparty, die sie je besucht hätten, sei dieses Hippiefest auf einem abgelegenen Feld gewesen, das, wo sich alle Gäste bis zur Unkenntlichkeit verkleiden mussten, sodass keiner mehr wusste, wer wer war, noch nicht mal das Brautpaar habe man erkannt, total abgefahren sei das gewesen, irgendwie surreal.

Das wahrlich Surreale aber scheint das Vorhaben selbst zu

sein, eine exotische Idee, ein Ritual aus ferner Zeit, das uns so fremd ist, dass man es uns neuerdings schon wieder als Trend verkaufen kann. Als coole Idee, passend zur Szene-Invasion der Schrebergärten und der Renaissance der Schleifenbluse. Wir hatten sie zwischendurch komplett vergessen. Hatten jede Menge anderes zu tun. Und es war auch nicht wirklich wichtig. Schon gar nicht in der Außenwirkung. War ein Mann da, war's gut. War keiner da, würde hoffentlich wieder einer kommen.

Umso erstaunlicher, wie schnell man seine reaktionärromantische Ader entdeckt, wenn einer um die eigene Hand anhält. Wie die Hochzeitstorten im Geiste in den Himmel wachsen, wie man Kutschen fantasiert und Blumen streuende Kinder, schöne Gäste und schönes Wetter sowieso. Meine liebste Antwort auf die verstörte Frage »Warum?« war: »Weil ich ein Fest für meine Liebe feiern will.« Das macht Zyniker schnell und effektiv mundtot.

Mein persönliches Problem dabei: Es war unter dieser Voraussetzung nicht wirklich einfach, den eigenen Ansprüchen gerecht zu werden. Zumal wenn man eine sich selbst nie eingestandene Schwäche für hollywoodesken Superkitsch hat. Wenn man schon bei Vorabendserien laut aufseufzt und an freien Heimabenden nicht das heimliche Defizit an Dogma-Filmen per DVD abarbeitet, sondern zum wiederholten Mal »New York, New York« ansieht, wohl wissend, das Martin Scorsese ein paar bessere Filme gemacht hat als diesen. Aber eben keinen anderen, bei dem Robert De Niro im Schnee kniend um Liza Minellis Hand anhält.

Die Vorbereitung meiner Hochzeit des Jahrhunderts jedenfalls dauerte sechs Jahre. Auch das vielleicht eine Folge des strapaziösen Mottos, das man mehr oder minder fröhlich mit sich herumträgt: Es muss im Leben mehr als alles geben. Ist doch klar – wer gut aussieht, klug ist, sportlich, erfolgreich, gern gesehener Gast und tolle Köchin, wer Karriere machen will, aber irgendwann auch fünf liebreizende Kinder großziehen, wer feiern kann, dass es nur so kracht, und konzentriert an der eigenen Atemtechnik arbeitet, wer auf dem Kopf stehen kann und mit beiden Beinen auf dem Boden, der will wennschon, dennschon die perfekte Hochzeit feiern, die aber gleichzeitig so ungewöhnlich sein muss, dass einen keiner als Reaktionär verlacht.

Bei mir kam erschwerend hinzu, dass mich schon seit einiger Zeit versteckte Anwandlungen von Heimatgefühl und sentimentaler Kindheitssehnsucht befallen. Ebenfalls ein Phänomen, das sich, so fürchte ich, damit erklären lässt, dass man den postpubertären Ablösungsprozess womöglich endgültig abgeschlossen hat. Ich wollte zum Jawort das heimische Bergpanorama, als trinkfeste Unterlage Weißwurst und Schweinebraten, und den Hochzeitsrausch mit bayerischem Bier bewerkstelligen. Umso erschreckender war es zu erkennen, dass ich mich damit statistisch gesehen ganz klar im konservativen Lager ansiedelte. Überdurchschnittlich viele Hochzeiten werden am Herkunftsort der Braut gefeiert.

Die Heimat allerdings hatte sich in meinem Großstadthirn über die Jahre etwas verklärt. In meiner Fantasie entspann sich ein Bild vom schönsten Biergarten der Welt nebst idyllischem Badesee, betrieben von großherzigen und strapazierfähigen Wirtsleuten, die außerdem ein paar hundert komfortable, aber spottbillige Schlafgelegenheiten für die internationale Gästeschar bereithalten würden. Die Suche begann.

Im ersten Jahr nach dem Antrag verbrachte das glücklich verlobte Paar seinen gesamten Jahresurlaub in einem Kleinwagen auf Bayerns Straßen. Wir haben in diesem Sommer jede Pfütze des Alpenraums umrundet auf der Suche nach der geeigneten Lokalität. Oder besser: nach einem Ort, der meinen sehr konkreten Vorstellungen entsprach.

Die wunderbare Wirtschaft auf der Anhöhe über dem berühmten See aber war leider ein Ort der inneren Einkehr und der Vollwertkost geworden. »Wir richten gerne Feiern aus«, säuselte der Mann im Leinenhemd. Schob hinterher: »Natürlich herrscht in allen Räumen absolutes Rauchverbot.« Die Biergärten auf der kleinen Insel hatten im Kampf gegen feindliche Überfälle vom Festland einen eisernen Pakt geschworen: »Um Mitternacht ist bei uns Schluss.« Und das frühere Lieblingslokal im Wald hieß neuerdings »Gittis Jazztreff«.

Das glücklich verlobte Paar fuhr von Pinte zu Pinte, bis der Kühler kochte, und je länger die Fahrt dauerte, umso unglücklicher wurde ich. Die Stimmung des zukünftigen Gatten sank ebenfalls: Er wurde wütend. Auf mich. Und meine weißblauen Hochzeitsträume. In den letzten Lokalen auf unserer Route haben wir nur noch gestritten. Die jeweiligen Wirtsleute betrachteten uns traurig, sagten: »Heiraten wolln's?« Ernst genommen hat unsere Anfrage da wohl keiner mehr. Als die Landkarte langsam in kleine Stücke zerfiel und die Reise vorbei war, wechselten wir kein Wort mehr miteinander. Fuhren schweigend heim. Zu Hause trösteten wir uns mit gängigen Argumenten aus dem ledigen Bekanntenkreis. Der nicht mehr zukünftige Gatte sagte: »Heiraten? Was für eine spießige Scheißidee.« Ich seufzte: »Die Hauptsache ist doch, dass wir uns lieben.«

Ein paar Jahre haben wir das Thema ignoriert, die Familie vertröstet, Arbeit, Verpflichtungen, Dauerstress vorgeschoben, tatsächlich behauptet, zum Heiraten fehle uns einfach die Zeit. Haben uns vom Zeitgeist überholen lassen und anderen beim Ja-Sagen zugeschaut. Es waren ein paar ungewöhnliche Vorlagen dabei. Man könnte auch sagen, das ganze Spektrum unserer verwirrenden Gegenwart. Ein Freund heiratete an einem See, an dem sich gleichzeitig Golf-GTI-Fahrer aus dem gesamten Alpenraum zu ihrem Jahrestreffen versammelt hatten und mit Dauergehupe das idyllische Gewässer umkreisten. Dazu spielte eine Kapelle versprengter Balkanflüchtlinge so schnell, dass keiner tanzen konnte, und der zurückhaltende feinsinnige Bräutigam nebst Braut im schlichten beigefarbenen Hängerkleid wurde von pflichteingeladenen Kollegen dazu gezwungen, auf der Bühne Kondomgroßpackungen, Dildos und weitere mit Bedacht ausgewählte Geschenke zu öffnen.

Auf einer Feier in der Verwandtschaft blockierten die Freundinnen der sehr jungen Braut den gesamten Abend stöhnend die Damentoiletten. Zunächst in männlicher Begleitung, dann weil sie ihre eigenen Joints nicht vertragen hatten. Im Festsaal indes sangen die älteren Herrschaften ihre liebsten Madonna-Hits voller Inbrunst zu einer Karaoke-Box. Die schicke Hochzeit einer sehr kosmopolitischen Kollegin endete zum Schrecken des Brautpaars bereits kurz nach Mitternacht, als sich alle ihre Mineralwasser trinkenden, bulimischen US-amerikanischen Freundinnen nebst Partner höflich verabschiedeten, wohl um die morgendliche Jogging-Routine nicht zu gefährden.

Auf einer ähnlich distinguierten Veranstaltung, bei der eine japanische Freundin aus New York ihren wenig originellen österreichischen Banker-Freund ehelichte, ließen mein Liebster und ich uns nach dem Zehn-Gänge-Menü vom Sommerwind durch den Schlosspark treiben, legten uns ein bisschen flach, um die langweiligen Gespräche bei Tisch zu vergessen, und haben dabei leider das japanische Hochzeitstee-Zeremoniell versäumt. Offenbar ein Affront sondergleichen, die Braut hat nie wieder mit mir gesprochen. Ich war außerdem doppelt gestraft. Die Wiener Mücken haben mir beim Lustwandeln den Körper zerbissen. Ich lag daraufhin vielfach vergiftet mehrere Tage mit Fieber im Bett.

All das hätte mich nachhaltig von der wilden Ehe überzeugen können, aber bei jedem strahlenden Lächeln, das ein Jawort besiegelte, bei Brautpaaren, die ob mit oder ohne Gäste, Essen, Drogen, Schleier, Schleppe, Kindern oder Katastrophen einen Tag lang so aussahen, als seien sie komplett übergeschnappt vor Glückseligkeit, regte sich in mir das Aschenputtelstiefschwesternherz. Ich wollte auch Kleid, Blumen, Schuhe, Schampus, und vor allem wollte ich den irren Blick.

In meiner Idealvorstellung hatte sich außerdem hartnäckig die Vision der makellosen, strahlend schönen Braut festgesetzt. Es musste also passieren, bevor die ersten Verfallserscheinungen allzu deutlich sichtbar einsetzten. Es musste auch passieren, weil sorgenvolle Bekannte begannen, den Aufschub der Hochzeit als mögliche Krise zu diagnostizieren, und andere anfingen, schlechte Scherze über unser planerisches Unvermögen zu machen, nicht ohne dabei schnippisch Parallelen zu unserer gesamten Lebensführung zu ziehen.

Es gab ein paar Hürden, immer noch: das Brautkleid, erworben im ersten Jahr der Planung, drohte die Braut sechs Jahre später zu ersticken. Ich habe, um es letztlich tragen zu können, vor meiner Hochzeit vier Wochen lang nur gedünstetes Gemüse zu mir genommen. Wir heirateten im kältesten Sommer seit Menschengedenken, mein bester Freund war verhindert, als wir das Standesamt verließen, schüttete es aus Kübeln, zwischen See und Biergarten verlief eine Schnellstraße, die Wirtsleute waren unangenehme Erbsenzähler, vom Schweinebraten und der Aufregung bekam ich Durchfall, es war der schönste Tag in meinem Leben, ich küsse täglich meinen Ring.

Der Ring. An meinem Finger. Er ist klassisch gelbgold, ich trage ihn links, das ist, glaube ich, kosmopolitisch und international. Ich trage ihn und frage mich, ob sie ihn sehen. Die anderen. Männer. Ob sie ihn sehen und denken, Finger weg, sie ist eine verheiratete Frau. Psychologischen Tests zufolge fordert Frauen ein Ehering am avisierten Objekt heraus, Männer stößt er eher ab, sie wildern nicht so gerne im fremden Revier. Ich stoße andere Männer jetzt also ab. Das ist ein fremdartiger Gedanke. Ich weiß, ich bin versorgt, ich brauche keinen anderen, das jedenfalls antworten meine allein stehenden Freundinnen auf solche Spekulationen gerne streng. Es stimmt, ich will auch keinen anderen. Es ist ein großes Glück, die Liebe gefunden zu haben, es fühlt sich gut an, wenn ausgerechnet an dieser Stelle Ruhe und Sicherheit im Leben einkehrt.

Es ist obendrein tatsächlich eine neue Dimension, verheiratet zu sein. Ein Versprechen, das sagt: »Ich könnte mir wirklich vorstellen, mit dir den Rest meines Lebens zu verbringen.« Für unsereinen eine ungeheuerliche Sache. Für mich, die ich in der Stadt, in der ich lebe, vor zehn Jahren mit zwei Koffern aufgeschlagen bin, jederzeit auf dem Sprung, zurück in die große weite Welt, in die Abenteuer, die meine Zukunft zweifelsohne für mich bereithalten würde. Umso befremdlicher dagegen, ganz rational betrachtet, der Vorsatz auf dieses offene Angebot freiwillig zu verzichten.

Die Freiheit im Kopf, unsere wohl gehegte Angewohnheit, das Leben als durchgängig geöffneten Gemischtwarenladen zu betrachten, steht also plötzlich den eigenen Gefühlen im Weg. Ständig ist man geneigt, sich zu fragen, wie ungestüm das Herz in Jogging-Hosen auf dem Sofa noch schlägt, obwohl man weiß, dass es schöner ist, in trauter Zweisamkeit in der

Pasta zu rühren, als draußen im Kalten nach Wärme zu suchen.

Denn so unwirtlich die Welt der Balzrituale auch sein mag, so ganz will es einem nicht in den Kopf, dass man nicht mehr dazugehört. War das nicht erst gestern, dass man mit ausgewählten weiblichen Begleitpersonen kichernd in öffentlichen Lokalen Rasterfahndung nach Brad-Pitt-Doppelgängern betrieben hat? Sich in endlosen Telefonaten die wenig überraschenden Neuigkeiten von der spontanen Sex-Front berichtete. »Das Schwein hat immer noch nicht angerufen, meinst du, es war falsch, ihm meine Telefonnummer in die Hose zu stecken?« »Ich war jetzt schon drei Mal mit ihm im Museum, aber er hat noch nicht ein einziges Mal versucht, mich zu küssen. Vielleicht ist er doch schwul?« »Immer wenn wir gerade dabei sind, ruft seine Exfreundin ihn an. Und irgendwie finde ich es langsam merkwürdig, dass er das Handy nie ausschaltet.«

Schlaflose Nächte, Heulen, Herzklopfen, Zähneklappern, ist das jetzt für immer vorbei? Mal ganz deutlich formuliert, wer sagt: Einer für immer, sagt doch auch: Nie wieder ein anderer. Sex mit demselben, bis einen die senile Unlust ereilt. Alles andere geht mit den eher anstrengenden Begleiterscheinungen eines Seitensprungs einher – schlechtes Gewissen, Lügen, klärende Gespräche. Vielleicht sogar triste Hotelzimmer und Lust nach Terminplan. Affären, bei denen man niemals mehr jenen euphorischen Gedanken zulassen kann, der nicht immer gesund war, aber auch wahnhafte Freude spüren ließ: Das könnte der Anfang zu etwas ganz Großem sein.

Jeder große Anfang ist hinfort auch ein trauriges Ende. Mit dem jugendlichen Leichtsinn ist es also erst mal vorbei. Erst mal muss man sagen, weil die Statistik ohnehin gegen mich und die lebenslange Liebe spricht. Angesichts einer deutschen Scheidungsrate von über 30 Prozent hat man sich in unserer Generation vorsorglich ein paar Wörter ausgedacht, die in all der Haltlosigkeit dennoch nach relativer Stabilität klingen sollen: »Lebensabschnittspartner« oder »serielle Monogamie«. Buchstabenungetüme, die Menschen in den Mund nehmen, die sich gerne auch auf unsere biologische Disposition berufen, auf das Tier in uns, das sich nicht binden, sondern wildern will, Forscher, die die Liebe suchen in irgendwelchen Transmittern im Hirn.

Ein paar Durchhalteparolen

Daran bitte ich nicht zu denken, wenn der Mann mit dem Ring vor einem steht. Es macht schließlich keinen Sinn, eine Sache anzufangen und sich dabei schon Erklärungen für ihr Ende zurechtzulegen. Meine Mutter ist, wie übrigens einer kleinen privaten Umfrage zufolge viele Mütter ihrer Generation, der Meinung, dass wir nur scheitern, weil wir nicht zäh genug sind. Weil wir bei Schwierigkeiten geneigt sind, die Flucht zu ergreifen, weil wir immer alles wollen und alles perfekt sein soll und deswegen verzweifeln an unromantischer Routine, nicht sehen können, wie die Liebe sich in Wellen auf und ab bewegt.

Das hat sie schön gesagt, und die Zurechtweisung der Mamas ist letztendlich nichts anderes als eine Variante des Gedankens, den meine Freundin Laura, eine Weggefährtin, die sich ebenso wie ich seit längerer Zeit mit demselben Mann herumtreibt, in regelmäßigen Abständen herausseufzt. Immer dann, wenn ihr Liebster dabei ist, kläglich zu versagen. Wenn er zeitweise nicht nur seine Freundin, sondern auch noch das Chaos in der Wohnung ignoriert, sich in schlechter Laune suhlt und zu viel Fernsehen schaut. Wenn sie zweifelt, ob die Zukunft mit ihm der Vergangenheit standhalten kann. Wenn sie fürchtet, dass ihr Kerl nach all den Jahren gerade für immer zum selbstsüchtigen Monster mutiert.

Sie kennt seine schlechten Phasen, vermutet, dass sie manchmal ähnliche Ausfälle hat, weiß, dass beides auszuhalten ist, vorbeigeht, und hofft, dass ihre Beziehung noch oft genug rosarot strahlen wird. Aber jedes Mal wenn das »Ich schmeiß alles hin, soll er doch sehen, wo er bleibt«-Gefühl hochkocht, schwappt der Seufzer hinterher: »Mann, und dann, wenn ich ihn verlasse? Muss ich den ganzen Mist mit jemand anders wieder von vorne anfangen. Wie lang es dauert, bis man sich so gut kennt, so sehr traut. Das Balzen, die Spiele, da habe ich echt keine Lust mehr dazu.«

Könnte resigniert klingen, ist aber realistisch. Es sickert langsam durch zu uns, dass Sturm-und-Drang-Phasen und eine gewisse Leichtigkeit in Liebesdingen möglicherweise ein Verfallsdatum haben. Dass es vielleicht viel aufregender ist, keine Lebensabschnitte, sondern ein halbes Leben zu teilen. »Willst du mit mir gehen?«, haben wir uns als Teenies aufgeregt gefragt. Und haben in Folge mit den Etappen auch die Begleiter gewechselt. Wir sind weit gekommen, immer auf dem Sprung, immer in Bewegung, der Gedanke an Stillstand ist uns unbehaglich. Aber ein bisschen Ruhe im Gefühlshaushalt wäre trotzdem ganz schön.

Nur kann das funktionieren, gleichzeitig Spaß und Sicherheit und Spannung und Entspannung und Leidenschaft und Liebe und Streit und Versöhnung und Prickeln und Vertrauen und Kinder und Küche und Sex und Gespräche und alles für immer und mit einem Mann? Gegenbeispiele gibt es genug. Schweigende Paare im Park, die ihre sonntäglichen Spaziergänge lieber mit einem Meter Sicherheitsabstand absolvieren, ältere Herrschaften in gepflegten Hotels, die schon am Frühstücksbüfett rituelle Gefechte um Cholesterinwerte austragen, Kollegen, die am Telefon ihre Liebste anschnauzen, weil »es gerade gar nicht passt«. Es gibt Paartherapeuten und Eheberater und in regelmäßigen Abständen zweifelhafte Ratschläge aus den Psychologie-Abteilungen der frauenspezifischen Fachorgane zum Thema: »Wie hält man die Liebe am Leben?«

Zweifel und Zwangshandlungen

Und so sitzt man in der behaglichen Sicherheit seiner Dauerbeziehung, während draußen vor der Tür ein trübes Klischee das andere jagt. Sitzt und beäugt misstrauisch das eigene Glück. Die Konfliktherde. Die Schweigeminuten. Die Missverständnisse. Die Kämpfe. Die Wortwahl. Die Sexfrequenz. Es gibt etwas Schlimmeres, als alt und allein zu sein. Er hat es schon einmal ausgesprochen, neulich, als er wieder mal sein Handtuch auf dem Boden liegen gelassen hatte, an jenem Morgen, da der eigene Kopf noch nicht mal Aspirin vertrug. Als man deswegen seufzte »Muss das eigentlich immer sein?« und er diesen abwesenden »Belästige mich nicht mit irdischen Nebensächlichkeiten«-Blick aufsetzte, dabei erhaben über das Handtuch stieg. Als das Pochen im Kopf immer stärker wurde und man hoffte, es übertönen zu können, wenn man etwas lauter, ziemlich laut also in seine Richtung sprach: »Meine Bedürfnisse sind dir wohl völlig egal?« Und weil man von ihm nichts hörte, nicht sofort jedenfalls, die Frage gut vernehmbar wiederholte. Mehrmals wiederholte. Jetzt wirklich sehr laut wiederholte. Er sich währenddessen beim Rasieren schnitt und durch seine Zähne zischte: »Bitte nicht schon in der Früh.«

Am Frühstückstisch nach einem langen Schweigen hat er es dann gesagt, leicht frustriert, und beide senkten den Kopf dazu: »Wir sind schon wie ein altes Ehepaar.« Ein altes Ehepaar. Das wollte man nie sein. Nörgelnde Frau, genervter Mann, schlechtes Witzobjekt für boulevardesken Humor.

Es ist nicht einfach zu begreifen, dass Krisen und Konflikte in lang erprobten Beziehungen sich nicht ansatzweise so einzigartig darstellen wie gemeinsame Glücksmomente. Gerät man nach Feiern leicht angetrunken ins Keifen, noch bevor sich die gesteigerte Hemmungslosigkeit horizontal nutzen lässt, kommt man sich vor wie ein müder Abklatsch von Liz Taylor und Richard Burton. Fängt man bei gemeinsamen Autofahrten Diskussionen über die einzuschlagende Richtung an, fühlt man sich wie ein Lehrbeispiel der Geschlechterpsychologie. Man ertappt sich selbst bei strategischen Tränen und erinnert ihn prophylaktisch an jeden Jahrestag. Er rüpelt manchmal mehr als früher und hat trotzdem nicht das richtige Geschenk. Wenn man sich davon nicht zu sehr beunruhigen lässt, hat man mit viel Glück hoffentlich trotzdem immer wieder was zu feiern. Soll übrigens auch Paare geben, die ihre Scheidung alljährlich fröhlich begießen oder zur Feier des Tages gemeinsam ein Ibsen-Drama im Theater sehen.

Das soll natürlich kein Aufruf dazu sein, für immer voll kläglicher Hoffnung in abgestumpfter Gleichgültigkeit oder schaurigem Beziehungsleid zu verharren. Die Gegenthese zu Mutters Parole könnte schließlich auch lauten: Wir sind selbstständiger als sie und ihre Altersgenossinnen es waren. Wir sind viele. Und viele davon sind allein. Dafür ernten wir heute nicht mehr ganz so viel schiefe Blicke wie früher. Und besser dazu gerüstet sind wir auch. So fällt es leichter irgendeinem Quälgeist den finalen Tritt zu verpassen und dabei den Kopf hoch zu tragen. Deswegen im Weiteren ein paar sachdienliche Hinweise dazu, wann ein solcher Schritt notwendig werden kann.

Woran man erkennt, dass eine Dauerbeziehung möglicherweise von zu langer Dauer ist:

- *Sie können sich beim Verlassen einer Feier nicht mehr daran erinnern, ob Sie alleine oder zu zweit gekommen sind.*

Okay, die Zeit geht vorbei, in der man als Paar auf Partys permanent knutschend in der Ecke steht, sitzt, liegt oder Schlimmeres macht. Ein paar wirklich gute Freundinnen haben einen irgendwann aus dem Delirium gar so weit erweckt, dass man seine Freizeit partiell wieder alleine gestaltet und außerdem Spaß dabei hat. Trotzdem möchte man nie eines dieser Paare werden, das den Rest an Gemeinsamkeit bei jeder Veranstaltung an der Garderobe abgibt. Vorausgesetzt, sie sind überhaupt noch im Duo unterwegs.

- *Er will endlich mal wieder Sex, Sie ermutigen ihn mit den Worten: »Na gut, wenn's nicht zu lange dauert.«*

Es geht nicht ohne, da kann man mir erzählen, was man will. Das ganze rationale Gerede von gefestigten Gefühlen, die substanzieller seien als reine Lust, kann nur faule Ausrede sein. Wer sich im Bett langweilt, ist selbst schuld oder schon ganz woanders. Es ist doch der wunderbarste Vorteil von allen in einer soliden Bindung, dass da einer neben einem liegt, den man immer anfassen kann. Ohne Zweifel und Fragen und Unsicherheit kann man alles probieren und jeden Tag beim anderen neue Sommersprossen suchen. Kann Streitigkeiten begraben und Kopfweh bekämpfen, ohne Fernsehen leben, Cellulite vergessen und deutsche Winter überstehen. Wer das nicht ausnutzt, braucht wirklich keinen Mann.

- *Die letzte Reise, die Sie vor drei Jahren gemeinsam mit ihm unternommen haben, ging in eine bundesdeutsche Kleinstadt zum Neunzigsten Ihrer Oma.*

Wahrscheinlich war auch das schon schwierig genug. Weil er glaubt, zu viel Arbeit zu haben und zu wenig Bewegung und zu beidem grundsätzlich keine Zeit. Im Fernsehen ist Fußball, sein Freund in der Krise, da wird schon ein gemeinsames Frühstück zum Planungsproblem.

- *Sie lesen zufällig auf seiner Visitenkarte, dass er nicht mehr Praktikant, sondern Chef in seiner Firma ist.*

Es fällt nicht immer leicht, ein offenes Ohr für den anderen zu haben, vor allem, wenn das Thema immer das gleiche ist. Job, Erfolg, Karriere, Bilanzen, in doppelter Ausführung kann das mächtig anstrengend sein. Solange die Achtung voreinander noch groß ist, sagt einer von beiden des Öfteren mal: »Ich will dich mit meinem Kram nicht langweilen.« Weil sich alleine langweilen aber noch langweiliger ist, monologisiert man im Extremfall lieber aneinander vorbei. Und bekommt erst wieder mit, was mit dem anderen passiert ist, wenn seine Vorzimmerdame am Telefon fragt: »Wer bitte ist denn dran?«

- *Er kauft sich eine eigene Fernbedienung.*

Ein deutliches Ende nicht nur des schönsten Beziehungsrituals. Die Kommunikation ist ganz offensichtlich gestört, wenn man sich die Abende nicht mehr damit vertreiben will, vertraute Dialoge zu führen, wie: »Musst du immer gleich weiterschalten? Ich wollte das sehen.« »Was?« »Das eben.« »Auf welchem Kanal?« »Weiß ich nicht. Zwei zurück oder so.« »Was war denn da?« »Keine Ahnung, du hast ja gleich umgeschaltet. Irgendein Film.« »Da ist jetzt Werbung.« »Dann warte doch mal.« »Kommerzkack kann ich nicht ertragen.« »Aber der Film …« »Dann nimm doch du das Ding.« »Ne, will ich nicht.« »Ich auch nicht mehr.« Pause. »Gleich kommen Tagesthemen.« »Dann schalt doch um.« »Mit was?« »Mit der Fernbedienung.«

»Wo ist die denn?« »Keine Ahnung.« »Aber du hast sie doch gerade noch gehabt.« »Ich hab sie dir gegeben.« »Hast du nicht.« »Dann ist sie wohl weg.« »Die ewige Glotzerei geht mir sowieso auf die Nerven.« »Ist das nun auch noch meine Schuld, oder was?« »Nein, aber ich geh jetzt ins Bett.« »Na, großartig. Dann gute Nacht.«

- *Er stolpert im Eingang über Ihre Einkaufstüten und geht schweigend weiter.*

  Er nimmt also ganz offensichtlich nicht mehr an Ihrem Leben teil. Gönnt Ihnen nicht einmal mehr den Spaß, niedrige Preise zu fingieren, ein paar Schnäppchen zu erschwindeln und die Spannung auszukosten, bis seine nächste Kreditkartenabrechnung kommt.

- *Er holt Sie nach zwei Wochen strapaziöser Dienstreise mit seinen drei besten Freunden am Flughafen ab und will sofort gemeinsam auf Zechtour gehen.*

  Ja. Gut. Sie werden wenigstens abgeholt. Nur: Ein Taxifahrer würde Sie nach Hause fahren, nicht in die nächste Schänke. Er würde mit Ihnen reden. Vielleicht wäre er sogar freundlich dabei. Und ganz bestimmt müssten Sie Ihre Koffer nicht selbst tragen, weil er schon zu betrunken ist, um alleine die Treppe hochzukommen.

- *Er kommentiert Ihr neues rotes Korsagen-Kleid mit leisem Kichern.*

  Nein. Denken Sie nicht weiter darüber nach. Ein kleiner Wulst zwischen Oberarm und Brustansatz ist kein Grund zur Heiterkeit. Er hat nicht das Recht, Sie zu verhöhnen, weil Sie in letzter Zeit des Öfteren den Satz äußern: »Wenn ich die vier Kilo wieder runterhabe, sieht es bestimmt richtig gut aus.« Das Problem sitzt tiefer, und es wird sich nicht dadurch lösen, dass Sie ihn nie wieder bitten, einen Reißverschluss für Sie zuzuziehen.

- *Sie verzehren als leidenschaftliche Hobbyköche zusammen nur noch verbrannte Tiefkühlpizza.*

Das kann vorkommen. Zeitweise. Wenn keiner wirklich eingekauft hat. Weil es im Bett viel schöner war. Weil es dort immer noch schön ist und deswegen auch keiner den Backofen kontrolliert. Dann ist jede Art von Verwahrlosung völlig legitim. Wenn die Nachlässigkeit allerdings zum Regelfall wird, trennen Sie sich lieber, bevor Sie irgendwann als unappetitliche Vermischten-Meldung in der Zeitung stehen.

Wenn all dies bei Ihnen nicht vorkommt, wenn Ihnen gerade mal wieder aufgefallen ist, dass er, der Sie heute Morgen zu Ihrem Unmut erst nach der Lektüre der gesamten FAZ zum ersten Mal geküsst hat, immer noch dieses aufreizende Grübchen in der Wange trägt, die kleine Kuhle, die man besonders gut sieht, wenn er das besondere Lächeln aufsetzt, dass er gleich nach dem Kuss nur für sie gelächelt hat. Jenes Lächeln, das immer noch heißt, ich will dich ganz und gar, und zwar am liebsten jetzt. Wenn Sie deswegen endlich mal wieder zu spät zur Arbeit gekommen sind und sich auf den Abend freuen wie ein sechzehnjähriger Teenie vor dem ersten Date, dann dürfen Sie gerne mit mir und allen Unverbesserlichen weiterhoffen.

Meine ganz persönliche Schluderei in Sachen urkundenfixierter Liebesschwur war übrigens schwer von Vorteil. Wir lieben uns seit vielen Jahren und sind ganz plötzlich frisch verheiratet. Rein rechnerisch also noch lange nicht in Gefahr, ein altes Ehepaar zu sein. Ich kann die späte Eheschließung sehr empfehlen. Meine achtzigjährige Tante jedenfalls behauptet, ich sähe auf den Fotos – die, auf denen der Regenbogen über dem See unsere strahlenden Gesichter krönt –, aus wie achtzehn. Und wenn die letzten Spötter immer wieder fragen: »Na? Und? Hat sich was verändert?«, gibt es eine einzig wahre Antwort: »Ja.« Eine strategische Pause danach ist wichtig, in der sich die fragenden Augen weiten und der Mund leicht spitzt, dann, wenn die Kritiker glauben, dass man die Freude an der eigenen Konsequenz und das Abgleiten ins konservative Regelwerk nicht begründen kann, dann lasse ich sie gerne noch etwas warten, bevor ich mit fester Stimme sage: »Wir haben jetzt noch besseren Sex.«

4 Die ewigen Jagdgründe

Wer will noch mal, wer hat noch nicht? Über Singlefreuden, Scheidungsrate, und die Sorge um den eigenen Marktwert.

Spiel ohne Grenzen

Ich war mir der Verantwortung nicht wirklich bewusst. Als ich da stand, mit dem Strauß in der Hand, nervöse Unruhe im Rücken. Ich hatte eigentlich nur Angst, dass er völlig in die falsche Richtung fliegt. Mit Karacho senkrecht gegen die Decke knallt, um mit doppelter Geschwindigkeit auf meinem bekränzten Haupt zu landen. Das hätte mir den Rest gegeben. Ich war ohnehin schon halb bewusstlos vom letzten Obstler. Oder dass er im Schwung aus meiner Hand rutscht, nicht hinter mir elegant einen hohen Bogen beschreibt, sondern vor mir die mit Gläsern bepackte Bar abräumt. Ich bin noch nie eine gute Werferin gewesen. Letztlich ist er nicht ganz falsch, aber wohl etwas zu niedrig geflogen. Mein Brautstrauß. Die größte der weiblichen Gäste hat ihn sich einfach aus der Luft geklaubt. Alle Freundinnen unter einem Meter siebzig waren frustriert.

Es gibt ein Foto davon, auf dem mindestens dreißig schöne Frauen im besten Alter die Arme recken und einen Blumenstrauß anstrahlen. Wüsste ich nicht, dass das Bild von meiner

Hochzeit ist, würde ich denken, man hat sie gecastet, so großartig sehen sie alle aus. Die tollsten Damen der Welt haben sich auf meiner Hochzeit um die Hoffnung geprügelt, unter die Haube zu kommen. Ich danke der zuständigen Himmelsmacht täglich mehrmals dafür, dass sie mein Leben bereichern, würde aber gerne mal dort oben nachfragen, warum kein Mann das Dasein dieser wunderbaren Frauen versüßt. Oder nicht mehr. Auf dem Foto hopsen Kinderlose und vielfache Mütter, Ledige, Geschiedene, Damen, die schon lange oder erst kürzlich alleine sind, sogar eine eigentlich glücklich gebundene habe ich im Hintergrund ausgemacht.

Ich weiß, dass keine von ihnen wirklich dachte, dass ein Blumenstrauß Besserung beschert, genauso wie niemand ernsthaft auf das Liebesglück aus einem Tageshoroskop hofft oder glaubt, dass eine Vanilleschote im eigenen Puddingschälchen den Traummann verheißt. Aber gute Laune macht es trotzdem. Die Fängerin hat den Rest des Abends selig gegrinst und noch ein wenig offensiver mit einem entfernten Bekannten geflirtet. Ein paar Blüten hatten sich im Flug aus dem Strauß gelöst, die steckten sich weitere Damen halbwegs erleichtert in die Dekolletees.

Es hätte mir gut gefallen, hätte meine Hochzeit wie ein Kettenspiel funktioniert, hätte alle, die gerade ohne sind, in heiße Affären und große Romanzen verstrickt. Zu neuen Hochzeiten geführt, die wieder alle in heiße Affären und große Romanzen verstrickt hätte usw. Die Fängerin immerhin hat sich später noch einmal mit dem entfernten Bekannten getroffen. Es ist dabei weiter nichts passiert. Es hat in meinem Umfeld seit meiner Hochzeit nicht mehr und nicht weniger Affären oder Romanzen gegeben als sonst, ein paar Trennungen kamen auch noch dazu.

Auch dadurch sind selbst bei mir mittlerweile die Blumenranken aus dem Kopf verschwunden, bisweilen ereilt mich die Realität. In Form trauriger Geschichten. Von Männern, die Frau und Kind verlassen, von heut auf morgen, ganz ohne Erklärung mit einer anderen von dannen ziehen. Vom großen Glück, das sich verfranst hat, zwischen Ehrgeiz und Ängsten und Eifersucht. Von Paaren, die man stets beneidet hat, weil sie so schön zusammen waren und richtig lustig noch dazu. Die sich am Ende dann zerfleischten aus Gründen, die sie selber nicht verstehen. Man muss sich dem stellen, auch als fröhlich Liierte, alleine ist man offenbar schneller, als einem ein Ziegelstein auf den Kopf fallen kann.

Für alle Singles, die ängstlich ihren Marktwert taxieren, genügt ein Blick auf Scheidungsraten und ein paar glückliche Beziehungen im Bekanntenkreis. Wer liebt sich wie lange, wie lange noch oder schon lange nicht mehr, mit wem wollte man wirklich tauschen? Ist nicht der Günther seiner Sabine neulich beim Abendessen wieder ständig über den Mund gefahren? Hat nicht Andrea schon wieder eine fatale Affäre, weil der eigene Mann sich lieber krumm arbeitet, als sie ab und an mal auszuführen? Hat nicht Tanja erst neulich laut seufzend geäußert, als kinderloser Single habe man wenigstens noch Zeit und Lust auf Sex?

Angebot und Nachfrage

Also keine falschen Hoffnungen auf Ruhe und Frieden im Hormonhaushalt, der Kampf ums Glück geht ewig weiter, ob verheiratet, verwitwet, verliebt oder verlassen. Man sollte deswegen auch als Frau in festen Händen bisweilen sanft die Lage testen, um für alle Fälle die Übung nicht zu verlieren. Denn potenzielle Hindernisse auf dem Weg zur unbeschwerten Neu-Beziehung gibt es altersbedingt genug.

Wir haben erstens schon einiges erlebt – verlassen werden,

verlassen haben, Lug, Trug, Enttäuschung, große Gefühle, fantastisches Glück und immer wieder das Ende vom Lied. Klar sind wir stark geblieben dabei, haben den manischen Blick unter Kontrolle und nach wie vor keine Waffe unterm Bett. Wir haben uns gut gehalten, man sieht uns den Ballast nicht an. Aber wir schleppen ihn trotzdem mit uns herum. Wir befürchten außerdem: Die männlichen Altersgenossen haben die letzten zwanzig Jahre auch nicht wirklich unbeschadet überstanden. Bei richtig jungen Menschen sind Neurosen noch sexy, bei uns könnten sie bereits eine Art von Altersirrsinn sein.

Zweitens: Die Zielgruppe schwindet. Wer sich nicht scheiden lässt, ist schon vergeben. Und wer Ersteres bereits hinter sich hat, hat am Ende eine zerklüftete Familie, ein paar Kinder und vor allem ein dauerhaft schlechtes Gewissen im Gepäck. Wegen der Kinder. Die einen nicht leiden können. Oder doch. Aber dann hasst einen die Exfrau. Irgendeiner kommt auf jeden Fall immer zu kurz.

Wer drittens keine Kinder, keine Scheidung, keine funktionierende Verbindung oder nachhaltige Trennungswunden vorzuweisen hat, wer also mehr oder minder seit zwanzig Jahren salopp durchs Liebesleben surft, mit großem Augenaufschlag und dem Satz: »Ich weiß auch nicht warum, aber länger als ein halbes Jahr haben meine Beziehungen nie gehalten«, ist komplett vermintes Terrain. Einer von denen, die uns schon als Teenie im Vorübergehen das Herz gebrochen haben, weil sie sukzessive den ganzen Jahrgang vernascht haben, nie ohne jeder Einzelnen die ganz große Liebe zu schwören. Diese ewigen »Ich will mich nicht binden, ich brauch meine Freiheit«-Hallodris, die wollen wir jetzt bestimmt nicht mehr. Auch nicht vorübergehend. Sie sind auf dem besten Weg, ihre gerechte Strafe zu kassieren. Sie werden nicht nur alt, sondern endlich auch mal traurig und einsam.

Bleibt viertens das Ausweichmanöver in andere Dekaden. Ist wohl Geschmackssache. Aber vielleicht auch mehr als das. Wer sich nach unten orientiert, muss Rückschritte in Kauf nehmen. Könnte sein, dass der besonders gesunde und regenerierende Schlaf vor Mitternacht wieder zur völligen Utopie wird, dass man schon zum Aufstehen laute Musik hören muss und am fettigen Frühstückstisch gleich mit mehreren unrasierten Männern über den fälligen Gang zum Bäcker diskutiert.

Wer Herren mit deutlichem Altersvorsprung avisiert, fühlt sich beim liebevollen Blick auf silbergraue Schläfen jünger denn je. Begibt sich aber gleichzeitig unter Umständen in eine schwer benachteiligte Position. Wer älter ist, darf öfter jammern, über Wetterfühligkeit und die Folgen des Alkoholmissbrauchs, über den Verfall der Sitten und der Kochkunst, über gestern, heute, morgen, über alles und jeden und besonders über sich selbst. Das ist ein Privileg, das man keinem anderen überlassen darf, für den Fall, dass man in ferner Zukunft irgendwann tatsächlich aufhören sollte, sich wie frische fünfundzwanzig zu fühlen.

Der schlechten Ausgangslage ob des drastisch reduzierten Angebots an Spitzenmaterial steht dann fünftens noch der eigene Anspruch entgegen. Wir sind nämlich manchmal doch keine fünfundzwanzig mehr. Wir lassen niemand mehr gänzlich unbedacht zum Dauergast in unserem sorgfältig gezimmerten Dasein werden, nur weil er ein nettes Lachen hat. Wir haben mittlerweile ein paar Entscheidungen ganz für uns getroffen, ein paar Möbel ganz alleine gekauft, ein paar Scheine auf die Bank getragen. Wir können prima solo um die Welt verreisen und ins Kino gehen, wir können Kollegen zurechtstutzen und Fahrräder reparieren, schenken uns selbst gerne Blumen und schicke Unterwäsche und müssen Massagestäbe nicht heimlich beim Otto-Versand bestellen.

Das Profil der Anforderungen an einen Mann im Haus ist also sehr deutlich ausgearbeitet, die Stelle nicht einfach zu besetzen. Weil unsere Kriterien über den durchschnittlichen Gehalt einer Suchanzeige weit hinausgehen. »Blond, groß, gut aussehend«, das hatte man schon. War gleichzeitig humorlos, selbstverliebt und langweilig. »Charmant, vielseitig interessiert, kann gut kochen« war auch schon dran. Aber nur kurz, weil er seinen Charme nicht zielgerecht steuern konnte und sein Interesse vor allem der Damenwelt galt. »Zärtlich, vollschlank, zuverlässig« hat man ebenfalls versucht. Lange sogar. Leider hat er einen selbst nach drei Jahren noch anderen Leuten hartnäckig als »eine gute Freundin« vorgestellt. Irgendwann hat ein Rest an Vernunft der Sache nach mehreren vergeblichen Anläufen ein trauriges Ende gesetzt. Obwohl der Sex wirklich überdurchschnittlich war.

An guten Tagen ist man in Anbetracht all dessen erfolgreich in der Lage, die Gesamtsituation und ihre Lösung sehr pragmatisch zu betrachten. Den kompromisslosen Weg einzuschlagen und die Dinge so zu sehen, wie sie sind. Denn vielleicht braucht man im Grunde gar keinen Mann. Zumindest nicht zwanghaft. Man braucht Sex. Wenn's geht regelmäßig. Das sollte sich aber auch ohne Mr Perfect lösen lassen. Ein guter Liebhaber muss nicht auch noch die heimischen Balkonblumen aus eigenem Antrieb bemuttern, er muss nicht dieselben Filme lieben, er dürfte sogar Schwäbisch sprechen, solange er im Bett nicht zu viel redet. Er braucht nicht zum Lebenspartner taugen, er muss nur machen, was er am besten kann.

Für alles andere ist doch in einem fortgeschrittenen Frauenleben gesorgt. Für gute Gespräche und großen Spaß hat sich weibliche Gesellschaft immer bestens bewährt. Niemals hat man sich mit einer Freundin nach einer Feier auf dem Gehsteig angebrüllt, weil eine von beiden sich zu wenig um die andere gekümmert hat. Wenn eine früher nach Hause will, bleibt die andere einfach da, wenn eine flirtet, freut sich die andere mit ihr. Freizeit mit Damen kann sehr viel entspannender sein, als einen Abend lang mit dem Galan darüber zu debattieren, warum er eigentlich nicht mitwollte und jetzt doch dabei ist, aber natürlich baldmöglichst wieder nach Hause möchte. Oder irgendwann überhaupt nicht mehr.

Man braucht auch keinen Mann mehr, um das eigene Selbstbewusstsein zu polieren, viel Geld verdient man hoffentlich allein, Handwerker stehen ausreichend im Branchenbuch, Umzugsunternehmen ebenso, sogar Kinder kann man sich heute ohne Mann heranzüchten. Es ist also eine luxuriöse, romantische Schwäche, die man sich leistet, wenn man trotzdem nach einem Ausschau hält. Und es ist normal, denn luxuriöse Schwächen zu beherrschen war noch nie unsere Stärke, sonst ginge es der Wirtschaft noch schlechter als schlecht.

Fund- und Fallgruben

Mit dem Ausschauhalten allerdings ist es so eine Sache. Es ist tatsächlich nicht mehr so einfach, wie es noch mit fünfzehn war. Flaschen drehen steht nicht mehr auf dem Programm der Veranstaltungen, die man mittlerweile besucht. Anonyme Liebesbriefe sind relativ sinnlos, wenn man sich nicht mehr täglich in der Schule begegnet. Auch ganz spät nachts wird auf Partys selten Schieber getanzt. Und selbst wenn, will man manchmal nicht mehr so lange bleiben.

In wenig vertrauenswürdigen Frauenzeitschriften steht immer wieder geschrieben, man lerne Männer fürs Leben nicht in Bars oder auf Partys kennen. Ich bin der virulente Gegenbeweis für diese verknöcherte These, ich habe alle meine

Männer in Bars oder auf Partys kennen gelernt, auch den fürs Leben. Das mag möglicherweise damit zu tun haben, dass ich mein halbes Leben in Bars und auf Partys zugebracht habe. Ich bin mir aber nach wie vor sicher, dass sich ein knisternder Blickwechsel oder ein anregendes Gespräch zwischen zwei sich noch fremden Menschen eher in entspannter Spätfeierabendatmosphäre bei sanftem Licht ereignet als frühmorgens in der U-Bahn. Wer abends ausgeht, hat hoffentlich keine verquollenen Augen mehr, man hat sich entsprechend vorbereitet und bietet gemeinhin einen hübscheren Anblick als im Alltagsgeschäft. Außerdem ist man besserer Laune.

Das einzige Problem: Man geht mittlerweile vielleicht gar nicht mehr so viel aus. Könnte also sein, dass der Traummann just am Sonntagabend in der eigenen Stammbar auftaucht. Sonntags, wo man jetzt immer artig zu Hause bleibt, weil morgen Montag ist und die Karriere keinen Knick bekommen soll. Manchmal bleibt man sogar montags daheim, da die anderen das offensichtlich auch tun und deswegen gar nichts mehr los ist, draußen vor der Tür. Dienstags lässt man es neuerdings erst mal langsam angehen, spart Geld, geht ins Kino, freut sich, dass es dann billiger ist. Mittwochs ist jede Woche Kolleginnenstammtisch. Donnerstags steht die beste Freundin auf dem Plan, man besucht sie zu Hause, weil ihr Babysitter mal wieder krank ist und man sie sonst gar nicht mehr sieht. Freitags rausgehen ist eigentlich uncool, macht nämlich jeder, meistens zieht man trotzdem mit. Es gibt ja einiges nachzuholen, so fad, wie die ganze Woche schon war. Nachgeholt wird dann kräftig, an etwaige Traummänner kann man sich am nächsten Morgen nicht mehr erinnern, sich bewegen fällt auch schwer, vielleicht noch zum Imbiss und in die Videothek, um samstagabends mal wieder George Clooney zu sehen. Wie und vor allen Dingen wo um Himmels willen soll man so noch Männer kennen lernen?

Die Liste der Gelegenheiten, auf die man trotzdem hofft, ist so lang wie unsinnig. Damit keine allzu falschen Hoffnungen entstehen, sei hier eine Auswahl populärer Balzplätze genauer betrachtet, die sich zu vielem eignen, zum Broterwerb, zur Erbauung, zur Entspannung, zur Fortbewegung oder zur autoaggressiven Selbstkasteiung, aber bestimmt nicht als Projektionsfläche taugen für herbeigesehntes dauerhaftes Liebesglück.

Der Arbeitsplatz
Extrem risikoreiches Terrain mit ausgesprochen niedriger Erfolgsquote. Die alten Kollegen kennt man schon, und zwar zur Genüge. Sie sind einem näher gekommen, als einem lieb war, im Sektrausch auf Betriebsfeiern, wo sie zu vorgerückter Stunde vertrauensvoll ihre Köpfe in unsere Ausschnitte versenken und irgendwas von Krise mit Freundin, Frau, Kindern nuscheln, mit weinerlicher Stimme seufzen: »Läuft doch schon seit Jahren nichts mehr.« Es sind im schlimmsten Fall dieselben, die am nächsten Tag mit leicht blutunterlaufenen Augen neben einem im Aufzug stehen und betont besorgt sagen: »Sie sehen aber gar nicht gut aus in letzter Zeit. Fehlt Ihnen was?«

Neue Kollegen werden genau aus diesem Grund nicht nur von Ihnen, sondern von der gesamten weiblichen Belegschaft sehnsüchtig erwartet. Die Konkurrenz ist also in der Relation absurd groß, weitaus größer als in der freien Wildbahn. Und sie beschränkt sich unfairerweise beileibe nicht nur auf die ungebundenen Damen der Firma. Es ist darüber hinaus äußerst demütigend, einen Arbeitstag damit zu verbringen, einen dahergelaufenen Bürofrischling anzuflirten, als gelte es, ein gehobenes Managergehalt aus ihm herauszukitzeln (dafür wäre natürlich jedes Mittel recht), nur um dann auch noch nach Feierabend seinen Vorträgen über perfekte Team-

Bildung unter seiner guten Führung lauschen zu müssen. Selbst im Büro gibt es Sinnvolleres zu tun.

Nicht zu unterschätzen außerdem: sollte eine neuer Kollege tatsächlich ausgerechnet in das eigene Leben erhöhten Lustgewinn bringen, erschwert sich das Verhältnis zu den Kolleginnen direkt proportional. Um Sie herum werden Taschentüchergroßpackungen gehortet, begierig wird der Tag erwartet, an dem man diese mit verständnisvollem Blick und fassungslosem Seufzer an Sie weiterreichen kann.

Der Einsatz für Sex und Liebe am Arbeitsplatz ist verdammt hoch. Er ist am Ende im schlimmsten Fall Ihr Arbeitsplatz selbst. Man kann ohne Bedenken die Wohnung oder den Kontinent wechseln, um einem unliebsamen Ex-Lover aus dem Wege zu gehen, aber einen Job sollte man heutzutage nicht so leichtfertig aufs Spiel setzen. Soll nämlich Arbeitgeber geben, die lieber Frauen unter dreißig einstellen. Nach wem oder was die wiederum auf der Suche sind, darüber wollen wir lieber nicht weiter nachdenken.

Das Sportstudio

Das wär's. Sich, weil man endlich mal wieder trainiert hat, in gutem Gewissen suhlen und nebenbei noch einen appetitlichen Sportsmann abgreifen. Eine schöne Fantasie. Die mit der Realität nicht das Geringste zu tun hat. Ich gehe so weit zu behaupten, dass Sportstudios die unfreundlichsten, unkommunikativsten, gefühlsärmsten und vor allem sexfeindlichsten Orte der Welt sind. Forschen Sie lieber am Südpol nach Langzeitpartner und Liebesglück, und versuchen Sie sich im Sportstudio auf den einzig sinnvollen Grund für Ihre Anwesenheit zu konzentrieren: den Sport.

Alles andere will man nicht sehen. Man will die Blicke der vorbeischlendernden Herren nicht sehen, die einen streifen, während man auf einer chromglänzenden Foltermaschine im knappen Leibchen (das man aus selbsterzieherischen Maßnahmen trägt, um sich bewusst mit seinem Übergewicht zu konfrontieren) die Beine spreizt. Es reicht ganz und gar, wenn einem ihr Körpergeruch in die Nase weht. Und glauben Sie ja nicht, die männlichen Trainingspartner würden aus Anstand woanders hinschauen, es ist eher ein Wunder, dass sie nicht auch noch direkt vor einem stehen bleiben.

Man will auch die mit dem Schlafzimmerblick und den Schlafzimmerhosen nicht sehen, die mit eifrigem Nicken an den Lippen der Yoga-Lehrerin hängen. Und erst recht will man die wenigen wirklich interessanten Mitturner nicht sehen. Zumindest nicht hier, so wie man selbst aussieht. Im schlimmsten Fall begegnen die einem dann auch noch nach dem Training nackt im Wellness-Bereich.

Eine bizarre Vorstellung, sich schon entblößt gesehen zu haben, bevor das erste nette Wort gesprochen ist. Ganz schlechter Start. Sie treffen ihn angezogen auf neutralem Terrain, er sagt: »Wir kennen uns doch aus der Sauna.« »Ja, stimmt, Sie waren doch der ganz oben mit dem Muttermal neben dem Bauchnabel, der geschwitzt hat wie ein Schwein.« »Genau, und Sie sind doch die, die über alle Badelatschen gestolpert ist, als sie reinkam, und beim Rausgehen vergessen hat, die Tür zuzumachen. Wollen wir nicht mal zusammen eine Apfelschorle trinken gehen?«

Der einzige unverfängliche Ort, um dem Schwarm aus dem Studio zu begegnen, ist vor dem Studio oder besser danach. Dann, wenn Sie ob der Trainingsleistung mit sich selbst zufrieden sind, frisch gewaschen, geföhnt, geschminkt und weniger kompromittierend gekleidet. Könnte dann nur noch passieren, dass vor der Tür sein Freund auf ihn wartet. Den er zur Begrüßung innig küsst. Und Sie das umgehend mit mehreren Schokoriegeln kompensieren.

Die Weiterbildung
Der theoretische Ansatz klingt plausibel. Zwei Menschen beschließen zur selben Zeit, endlich Italienisch zu lernen. Oder die Feinheiten der grönländischen Küche zu erkunden. Oder sich im Rebirthing zu versuchen. Dann könnte es doch sein, dass sie auch sonst irgendetwas gemeinsam haben. Es ist allerdings ein trauriger Trugschluss zu glauben, dass alle Menschen, die einen Italienischkurs besuchen, so sexy sind wie die Sprache selbst. Es ist generell und überhaupt gar nichts sexy daran, im grellen Neonlicht wieder die Schulbank zu drücken. Es sei denn, Sie wollen wirklich etwas lernen. Jeder andere Gedanke ist ein mentaler Rückschritt in eine Zeit, zu der man Herzchen mit Namen in seine Hefte gemalt hat. Lassen Sie sich dabei bloß nicht auch noch erwischen.

Es macht die Sache übrigens nicht besser, wenn sich eine Lehrveranstaltung über ein ganzes Wochenende hinzieht und klangvoll Workshop nennt. Erstens sollten Sie an Ihren Wochenenden etwas Besseres zu tun haben, als mit wildfremden Menschen in drittklassigen Hotels Rollenspiele aufzuführen. Außerdem ist man fernab der Heimat ziemlich ungeschützt gegenüber Leuten, die nichts Besseres zu tun haben als an ihren Wochenenden in drittklassigen Hotels Rollenspiele aufzuführen, und das am Ende, weil sie gleichzeitig hoffen, dabei einen nicht nur spirituellen Partner zu finden. Solche könnten dann unaufgefordert an Ihrem Frühstückstisch sitzen und schon morgens anbandeln wollen. Wo man doch frühstücken mit fremden Männern nur möchte, wenn man nachts mit ihnen freiwillig ins Bett gegangen ist. Und selbst dann nicht immer.

Die Urlaubsreise
Sommer, Sonne, Sand, Meer, Schnee, Eis, Arktis, alles gut. Als allein stehende solvente Frau kann man gar nicht oft ge-

nug verreisen. Da hat man noch alle Trümpfe in der Hand. Muss sich nicht mit dem Partner darum zanken, ob es zum Wandern ans Meer oder zum Sonnen in die Alpen gehen soll, kann ganz ungezwungen überlegen, ob man lieber im Himmelbett oder in der Bambushütte schlafen möchte, kann Vulkane besteigen oder Hot-Stone-Massagen buchen, kann Auto fahren, fliegen oder trampen und so lange bleiben, wie es der eigene Kalender erlaubt. Kann Männer kennen lernen, wie man will. Wird Männer kennen lernen, wie man will. Und das in entspannter, rundum positiver Atmosphäre. Wo man sich hoffentlich so wohl fühlt, dass man selbst im Bikini keine Komplexe mehr hat. Und erforschen kann, wie einfach das Leben und das Lieben ist, so gänzlich vom Ballast befreit.

Sollte sich also die Gelegenheit ergeben, sich ein paar schöne Wochen von ansehnlichen Südländern hofieren zu lassen, hat das einen spontanen Wellness-Effekt, der jede Ayurveda-Kur in den Schatten stellt und deutlich preisgünstiger ist. Gegen verwegene bis unvernünftige Flirts ist im Urlaub ebenso wenig einzuwenden wie gegen konsequente Diät-Verweigerung und kultivierten Mangel an Bewegung.

Ein bisschen Mühe allerdings sollte man sich schon dabei geben. Damit man nicht vor lauter Beliebigkeit die Selbstachtung verliert, seine Urlaubsreisen verzweifelt in stetiger Suche nach Sexualkontakten verbringt, in scheußlicher Konsequenz kontaktfördernde Cluburlaube bucht oder nach Jamaika reist, um sich gleich am Flughafen einen willigen Urlaubsbegleiter gegen harte Währung zu heuern. Es gäbe da schließlich auch noch Kultur, Land und die anderen Leute kennen zu lernen.

Besonders gewarnt sei in diesem Zusammenhang auch vor fröhlichen Kreuzfahrtschiffen. Mal abgesehen davon, dass es nicht jedermanns Sache sein kann, seine schönste Zeit im

Jahr mit mehr als tausend stets vergnügungswilligen Menschen auf einer massiv eingegrenzten Fläche zu verbringen. Wenn man nämlich dort feststellt, dass der relative Erregungszustand, den Heinz aus Wuppertal in der letzten Nacht bei einem verursacht hat, eher auf die fünf Mai Tais zurückzuführen war als auf seine drögen Witze und sein allzu breites Grinsen, wird man Heinz mangels Rückzugsmöglichkeiten am Ende schlecht wieder los.

Mindestens ebenso schädlich für den persönlichen Erholungseffekt könnte es sein, wenn der Beau aus der Nachbarkabine, der, vor dem man schon am zweiten Abend verzückt auf die Knie gegangen ist, den dritten mit der Dame aus der Koje gegenüber verbringt und im Lauf der lustigen Seefahrt sukzessive das ganze Deck vernascht. Wenn man ihn außerdem jeden Abend bei den Vorbereitungen dazu sehen muss, in der letzten Bar, die an Bord noch aufhat, weil man dort genauso sitzt wie alle anderen Übriggebliebenen und vor Seekrankheit nicht mehr schlafen kann. Die spontane Weiterreise zur Sanierung des eigenen Gemütszustandes ist dann leider keine Option, es sei denn man täuscht einen medizinischen Notfall vor und kreischt, bis der Rettungshubschrauber kommt.

Eine langfristige Lösung können Urlaubsbeziehungen kaum sein, und dabei ist es meistens egal, ob der sonnige Lover Strandliegenwächter in Bali, Bergführer im Berner Oberland oder, oh wunderbarer Zufall, mittelloser Student aus der eigenen Heimatstadt ist. Von der Abendröte, die man gemeinsam bewundert hat, kommt in der Realität zu Hause nichts an, außer einem kleinen Euphorieschub im Gepäck. Vielleicht schickt er noch eine E-Mail oder SMS hinterher. Vielleicht antwortet man sogar, will sich am Ende wiedersehen und weiß doch ganz genau, dass das nur gehen würde mit der Abendröte am Horizont. Die es zu Hause nicht gibt.

Nie geben wird. So wenig wie eine reale Zukunft mit einem Ferienflirt.

Die einzige Dame in meinem Umfeld, die eine Ferienliebe glücklich im Leben fortgesetzt hat (verheiratet, drei Kinder), hat den Glücklichen schon auf der Hinreise quasi im Gepäck gehabt. Er war der beste Freund ihres Verlobten, frisch getrennt, sollte auf Korfu getröstet werden von dem verständnisvollen Paar. Hat funktioniert, dem einen Mann ging's danach besser.

Dem Verlassenen ging es dafür ähnlich schlecht, wie einstmals Vito Cordella. Eine apulische Schönheit, die mir in jungen Jahren im Mondlicht von Santa Maria di Leuca ewige Liebe geschworen hat. Ich hatte, berauscht von Campari und Meeresduft, Ähnliches signalisiert. Das Versprechen gaben wir uns schriftlich zum Abschied. Ein paar Jahre habe ich daraufhin mein alltägliches Dasein mit einem flammenden Briefwechsel versüßt. Mit ein wenig Fantasie schreiben sich Liebesbriefe erschreckend einfach, selbst wenn man sie mangels anderer gemeinsamer Sprachkenntnisse in gebrochenem Französisch verfasst. Auch stammelnde Telefonate hatten ihren entrückten romantischen Reiz. Es störte ganz und gar nicht, dass ich nebenbei eine intensive erotische Beziehung zu einem Arztsohn pflegte, mit dem ich mich kaum besser unterhalten konnte als mit dem fernen Italiener. Es war, als hätte man die Lieblingsstelle in einem Kitschfilm immer auf Abruf parat. Fühlte sich gut an, ließ ein wenig hoffen, hatte aber mit mir nicht das Geringste zu tun.

Bis zu dem verregneten Herbst, da Vito Cordella seinen Besuch in Deutschland ankündigte. Ich hätte ihn am Bahnhof fast übersehen. Er war klein, schmächtig, sah ohne Vespa und Badehose gänzlich unbedeutend aus und heftete sich die nächsten drei Tage an meine Fersen wie ein Hund. Außerdem fror er unentwegt, der arme Kerl. Bis zu seiner Abreise hatte sich unser gemeinsamer Sommertraum in ein finsteres Melodram verwandelt. Die letzten zwei Tage verbrachten wir schweigend, schliefen in getrennten Betten und litten Seelenqualen, die der stärkste Negroni nicht lindern konnte.

Den Abschied hat er dann, zur Freude meiner Nachbarn, die ausnahmslos alle auf Beobachtungsposten hinter ihren Türspionen standen, im Hausflur sehr laut und apulisch inszeniert. Hat meinen fünf Jahre alten schriftlichen Liebesschwur aus seinem Geldbeutel gezogen, in viele kleine Stücke zerrissen und, laute Beschimpfungen brüllend, vor meine Füße geworfen. Ich sammelte die Fetzen unter hysterischem Schluchzen wieder auf, lief ihm – wohl weil er mir durch seinen finalen südländischen Temperamentsausbruch wieder sehr begehrenswert schien – hinterher bis zur nächsten U-Bahn-Station, in der er für immer verschwand. Ich fürchte bis heute, der schöne Herr Cordella könnte sich nach dieser frostigen Enttäuschung zum frauenverachtenden Mafia-Macho entwickelt haben. Hurt, säuft, mordet sich durchs Leben, und ich bin irgendwie schuld daran.

Für mich hatte das Ganze allerdings auch ein paar positive Folgen. Ich habe, kurzfristig angewidert von allzu fordernder Männlichkeit, auch dem Arztsohn den Laufpass gegeben, eine weise Entscheidung. Er hatte mich, wie er mir daraufhin kalt lächelnd zu verstehen gab, ohnehin schon partiell mit einer Studienkollegin ersetzt. Und ich begann mich fortan mehr für italienischen Wein und Küche zu interessieren als für die männliche Bevölkerung, was meinem rheinländischen Ehemann heute in jeder Beziehung zugute kommt. Der übrigens viel schönere Augen hat als der Italiener im Mondlicht, erotischer ist als alle Arztsöhne dieser Welt und die meiste Zeit unseres gemeinsamen Lebens dieselbe Sprache spricht wie ich. Selbst dann, wenn wir unseren nächsten Urlaub planen.

Es gehört wohl auch zu einem gewissen Reifeprozess, dass man sich von naiv verklärten Vorstellungen verabschiedet. In meiner Fantasie hielt sich hartnäckig die Idee, man könne in einem schicken Speisewagen schicke Männer kennen lernen, oder auf Langstreckenflügen seine Destination finden. Nach vielen Fernreisen und einem halben Leben in der Bahn muss ich einräumen: Die statistische Wahrscheinlichkeit dafür ist verschwindend gering, sie reduziert sich obendrein zusehends, und das ausnahmsweise nicht, weil wir immer älter werden.

Speisewagen sind schon lange nicht mehr das, was ich mir unter ihnen vorgestellt habe, als ich es mir noch nicht leisten konnte, dort zu speisen. Es trifft sich im fahrenden Schnellrestaurant keine genussfreudige Ansammlung kultivierter kluger Menschen, die lieber an gedeckten Tischen sitzen und zur vorbeisausenden Landschaft schweren Rotwein trinken, als sich im Großraumwaggon mit scheußlichen Sandwiches schlecht geschnittene Anzüge voll zu bröseln.

Stattdessen sitzen dort sehr viele Männer, die das scheußliche Sandwich mit einem oder mehreren Bieren herunterspülen. Oft reden sie dabei besonders laut, gerne auch über drei Tische hinweg, erzählen sich schlechte Witze, benehmen sich nicht nur wie, sondern sind am Ende Kegelfreunde oder Fußballfans auf Reisen.

Reden sie weniger oder gar nicht, sitzen sie mit blassem Gesicht und faltiger Stirn hinter hässlichen tragbaren PCs versteckt, vertieft in ihre nächste zukunftsweisende Powerpoint-Präsentation. Bisweilen huscht ein Anflug von Leben über ihr Gesicht, jedes Mal wenn ihr Handy läutet, oft mit einem ziemlich originellen Klingelton. Der sich aber immer noch dezent ausnimmt gegen die Lautstärke, mit der in Folge überflüssige Anweisungen an untertänige Angestellte oder devote Ehrenbezeugungen an potenzielle Kunden und reale Vorgesetzte duch die schlechte Luft gebrüllt werden.

Doch selbst wenn man beschließen würde, sein neues Glück bei einem grauen Anzug zu suchen, die Bahn würde einen wohlweislich davor bewahren. Zumeist findet man im Speisewagen zwischen Bilanzgesprächen und Vatertagsausflug ohnehin keinen Sitzplatz mehr. Verbringt stattdessen seine Zeit mit etwas Glück im Großraumwaggon zwischen hyperaktiven Kindern und strapazierten Müttern oder mit etwas weniger Glück stehend im Bordbistro, wo der Nachwuchs der deutschen Truppe ähnlich charmant agiert wie die Kegelbrüder im Speisewagen und dazu schon frühmorgens Kette raucht.

Den Luxus gepflegter Begegnungen haben auch Flugreisen nicht mehr zu bieten. Auf Kurzstreckenflügen gehört es zum guten Ton, seinen Nachbarn geflissentlich zu ignorieren. Allerhöchstens schenkt man sich missbilligende Blicke im still schweigenden Kampf um die Nutzung des freien Mittelplatzes. Könnte ja sein, dass der Zeitungsstapel des anderen ein paar Zentimeter mehr davon in Anspruch nimmt. Man hat mit fortschreitendem Alter gelernt, die professionelle Vielflieger-Kühle zu akzeptieren. Es wäre irrational auf mehr Freundlichkeit zu hoffen in einem Umfeld, wo selbst das Personal nur nach deutlicher Aufforderung dazu bereit ist, Damen unter einem Meter siebzig das Gepäck nach oben zu hieven. Nicht ohne dabei mit bösem Blick zu bellen: »Dass die Kollegen so was als Handgepäck durchgehen lassen.«

»So was« ist ein kleiner, roter, exakt den erlaubten Maßen entsprechender Rollkoffer, der ein paar lebenswichtige Dinge enthält, die ich niemals alleine reisen lassen würde: Zahnbürste, Kontaktlinsen, Lieblingsshampoo, mehrere Sonnenbrillen, diverse Kleinode meiner Schuhsammlung.

Ich bin, wie man sieht, auf dem besten Weg, eine professionelle Reisende zu werden, verschanze mich mittlerweile selbst gerne hinter allen Zeitungen, die umsonst verteilt werden, und sende gemäß der Konvention eifrig Signale: ich bin wichtig, ernsthaft, viel beschäftigt, lese Zeitung nicht zum Spaß. Ich habe zur Kenntnis genommen, dass Sie neben mir sitzen, mein sanftes Kopfnicken hat das zum Ausdruck gebracht. Ich wünsche aber keine weitere Kontaktaufnahme. Glauben Sie mir: es ist besser, sich nicht ansprechen zu lassen. Die wenigen, die in Flugzeugen das Schweigen noch nicht gelernt haben, gehören meist zu denen, die auch klatschen, wenn dem Piloten eine halbwegs sanfte Landung gelingt.

Nun könnte man hoffen, auf Langstreckenflügen begegne einem das interessantere Publikum. Das hat sich aber auch erledigt, seit jeder über die eigene Lage klagt und dreimal im Jahr Last Minute verreist. Distanz wahren ist hier wichtiger denn je, sonst hat man bereits vor dem Start mindestens zwei streitende Kinder einer mehrköpfigen Familie auf den freien Plätzen neben sich, die andernfalls den langen Flug nach Hawaii zusammengepfercht mit ihren Eltern in einer Fünferreihe ertragen müssten, wie die Stewardess Mitleid heischend erklärt.

Wer sich nicht rechtzeitig, so ausreichend Raum vorhanden, einen Schutzwall aus Decken, Kissen und Büchern baut, hat schnell fremde Füße oder Köpfe an der Schulter. Die unfreiwillige Nähe der Economy Class fördert alles Mögliche an Zwischenmenschlichem zutage. Stille Aggressionen, kalte Wut, offene Hassgefühle. Bestimmt aber keine spontanen Vertraulichkeiten, keine ausbaufähigen Sympathien.

Sparen Sie sich Ihr Lächeln, auch wenn sich ein hübscher Jüngling neben Sie setzt. Sie werden es bereuen, spätestens wenn er seine Schuhe auszieht, den Kopfhörer auf Anschlag dreht, beim Essen Geräusche macht oder sich alle zehn Minuten stöhnend reckt und direkt neben Ihrer Nase seine Achsel lüftet.

Die Profitsucht der Luftfahrtbetriebe macht jede Hoffnung auf verheißungsvolle Bekanntschaften von vornherein zunichte. Selbst wenn neben einem ein humorvoller, adonisgleicher Multimillionär säße, der aus Prinzip nur Economy fliegt und das gesparte Geld wohltätigen Zwecken spendet, so nah, wie die Holzklasse ihn bringt, wollte man ihn nicht kennen lernen. Zumindest nicht vor dem ersten Sex.

Das Internet

Wohl wahr, das World Wide Web ist eine sensationelle Errungenschaft dieser Zeit. Man kann damit teure Kleider ersteigern, die man nicht braucht, was nicht so schlimm ist, weil sie ohnehin nur selten passen, sollten sie tatsächlich geliefert werden. Man kann ferne Flüge buchen und zittern bis zum Abflugdatum, ob auch wirklich alles funktioniert ganz ohne Papier und Reisebüro. Man kann schnell und einfach Kontakt pflegen zu Freunden in aller Welt, kann täglich vergessen, längst fällige E-Mails zu schreiben, kann sich regelmäßig wundern über das wiederholte Angebot, den eigenen Penis zu verlängern. Könnte wahrscheinlich wirklich größere Posten Prozac oder Valium zum Schleuderpreis erstehen. Kann sich zu jedem Fachgebiet schnellstmöglich unqualifiziertes Halbwissen aneignen oder die zweifelhafte Berühmtheit der eigenen Person bei Google abfragen. Man kann online Musik tauschen, sein Konto plündern und in Foren dumme Fragen stellen zu illegalen Hackertricks und gut bürgerlichen Kochrezepten.

Was man der modernen Mär zum Trotz dort bestimmt nicht kann, ist einen Partner finden. In Kontaktbörsen, wo die traurige Begegnung schon mit zwei falschen Namen anfängt. Wo man mit ziemlicher Sicherheit davon ausgehen kann: Wer sich Superman 6 nennt, ist bestimmt keiner, und selbst das Foto kann gelogen sein. Es mag ja reizvoll scheinen, mit großen oder kleinen Unbekannten im virtuellen Raum frei vor sich hin zu fantasieren. Nur Beziehung wird daraus keine, wenn man sich nicht doch irgendwann trifft. Und kann eine Begegnung im wahren Leben etwas anderes als enttäuschend sein, wenn die schöngefärbte Eigenwerbung unter Karacho mit der Wahrheit kollidiert? Wenn die ganze Hoffnung eines möglicherweise originellen Wortwechsels, der sich über Monate zog, an einem Abend zur sprachlosen Langeweile gerinnt? Wenn der Charmeur am Keyboard als echter Mensch zu grobe Züge hat, wenn der Supersportler verzweifelt seinen Bauchansatz kaschiert und der sensible Süßholzraspler nichts anderes will als schnellen Sex.

Wir sind dem Alter lange entwachsen, da eine Fiktion auf Dauer Spaß machen kann und darf. Mit elfeinhalb war ich davon überzeugt, dass mein Lebensglück untrennbar mit einem mir persönlich völlig fremden Mann verbunden war. Er hieß David Cassidy, hing als Bravo-Poster an meiner Kinderzimmerwand, ich wusste, wir würden uns finden, der Altersunterschied schien mir dabei unerheblich, meine Flachbrüstigkeit auch. Es war kein Spiel, ich war mir wirklich sicher.

Wann immer ich alleine war, probte ich unsere erste Begegnung bis ins kleinste Detail und baute, um lebensnah zu bleiben, ein paar dramatische Komplikationen ein. Eines Tages ertappte mich mein Vater dabei, wie ich auf dem Bett vor dem Plakat saß und mit getragener Stimme gegen die Wand ansprach: »David, ich liebe dich auch, ich wusste es lange, bevor wir uns kennen lernten. Wir sind füreinander bestimmt. Ich hoffe, dein Bruder wird nicht allzu sehr darunter leiden, er ist nämlich ebenfalls verrückt nach mir.«

Das laute Prusten meines Erzeugers hat mich damals in sehr unangenehmer Weise kurzfristig auf den Boden der Tatsachen zurückgeführt. Ich war keine zwölf und saß in einem Jugendzimmer in Oberbayern auf einem Bett, das mit Wäsche im Jeans-Look bezogen war. Das Kopfkissen zierte ein großes rotes Herz, darin stand in geschwungenen weißen Lettern »Love«. Ich trug einen geringelten Frottee-Schlafanzug und Hausschuhe mit Clownsgesicht. Meine weitesten Reisen hatten mich bis dato zweimal von Südbayern bis nach Italien geführt.

Mein Auserkorener aber war ein millionenschwerer Popstar, lebte mehrere Flugstunden entfernt und sprach eine Sprache, in der ich wenig mehr als »This is Bob. Hello Bob«, sagen konnte. Es hat trotzdem noch ein paar Jahre gedauert, bis ich endgültig begriffen habe, dass es realistischer ist, die hübschesten Oberministranten des heimischen Dorfes in meine schwülen Träume einzubeziehen, als meine Fantasien mit Bravo-Postern zu bestücken.

So viel zu virtuellen Wunschbildern und der Wirklichkeit. In den frühen Jahren vor der Geschlechtsreife mag es entwicklungspsychologisch sogar seine Berechtigung haben, mit einer fiktionalen Wahnvorstellung des eigenen Liebesglücks durchs Leben zu schweben. Mit bereits rückwärts zählender Haltbarkeit kann man sich solche Kindereien nicht mehr erlauben.

Leider ist die temporäre Einsamkeit paarungswilliger Menschen nicht nur im Internet zum wild wuchernden Geschäftszweig geworden. Wer heute noch schriftlich auf Kontaktanzeigen antwortet, scheint hoffnungslos konservativ zu sein. Es gibt Single-Reisen, Single-Events, Single-Seminare, Single-Kochen, Single-Grillen, Single-Dinner, extrem Kontaktgestörte treffen ihresgleichen beim Single-Coaching, verwegenere Einzeltäter melden sich zum Blind-Date-Sailing an. Dabei feiern achtzig einsame Herzen den Hamburger Hafengeburtstag auf einem Schiff, Frühbucher haben die günstige Gelegenheit, einen der achtunddreißig Schlafplätze inklusive Frühstück zu reservieren. Ach ja, zur Disposition stehen dabei nur Vierbettzimmer und auschecken muss man spätestens morgens um acht. Verspricht ein romantischer Abend zu werden.

Aber um Romantik geht es natürlich ohnehin nicht, wenn geschäftstüchtige Pseudokuppler von der Not anderer Menschen leben. Die darauf hoffen, dass die Liebe sie schneller ereilt, wenn auf einer öffentlichen Veranstaltung nicht nur achtzig, sondern hundert Prozent Singles auf Beobachtungsposten sind. Ich stelle mir das sehr beängstigend vor, wenn jeder Satz, den man mit jedweder Person wechselt, von schicksalhafter Schwere ist.

Er tritt Ihnen auf den Fuß, Sie sagen »Aua, pass doch auf, du Trottel!« Er strahlt Sie an, ohne sich zu entschuldigen, und sagt: »Du magst es wohl ein bisschen zarter. Kann ich auch.« Er steht an der Bar vor Ihnen, bestellt umständlich ein Mineralwasser mit, eines ohne Eis, das zweite dafür mit einem Spritzer Zitronensaft, dazu eine Cola, wenn's geht ohne Koffein, fragt, ob es auch warme Milch gibt, aber wenn dann nur frische, oder doch lieber einen Getreide-Kaffee, findet erst seinen Geldbeutel nicht und versucht dann ausschließlich mit Kleingeld zu zahlen. Sie verlieren die Nerven, rufen laut über seine Schulter: »Gin Tonic, mit einem Vierfachen, bitte schnell!« Er lächelt milde und sagt: »Wir zwei könnten gut zusammenpassen, das habe ich im Gefühl.«

Auf derartigen Zusammenkünften kann einen ansprechen, wer will, wie er will und im schlimmsten Fall solange er will, weil man durch seine bloße Anwesenheit zu erkennen gibt, dass man tatsächlich auf der Suche ist. Ich würde unter diesen Umständen sogar einen Massen-Marathon-Lauf vorziehen, um wieder mal unter Menschen zu kommen.

Die Veranstalter scheinen die Schwächen des eigenen Systems erkannt zu haben – der jüngste Trend heißt Speed-Dating. Unangenehme Gespräche werden per Regelwerk extrem kurz gehalten, nach wenigen Minuten rückt man einen

Platz weiter und wechselt den Partner. Man hat so je nach Größe der Veranstaltung die reelle Chance, in nur einer Stunde mit mindestens zehn Langweilern oder Vollidioten zu plaudern. Eine grenzwertige Erfahrung ohne wahren Nutzen, die man auch ohne Eintritt zu bezahlen in jeder voll besetzten Bar machen kann.

Richtig unangenehm für alle Beteiligten aber wird es erst, wenn die Kuppelei das kommerzielle Terrain verlässt. Wenn sich wohlmeinende Freunde bemüßigt fühlen, Liebschaften zu arrangieren, und sich dabei benehmen, als wären sie eine muslimische Großfamilie. Das Grauen beginnt meist ganz harmlos mit heimtückisch vertrauten Sätzen wie: »Komm doch nächsten Samstag zu uns zum Essen.« Hellhörig sollte man als Single bereits werden, wenn das einladende Paar ergänzt: »Wir haben da eine ganz nette Runde zusammen.« Die tolldreisteren Hobby-Kuppler allerdings geben sich nicht so dezent. Da wird die erhoffte Erfolgsquote durch deutliche Ankündigungen forciert: »Der Dirk kommt übrigens auch. Du weißt schon, mein etwas schüchterner, aber sehr gut aussehender neuer Arbeitskollege. Der, dessen Frau vor zwei Jahren mit einem Aktionskünstler nach Ibiza durchgebrannt ist. Seither traut er sich kaum mehr an Frauen ran. Dabei ist er so ein Netter, wenn er mal auftaut. Und intelligent. Arbeitet sich gerade hoch in der Firma. Hat ja sonst nichts zu tun, der Arme. Er könnte etwas Aufmunterung vertragen. Und du doch schließlich auch. Er kann segeln. Und will Kinder. Und er mag mollige Frauen. Das hat er wenigstens gesagt.«

Was er sonst noch gesagt hat, will man jetzt schon nicht mehr wissen, und erst recht nicht, was er gehört hat, von den bemühten Bekannten. »Mensch, Dirk, komm doch nächsten Samstag zum Essen, wir haben eine ganz liebe Freundin von uns eingeladen. Die hatte mit Männern leider immer großes Pech. Wie das manchmal so ist, sucht sich immer die Falschen aus. Künstler, ganz unstete Kerle, haben sie alle nur ausgenutzt. Die braucht mal einen, der gut zu ihr ist. Hätte gerne Familie, das gibt sie nur nicht zu. Sie ist die geborene Mutter, man sieht es ihr einfach an.«

Beste Voraussetzungen für einen komplett verkrampften Abend. An dem die beiden Opfer sich errötend anstammeln und vor Peinlichkeit vergehen. Während das Täterpaar hysterisch bedeutungsvolle Blicke tauscht, wissend lächelt und darüber ebenfalls das Tischgespräch vergisst. Richtig essen kann unter diesen Umständen auch keiner, so sitzt man steif, bis es nicht mehr unhöflich ist zu gehen, und tauscht mit dem schweigsamer, kinderlieben Arbeitskollegen auch noch Telefonnummern aus, damit die Gastgeber nicht beleidigt sind.

Die nun zu allem Überfluss wesentlich aufgeregter als ihre verstörten Gäste den weiteren Verlauf der nicht existenten Romanze verfolgen. Aus unerklärlichem Pflichtgefühl heraus trifft man sich dann am Ende auch noch mit dem vergeigten Dinner-Gast, und das nur, um auf die erregten Anrufe der Freunde etwas Netteres entgegnen zu können als: »Kann Dirk auch sprechen?« Selbst wenn Dirk ohne erwartungsfrohes Publikum seine Stimme wieder findet und man zu zweit vielleicht sogar lachen kann über das Arrangement bei Kalbsbraten und Knödeln, in Sachen Liebe gibt es keine *self fulfilling prophecy*.

Eher schon natürliches Trotzverhalten, vor allem was Empfehlungen und gute Ratschläge betrifft. Ich kenne keinen Fall erfolgreich eingefädelter Eheschließung, wann immer ich von mir geschätzte Männer und Frauen einander in die Arme schubsen wollte, sind sie beste Freunde geworden und haben hinterher über mich gelacht. Das ist vielleicht auch besser so, zumindest besser, als beziehungsstifterische Verantwortung zu tragen. Irgendwann schlagen sich die verkuppelten Freunde die Köpfe ein, und man fühlt sich auch noch mit schuld daran.

Bleibt die einzige Wahrheit, an die es sich weiter zu glauben lohnt. Es passiert. Frauen treffen Männer treffen Frauen treffen Männer und verlieben sich. Ganz ohne Flirt-Seminar und Heiratsinstitut. Und zwar in jedem Alter. Man kann also hoffen bis zum Seniorenkränzchen. Und dabei die Vorzüge der sich ständig erweiternden Auswahl genießen.

Denn das Schöne an der Verweigerung des Generationensprungs ist doch die wachsende Vielfalt der Möglichkeiten und die Übung, die man gleichzeitig im Umgang mit viel versprechenden Situationen schon hat. Wir können unauffällig und durchaus glaubhaft um fünf Uhr morgens bei lauter Musik mit einem attraktiven Szenegänger die letzte Bierflasche teilen und uns am Ohr knabbern lassen, wir können aber genauso auf einem staatstragenden Empfang im kleinen Schwarzen über die Ränder großer Rotweingläser hinweg wohl durchdachte Weisheiten sprechen und dabei lang erprobte Blicke werfen. Wir kennen unsere Stärken und unsere Schwächen, wir wissen, was Männer hören wollen und wir zu sagen haben. Wir wissen, dass beides im seltensten Fall identisch ist. Das kann für manchen erschreckend sein, verkürzt aber die Qual der Auswahl und erleichtert die realistische Einschätzung der Gesamtsituation für alle Beteiligten.

Wer nicht nach dem ersten, sondern nach dem zigsten Glück im Leben sucht, will sich nicht mehr mit pubertärem Geplänkel aufhalten. Der ist hoffentlich im Stande, die Dinge klarer zu sehen. Und hat im Leben auch noch anderes zu tun, als auf *seine* Anrufe zu warten oder *ihm* ganz zufällig in seiner Lieblingsbar aufzulauern. Wir haben das ganze Chaos der Gefühle doch nicht überstanden, um immer noch die stotternden Teenies zu sein. Man könnte auch sagen: Wir sind an der ganzen Misere bestimmt nicht schuld. Und wollen uns definitiv nicht vorhalten lassen, dass unsere Selbstbefreiung aus Rollenklischees das Gleichgewicht verschoben hat.

Die Herren allerdings säuseln gerne, dass sie die Weiblichkeit lieber ganz natürlich und lieblich sehen, rote Fingernägel bedrohlich finden und allzu forsche Frauen auch. Deswegen, so die Beziehungspsychologen, orientieren sie sich bei der Partnerwahl ein bis zwei Dekaden nach unten, wo sie hoffen, formbarere Gespielinnen zu finden, die sich ihrerseits aber wiederum lieber mit gleichaltrigen Herren vergnügen. So leben und lieben alle schön aneinander vorbei.

Ich jedoch finde, die Kerle sind gefragt. Es kann doch nicht so schwer sein, mit Frauen zu leben, die schön, klug, erfolgreich, charmant, sexy und erfahren sind. Mit denen man alte Sex-Pistols-Platten auf Anschlag gedreht hören kann und gesicherte Klassik-CDs knacken. Die jede Rechnung selbst zahlen können und sich trotzdem gerne in den Mantel helfen lassen. Die bei Kitsch im Kino weinen und hinterher Adorno zitieren. Die im Baby Doll genauso gut aussehen wie in einer Yamamoto-Robe. Die wenn schon zu viel, dann ihr eigenes Geld ausgeben und wissen, ob sie Gin Tonic in Kombination mit Marihuana vertragen.

Wer das nicht zu schätzen weiß, hat nichts Besseres verdient. Wie etwa der Mann, der unlängst meine Freundin Lea ausführte. Ein beschaulicher Abend voll guter Gespräche war fast vorüber, man saß schon im Auto, vor seiner Wohnung. Lea wartete. Wartete lange. Auf einen beherzten Übergriff. Oder wenigstens eine Einladung zum Kaffee. Schließlich hat sie selbst zugegriffen. Ihn in beherzter James-Bond-Manier geküsst. Dann hat sie ihn aus dem Auto geworfen. Und wollte ihn nie wieder sehen. Obwohl er sie mehrmals täglich bettelnd anrief. Nach dem Warum fragte. Die Antwort war so klar wie knapp: »Ich bin berufstätig und allein erziehende Mutter, ich habe schließlich nicht ewig Zeit.«

5 Kleine Lösungen

Kinder, Segen, Seelenheil – Kann das Glück so einfach sein, und wer hat die biologische Uhr erfunden?

Lebenssinn und Babybrei

Ich bin die Statistik. Fast Akademikerin (es hätten nur noch ein paar lächerliche Prüfungen gefehlt), berufstätig, ziemlich jenseits der dreißig und kinderlos. Eine von denen, die seit einigen Jahren mit wirrem Blick in jeden Kinderwagen schaut. Nicht weiß, was sie dabei empfinden soll. Seltsame Erleichterung, unbändige Freiheit, morgen kauf ich mir einen Porsche und fahre um die ganze Welt. Oder: Einsam werde ich sterben, die größte Erfüllung des Daseins wird an mir vorüberziehen, und Geburtstagsgeschenke bekomme ich irgendwann auch keine mehr.

Es ist noch nicht allzu lange her, da habe ich sie überhaupt noch nicht gesehen, die Kleinen mit den großen Augen in ihren fahrbaren Untersätzen. Weder sie noch die, die sie schoben, waren mir großartig aufgefallen. Ich muss sogar gestehen, dass ich mir einige Zeit eine Wohnung mit einer jungen Mutter und ihrem Kleinkind teilte und der Wicht mein Herz nicht über die Maßen rühren konnte, selbst dann nicht, als er mehrere Saltos die Wendeltreppe unserer schicken Galeriewohnung hinunterschlug. Ich wohnte unten, wo er ankam und mich weckte um sechs Uhr morgens mit grausigem Gebrüll. Ich war nicht alleine und deutlich der Ansicht, dass es noch nicht an der Zeit war für ein verfrühtes Muttergefühl. Ich war überhaupt sehr lange der Ansicht, dass Kinder nur denen zum Zeitvertreib dienen, denen die größere Perspektive im Leben fehlt. Und bei jeder Freundin, die ungewollt schwanger wurde, griff ich mir insgeheim an den Kopf.

Wir hatten doch wirklich Besseres zu tun. Lernen, lesen, studieren, ausgehen, rumhuren, reisen, manchmal sogar Zukunft planen. Später dann: Arbeiten, Beziehungen führen, Erfolge feiern, Wohnorte wechseln, Beziehungen beenden, Leben genießen, das Ganze mehrmals und immer wieder neu. Ich habe mich dabei blendend amüsiert, mir fehlte nichts, und ich habe mindestens bis zu meinem dreißigsten Lebensjahr nicht eine Sekunde daran gedacht, eine Familie zu gründen. Ich hätte auch gar nicht gewusst, wo und mit wem, und hatte nicht die geringste Lust, mich derart festzulegen.

Ich bewunderte stattdessen Frauen, die sich ihren klaren Kopf bewahrten und sich gleichzeitig kopfüber ins Leben stürzten. Solche, die ihr überdurchschnittliches Potenzial und ihre ungezügelte Energie nicht darauf verwandten, in großen Mengen Karottenbrei zu kochen, ökologisch unbedenkliche Windeln auch noch selbst zu waschen und mit großem Ernst und missionarischem Eifer eine Musikgruppe für die Allerkleinsten zu organisieren. Familie, Kinder, Haus mit Garten, das schien mir als lebensfüllendes Projekt zu behäbig und zu schlicht. Es war mir so fremd wie eine nie gesehene Vorabendserie.

Es gab keinen Grund, über Familienplanung nachzudenken, zwischen Dienstreisen nach New York und Vergnügungsfahrten nach Thailand, angefixt von der großen Lust, zu erforschen, was ich alles tun und lassen kann. Mein Daseinskonzept griff in jedem Bereich, ich wollte schreiben bis zum Pulitzerpreis, auf sämtlichen Kontinenten der Erde wohnen, wollte alle erdenkliche Musik hören und jedes Buch lesen, wollte nie ins Bett gehen und schon gar nicht aufstehen, wollte Liebesgeschichten zum Herzzerreißen und zwischendurch gerne auch mal alleine sein. Und als einer kam, bei dem ich bleiben wollte und der bei mir geblieben ist, brauchten wir jede Sekunde, um die vorher versäumte Zeit zu zweit zu genießen.

Mit den Freundinnen, die es schon früh erwischt hatte, die mit Mitte zwanzig und Kindern darauf warteten, dass der zugehörige Mann endlich anständig Geld verdiente, machten wir Witze über unser zukünftiges Frauendasein. Sie würden im Vorort versauern, Kräuter züchten und Gummistiefel schrubben, würden verkommen in Jeans und T-Shirt mit achtlos zusammengezurrten Haaren, geplagtes Opfer ihrer Bande, die stetig und gierig nach Futter und Liebe verlangte. Allabendlich gleich nach den Tagesthemen würden sie mühlsteinschwer ins Bett neben ihre fordernden Gatten sinken, die eigentlich ständig gestresst und unansprechbar, in der Dunkelheit aber doch wieder sehr interessiert an ihren Frauen wären. Vor dem Einschlafen würden sie dann an mich denken, sich neidvoll schwärmerisch mein pralles Großstadtleben zwischen Premierenhäppchen und Spontansex in schillerndsten Farben ausmalen.

Ich würde sie besuchen kommen, in regelmäßigen Abständen mit meinem kreischend roten Cabriolet vorfahren. Cool gestylt, gut frisiert, hippe Musik in der dröhnenden Autoanlage, die schon in der Auffahrt meine Ankunft meldete. Würde Geschenke an die Kinder verteilen mit feuchten Augen, und zum eigenen Trost hätte ich für alle Erwachsenen eine Flasche Champagner im Gepäck. Ich würde mich einnisten ein paar Tage, befreit und ungeschminkt mit dem geborgten Nachwuchs Lieder singen und Fußball spielen, würde kochen für alle und mich glücklich seufzend auf der Hausbank ausruhen. Zum Abschied würden wir uns in den Armen liegen und gleichzeitig sagen: »Du hast es gut.«

Fast ist es so gekommen, nur dass mir zum perfekten Auftritt immer noch das rote Cabrio fehlt. Und dass sich das Familienmodell mittlerweile auch in das freizügige Leben meiner Großstadtfreunde eingeschlichen hat. Oder zumindest eine gehörige Anzahl an Kindern als Grundvoraussetzung dazu. Torschlusskinder, Zufallskinder, Wunschkinder, Endlich-hat's-geklappt-Kinder, Kinder ohne, mit oder gleich zwei Vätern und nicht immer glückliche Mütter dazu.

Kinder, die mein Blick- und mein Umfeld bevölkern, mein Viertel, meine Stadt, meine Wahrnehmung. Sitzen in ihren Wagen und gucken mich an. Groß, lieb, zum Steinerweichen, telepathieren eine Botschaft, die mir relativ neu ist und gegen die ich manchmal hilflos bin: »Du willst es doch auch.« So ein kleines, irgendwann großes Menschlein, das einem ähnlich sieht und immer ganz selbstverständlich seine zarte Hand in die eigene schiebt. Ein Kind, das dichtes echtes Leben ist, mit jedem neuen Zahn, jeder Platzwunde, jedem Schwimmabzeichen, ein heiterer Energiequell mehr als zwölf Stunden am Tag. Ein kleines blondes Mädchen vielleicht, dem man nicht böse sein will, wenn es einem die Lippenstifte ruiniert, oder einen drahtigen munteren Jungen, den man zum Fußballtraining fahren darf und der zum Dank dafür manchmal sagt: »Mama ist die Schönste.« Wie wunderbar, so denkt man sich und versinkt noch ein paar pathetische Momente in pastellfarbenen Fantasien vom Realitätsgehalt eines Walt-Disney-Films.

Dann taucht man auf, verwirrt, verwundert, verzaubert, fragt sich, woher die weichgespülten Gefühle kommen und die bedenkliche Verzerrung der eigenen Wahrnehmung. Die

Antwort ist noch schlimmer als der Zustand der Konfusion. Es ist in erster Linie ein mieser Trick des Hormonhaushalts. Ein leises Alarmsignal der wunderbaren Weiblichkeit, von einfühlsamen Spezialisten charmant als biologische Uhr umschrieben. In uns rappelt also der Wecker, ruft zur noch nicht erfüllten Fortpflanzungspflicht.

Doch ganz so einfach ist es leider nicht. Wir brauchen die Kinder schließlich nicht mehr, um unsere Art zu erhalten und die Felder zu bestellen. Wir brauchen sie möglicherweise für unser Lebensglück, um einen Sinn zu finden im eigenen Kommen und Gehen. Um fortzuleben über unsere Werke und Taten hinaus.

Die biologische Uhr wirft uns also auf große philosophische Fragen zurück. Jeder gesichtete Kinderwagen neuerdings ein Anmahnen der persönlichen Zwischenbilanz und der bangen Frage, wie wir den Rest gestalten wollen. Wird die große Freiheit reichen als Nährstoff bis ans Ende, oder will man sich lieber als gütige Großmutter sehen?

Mamis sind Mamis sind Mamis

Das ist die hochtrabende Theorie der Grübelei. Mit Praxis und Alltag hat sie wie immer wenig zu tun. Sie hält sich fest an schönen Kindern und strahlenden Müttern und blendet Babykotze, Schlafmangel und strauchelnde Elternbeziehungen aus. Ich hätte gerne Kinder, aber will ich sie auch, wenn die Nacht vorher lang war, wenn der Mann sich gerade verkatert schnurrend an mich schmiegt und ich ganz sicher weiß, dass es ein Mittel gibt, das gegen Kopfschmerzen noch besser wirkt als Aspirin? Kann man Kinder für ein halbes Jahr bei den Großeltern parken, weil die große Weltreise immer noch zu den eigenen unerfüllten Wünschen zählt? Will man wirklich lieber auf Spielplätzen abhängen als befördert werden? Abends Bauklötze ins Kinderzimmer schippen statt gute Bücher lesen? Will man die Freundinnen quälen mit heißen News aus der Bobbycar-Branche oder Detailberichten vom vegetativen System eines Zweijährigen? Und die neuesten Filme immer mit einem Jahr Verspätung auf dem heimischen DVD-Player sehen?

Kinder bedeuten Verzicht und Entbehrung, ein neues Leben ohne spontanes »Wir treffen uns schnell auf ein Bier«. Und auch mit den schicken Dienstreisen wird es dann schwer. Als potenziell Spätgebärende aber haben wir uns schon viele Jahre an die luxuriös freie Zeiteinteilung gewöhnt. Erschwerend kommt hinzu: Die meisten Mamis sind Mamis sind Mamis, zumindest am Anfang, auch heute noch. Ihre Männer schwelgen derweil in neuen sensiblen, bejubelten Vaterfreuden und gehen arbeiten und Selbstbestätigung schaufeln wie eh und je.

Die klugen Mamis, die gerade noch sexy, erfolgreich, aktiv und begehrt waren, sind unter- und überfordert zugleich. Es fehlt der Ausgleich zum Baby-Gelaber und der Lieblings-Schnuller vom Kind. Es fehlt der eigene Kopf zum Denken und das Weltpatent gegen Kolik-Gebrüll. Mehrmals am Tag fehlt auch der Mann, der alles mit einem teilen wollte, aber wenn er abends endlich nach Hause kommt, wird er einem schnell zu viel. Zweisame Abende auf der Suche nach alten Gemeinsamkeiten in Bars, Kinos oder Restaurants werden begleitet vom ständigen Blick auf das Handy-Display und der bangen Frage, ob sich zu Hause das Baby auch richtig entspannt. Die Beziehung bröselt, das Kind quäkt, und wieder stellt sich die Frage nach dem Sinn.

Das selbstbestimmte Leben jedenfalls kreist hinfort um ein großes »Wenn«. Wenn der Kleine endlich durchschläft, wenn der Babysitter Zeit hat, wenn er zur Tagesmutter/Kita/Schule geht, wenn die Ferien anfangen, wenn die Kinder aus dem Haus sind, wenn man anfängt und nie mehr aufhört, Mutter zu sein. Die großartigste, liebevollste, engagierteste Mutter aller Zeiten. Eine, die die Kleinen von der Schule zum Ballett, zum Schwimmen, zum Spielen, zum Kinderpsychologen karrt. Den Terminplan der eigenen Brut verwaltet, als wäre sie deren Chefsekretärin, und dazu halbtags arbeitet, damit sie sich selbst nicht verloren geht.

Eine Mutter, die voller Sehnsucht auf mein nicht vorhandenes rotes Cabrio blickt, auf meine Karriere, mein Kulturpensum und die gepflegte Langeweile, die es mir sogar erlaubt, regelmäßig zur Maniküre zu gehen. Eine, der ich dann entgegne, dass frisch gefeilte Fingernägel kein Lebenszweck sind. Und mir insgeheim denke, dass ich zwar Kinder wollte, aber nicht so leben wie sie.

Ich schätze, ehre und liebe meine Mütterfreundinnen und ihre kleinen Zöglinge. Es fällt mir nur schwer mit anzusehen, wie beglückt sie sind, wenn man ihnen große Sträuße zum Geburtstag schenkt. Den sie ausnahmsweise alleine in einer anderen Stadt verbringen, wo sie laut aufseufzen, wie schön es sei, mal ganz ohne Familie zu sein. Wie die Familie dann zwanzigmal anruft an diesem einen Tag, weil die Tiefkühlkost Probleme macht, weil im Turnschuh die Schnürsenkel fehlen oder ein Temperatursturz ganz plötzlich nach Socken verlangt.

Wie sie klagen, weil sie zu oft zu Hause versauern, während der Mann hochprofessionell den Ernährer gibt. Oder, wenn beide arbeiten, sehr eigenmächtig über seine Freizeit regiert. Klagen, weil der Spaß, den sie haben, nun ein völlig anderer ist und ihr ganz persönliches Vergnügen ähnlich aufwendig zu organisieren und so selten wie eine Millenniumsfeier zu sein scheint. Wie sie sich trennen von Vätern, die stolz gelernt haben, Babys zu wickeln, aber niemals, wie man eine

Waschmaschine bedient. Um dann mit den Kindern alleine zu kämpfen oder ein geteiltes Leben mit strengen Besuchsregeln zu organisieren.

Einsame Entscheidungen

Es mag ja faktisch richtig sein, was die Analysten der Gegenwart uns gerne entgegenhalten. Dass wir uns ein bisschen zu viel vorgenommen hätten. Selbstverwirklichung und Karriere, Fitness, Schönheit, Intelligenz, Supersex, harmonische, aber aufregende Beziehung, und wenn das Muttergefühl drängelt, ziemlich spät noch ein Kind. Um dann gänzlich fassungslos vor den zerfransten Enden zu stehen, wenn das alles so nicht klappt.

Aber was ist eigentlich so vermessen daran, dass man sein Hirn benutzen will und seinen Bauch? Und das in einer Reihenfolge, die Sinn macht? Oder – Sinn hin oder her – in einer Reihenfolge, die man sich selbst ausgesucht hat? Dass man außerdem Spaß am Leben haben will und sich gleichzeitig selbst lieb haben? Mir gehen die inflationären medialen Entrüstungsergüsse über die hiesigen Geburtenrückgänge ebenso auf die Nerven wie die aufmunternden Anfeuerungsrufe zum Mutterdasein. In denen selbstgefällige Familienoberhäupter zwischen den Zeilen über uns Karrierebiester herziehen oder beseelte Feuilletonväter mit leichter Feder ihr liebenswertes heimisches Chaos beschreiben. Und alle im Chor fordernd rufen: Kriegt gefälligst Kinder, ihr Feiglinge, wer soll denn sonst unsere Rente bezahlen?

Wer kinderlos bleiben will, ist egoman, unreif, emotional verkrüppelt und sich seiner gesellschaftlichen Verantwortung nicht bewusst. Wer Kinder hat, ist bodenständig, großherzig, vom Glück gesegnet und aufrechter Förderer des Generationenvertrags. Fast fühlt man sich ohne wenigstens einen krakeelenden Knirps im Schlepptau zur permanenten Erklärung der eigenen Daseinsform genötigt.

Eine unangenehme Begleiterscheinung der fortschreitenden Lebensjahre: Mit fünfundzwanzig hat uns niemand bei öffentlichen Anlässen, die wir paarweise besuchten, unverfroren und lauthals gefragt: »Naaa, uuuund, wie steht's bei euch mit Nachwuchs? Ihr seid doch schon lange mal dran.« Wo sind Sitte und Anstand hingekommen in diesem Land? Warum sollte ich zwischen Frühlingsröllchen und Flaschenbier meine privateste Lebensplanung diskutieren? Was für eine Antwort kann man auf derartige Indiskretionen schon geben?

Soll man tragisch seufzen: »Wir bemühen uns redlich, aber es hat leider noch nicht geklappt, könnt ihr uns ein gutes Buch über die korrekte Berechnung des Eisprungs empfehlen?« Vielleicht kühl entgegnen: »Vorher muss erst jemand die sich selbst reinigende Windel erfinden. Ich habe mir jedenfalls erst kürzlich dieses neuartige Verhütungsdings einpflanzen lassen. Und es funktioniert bestens.« Oder verstört stammeln: »Tja. Hmmm. Ich würde schon ganz gerne, aber wir sind uns da noch nicht so einig. Karli ist doch Scheidungskind, das ist alles nicht so einfach. Er ist da, hmm, ja, irgendwie geschädigt. Und die Beziehung zu ihm ist mir halt auch sehr wichtig.«

Die einzig gültige Reaktion kann eigentlich nur sein: »Das geht euch alle überhaupt nichts an. Noch weniger als meine letzte Einkommensteuererklärung, meine Lieblingsstellung und die Anzahl meiner Hühneraugen.« Wenn es sich bei den Fragenden um fanatisch begeisterte Eltern handeln sollte, solche, die sich gar nicht mehr unter Kontrolle haben und bereits seit einer guten Stunde über den ersten Rülpser ihres putzigen Lieblings parlieren, könnte man noch hinterherschieben: »Und wie klappt's so mit dem Sex? Läuft überhaupt noch was, seit der kleine Scheißer auf der Welt ist?«

Damit dürfte dann hoffentlich klar sein: Wann, wie, warum und ob ich überhaupt Mutter werde, ist meine Sache. Nicht Gegenstand öffentlicher Diskussion und schon gar kein Sujet für platten Party-Smalltalk. Es ist meine Entscheidung, und die ist schwierig genug. Es gibt Tage, da scheint sie die einzig wichtige zu sein. Ein lebensrettender Gedanke: Na klar, ich bekomme ein Kind, eine Aufgabe, ein kleines Wesen, das all meine Ängste, Sorgen und Unsicherheiten von mir nimmt. Vielleicht auch ein wenig von dem übersteigerten Ehrgeiz, der schubhaften Konsumsucht, der temporären Unzufriedenheit. Ich bin dann Mama und werde für immer geliebt. Das könnte doch schon Sinn genug im Leben sein.

Glücklicherweise gibt es kluge Mütter in meinem Umfeld, die mich eines Besseren belehren. Die mir erklären, dass alles hartnäckig im Problemfundus bleibt, was man noch mit sich selbst auszumachen hat, nur hat man obendrein ein Kind zu erziehen. Eines, das wie meine liebreizende Nichte eines Tages nach einem mehr als berechtigten Tobsuchtsanfall ihrer Mutter, ausgelöst durch die konsequente Weigerung der Tochter, die Verwüstung in ihrem Kinderzimmer zu beseitigen, sanft lächelnd sagt: »Mami, du wolltest ein Kind. Jetzt hast du es.«

Das wirft bei allem Gegrübel die weitere Frage auf, ob man mit seinem ausufernden Individualismus, mit den kleinen Neurosen und der großen Genusssucht, mit der ganzen Energie, die man schon in die Konstruktion eines unabhängigen Daseins gesteckt hat, überhaupt noch die Kraft für so einen liebebedürftigen Racker hat. Könnte man zu allem anderen auch noch eine gute, geduldige, richtungsweisende, widerstandsfähige Erzieherin sein? Hat man überhaupt Werte, die man weitergeben kann? Was hat man schon anzubieten? Eine unaufgeräumte Altbauwohnung, eine ziemlich große Plattenund Büchersammlung, manchmal Mineralwasser sogar kistenweise, seit dem letzten Weihnachtsfest ein vollständiges Topfset, eine Putzfrau, ausufernde Arbeitszeiten, einen halbwegs beruhigenden Dispo-Kredit, einen Mann, der ein sehr hübscher Vater wäre, viele nette Freunde, die oft sehr lange bleiben, und einen Esstisch immerhin, wo doch die Kinderpsychologen beklagen, dass zu viele Sippschaften keine gemeinsamen Mahlzeiten mehr einnehmen, ja noch nicht mal einen Tisch dazu haben. Aber kann das eine solide Familiengrundlage sein? Oder wären wir vielleicht schon ohne Kind ein Krisenfall fürs Jugendamt?

Was würden die Pädagogen sagen, wenn sie wüssten, dass ich mit Linda unlängst zwei Tage kein Wort mehr gesprochen habe. Und das, obwohl wir zu der Zeit gemeinsam in Ferien waren. Linda ist die überaus hinreißende und charakterstarke vierjährige Tochter einer geliebten Freundin. Wir waren zu dritt quer durch Deutschland mit der Bahn unterwegs. Die Mutter schlief, ich nahm mich des Kindes an, wir gingen spazieren, Richtung Bordbistro auf der Suche nach größeren Posten an Gummibären. Es hatte niemand für unsere gemeinsame Leidenschaft vorgesorgt, weder ich noch die Mutter. Und auch das Süßwarensortiment der Bahn war enttäuschend.

Doch wir hatten ein klein wenig Glück, eine gut vorbereitete Reisende mit Kindern schenkte uns eine Minitüte aus ihrem gigantischen Vorrat. Eine mit dreieinhalb Bären, wie sie in manchen Hotels auf dem Kopfkissen liegt. Linda sagte auf Aufforderung beiläufig »Danke«, wir marschierten stolz mit der Beute zurück. Linda setzte sich und malträtierte die Tüte. Vergeblich. Sie wirkte verzweifelt, ich kam ihr zu Hilfe, sie lächelte und kippte die Bären auf den Tisch. Begann zu essen, sehr genüsslich, und als ich nach meinem Anteil fragte, schüttelte sie heftig den Kopf. Als ich nach meinem Anteil griff, klemmte sie die Bären in ihre Fäustchen und fing lauthals zu kreischen an. Die Mutter erwachte, das Kind schob sich blitzschnell alle Bären in den Mund. Wie ein noch nicht überführter Verbrecher, der ein belastendes Beweisdokument vernichtet. Dabei grinste sie breit in meine Richtung.

Die Mutter fragte verschlafen: »Was ist denn los?« Ich schüttelte den Kopf, murmelte »Nichts weiter« und ging ein Frustbier trinken, weil es jetzt im ganzen Zug keine Gummibärchen mehr für mich gab, weil es außerdem die Ehre verbietet, eine Vierjährige zu verpetzen, und ich den Ärger darüber alleine verarbeiten musste. Es ist mir nicht ganz gelungen, unser Verhältnis war über den nächsten Tag hinaus noch schwer gestört. Was vor allem an mir lag. Erst auf der Rückfahrt, als die Mutter schlechte Laune hatte, haben wir uns ewige Freundschaft geschworen.

Dürfte der Gott der Fruchtbarkeit wissen, dass mir die kleinen Menschen, auch wenn sie nicht tagtäglich mein Dasein bevölkern, manchmal ganz grundlos auf die Nerven gehen? Dass ich den säuselnden Tonfall, in dem die Welt mit ihnen redet, bisweilen nur mühsam ertragen kann? Mir nicht vorstellen kann, dass ich mit Engelsgeduld warte, wenn der Nachwuchs an jeder Raststätte pinkeln will, oder besonnen bleibe, wenn er aus Trotz Befehle verweigert? Vielleicht sind es die Nerven oder einsetzender Altersstarrsinn, und es wäre geschickter gewesen, sich doch schon mit fünfundzwanzig zu vermehren. Als das Kreuz noch kräftig war und man sich nicht davor fürchtete, das Geburtsgewicht vielleicht nie mehr zu verlieren.

Auf der anderen Seite: Ist man nicht jetzt auch ein bisschen weiser, besser gerüstet, eine gute Mutter zu sein? Wir haben doch bis hierher noch jede Krise gemeistert, Erfahrung gesammelt, uns selbst bewiesen. Wer immer auf den Chefsessel wollte, kapituliert nicht vor kleinen Monstern oder rotzenden Teenies und hofft dazu insgeheim, bei der eigenen Familiengründung würde alles besser und schöner und anders als bei den gerade geschiedenen Freunden sein.

Die Uhr im Bauch ist bei dem ganzen Dilemma letztlich leider auch keine große Hilfe. Sie tickt, macht Panik, und das wird noch eine ganze Weile dauern. Als meine Großmutter mit neununddreißig unverhofft meinen Vater empfing, ist die späte Schwangerschaft schwer mit dem dörflich-katholischen Weltbild kollidiert. »A Schand«, der dicke Bauch als offensichtliches Zeugnis des ehelichen Vollzugs im fortgeschrittenen Alter. Wenn wir heute stirnrunzelnd von Torschlusspanik sprechen, meldet irgendeine Nachrichtenagentur, dass Madonna, 46, ein drittes Kind avisiert, wir lesen staunend, dass Diane Keaton im besten Großmutteralter einen Säugling adoptiert hat, und selbst die eigene Frauenärztin lächelt wohlwollend: »Sie haben ja noch ein bisschen Zeit.« Ein bisschen Zeit, um weiter Kinderwagen auf der Straße zu zählen, spontane Abenteuerreisen zu buchen, noch etwas Gewicht abzuhungern, seufzend Strampler für frische Mütter zu erwerben, neue Sexspielzeuge auszuprobieren, die erste Million zu verdienen, um davon endlich ein rotes Cabriolet zu erwerben. Ich hoffe nur, dass es da Modelle gibt, die auch mit Kindersitz noch schick aussehen.

6 Mein Haus, mein Auto, mein Boot

Lieber Flohmarktmöbel und Dauerlos als Bundesschatzbrief und Einbauküche, oder: Wer schenkt mir eine Villa im Süden?

Schöner Wohnen

Es war ein sehr langer Abschied. Was so nicht zu erwarten war, denn das gute Stück war bereits in einem fortgeschrittenen Zustand des Siechtums bei uns eingezogen. Wir haben es trotzdem oder vielleicht auch deswegen spontan in unser Dasein integriert. Unser Kanapee. Ein altmodischer Diwan mit verschnörkelten Füßen, es ließ sich erahnen, dass diese in einem anderen Leben mal golden gestrichen waren. Der unwürdig ergraute Bezug war mit Edding beschmiert, die geflochtene Bespannung der Seitenlehnen durchlöchert. Die jüngere Geschichte des Kanapees war wenig standesgemäß gewesen. Es diente als Sitzgelegenheit in Post-Wende-Partykellern, hatte bestimmt die eine oder andere Flasche Becks Bier aufgesogen. Ein Freund hat es von dort in seine Wohnung gerettet, die er dann verließ für längere Zeit, es zog ihn nach Australien. Sein potenzieller Untermieter war ein sachlicher Typ, wollte so wenig Möbel wie möglich in der Bude und schon gar kein Kanapee. Wir wurden gebeten, das alte Sofa aufzunehmen, es kam uns gelegen, weil wir zwar seit einiger Zeit eine großzügige Bleibe hatten, aber darin deutlich zu wenig Sitzgelegenheit.

Das Kanapee bezog seine Ecke vis à vis des Fernsehers, es wurde gereinigt und mit einem indischen Überwurf zugedeckt. Von Anfang an hing es deutlich in der Mitte durch und sollte beschlossenermaßen nur eine Übergangslösung sein. Ebenso wie der Futon auf dem Boden des Schlafzimmers, die Plastikkisten mit den CDs, das Industrieregal im Bad und die nackten Glühbirnen im Flur. Die Glühbirnen hängen heute noch ohne Schirm herum, die Plastikkisten beherbergen jetzt Videokassetten; und auch das Kanapee hat sich ziemlich lange in unserer zufallsgenerierten Einrichtung behauptet.

Vor allem bei unseren Gästen war es überaus beliebt. Was offenbar an der fortschreitenden Nachgiebigkeit seiner Polsterung lag. Wer einmal auf ihm saß, kam nur mühsam wieder hoch. Es hat Menschen eingesogen, eingelullt mit seinem ausgeleierten Untergrund, unsere Partys wurden immer länger und erfreuten sich im Freundeskreis außergewöhnlicher Berühmtheit. Eine stattliche Anzahl unserer Bekannter hat auf dem Kanapee sehr vernünftig und zum Schutz der eigenen Fahrerlaubnis eine unbequeme Nacht verbracht – die Kuhle der verrotteten Polster war im Liegen wenig rückenfreundlich. Zum Nachmittags-Sex hat es ob seines schwächlichen Zustands auch nicht wirklich getaugt.

Trotzdem ist es über Jahre bei uns geblieben, hartnäckig wie ein ungeliebter Verehrer, den man schon lange endgültig vergraulen wollte, würde er einen nicht jederzeit voller Freude zum Flughafen fahren. Der Fernseher stand schon lange auf einem eigens angefertigten Sockel, integriert in das Sideboard, das wir für die CDs in Auftrag gegeben hatten, weil die Plattensammlung uns offenbar mehr bedeutete als ein gediegenes Sitzgefühl.

Es lief ein Spielfilm, eine traurige Geschichte aus der englischen Arbeiterklasse, als das Kanapee vor nicht allzu langer Zeit ein seltsam seufzendes Geräusch von sich gab. Wir konnten nicht mehr reagieren, das Aufstehen aus dem Sofa war mittlerweile nur noch mit einer leicht verdrehten Seitenrolle möglich, ähnlich der Bewegung, mit der sich Rückenkranke aus dem Bett erheben. Die letzten Fasern seiner stützenden Streben lösten sich auf, es krachte, wir saßen am Boden. Immer noch auf dem Kanapee, aber am Boden.

Es gehen einem seltsame Gedanken durch den Kopf, wenn man als beruflich erfolgreiche Frau in fortgeschrittenem Alter und mit ansteigendem Auskommen in der eigenen Wohnung zwischen den Trümmern eines verlotterten Sofas auf dem Boden hockt. Es ist kurzfristig so, als erwache man in einem fremden Bett aus einem Traum. Man fragt sich: »Was ist passiert? Wie bin ich hierher geraten? Warum fläze ich nicht auf weichen Polstern in der Loggia einer mehrstöckigen Villa mit einem Glas perlenden Weins in der Hand? Warum besitze ich in einem Alter, in dem meine Eltern ihr selbst erbautes Haus schon zweimal neu gestrichen hatten, noch nicht mal ein Sofa, auf dem man für die Dauer eines Spielfilms sitzen kann?«

Der Mann an meiner Seite riss mich aus dem Gedankenstrom. Er richtete sich mühsam auf und wütete: »Verdammtes Mistding! Wir hätten uns schon längst was Anständiges kaufen sollen!« Das war's. Das Stichwort. Was Anständiges. Das begleitet uns ja nun schon durch das halbe Leben. Und schürt im Bauch immer dieses trotzige Gefühl. Man braucht was Anständiges zum Anziehen und einen anständigen Kerl, muss was Anständiges lernen, um anständig zu verdienen, und jetzt ist das Wort auch noch in den eigenen vier Wänden angekommen. Dabei war es doch immer viel spannender, unanständig zu sein.

Mit einem Schrottmöbel unter dem Allerwertesten allerdings fällt es einem leichter, eine Vernunftentscheidung zu treffen. Wir haben uns umgehend ein neues Sofa angeschafft. Ein riesengroßes, fabrikneues rotes Samtsofa. Es steht in unserer Wohnung wie ein Monolith. Man sitzt, liegt, liebt sehr gut darauf. Genauso wie auf dem bald danach im Zuge der spontan ausgelösten Einrichtungseuphorie erworbenen Doppelbett. Doppelbett und Sofa, gekauft innerhalb weniger Wochen. Manche Freunde lachten über uns, fragten frech nach den Plänen für Einbauküche und Bausparvertrag.

Es gibt Tage, da betrachte ich unser neues Sofa voller Angst und frage mich, wie lange es bei uns bleibt. Ob es mit uns so alt wird wie die Schrankwand meiner Eltern. Alt und unbeweglich. Ein roter Samtwulst als ewiges Mahnmal unseres frühzeitigen Stillstands. Ob es vielleicht voreilig war, es zu kaufen, für teures Geld, weil ein tiefrotes Samtsofa nicht in eine karibische Strandhütte passt, auch nicht in einen Bauernhof in Südfrankreich, vielleicht noch nicht mal in ein Appartement in New York.

Manchmal mag ich unser Sofa aber genau deswegen so gern, weil es so schwer ist und so mächtig, weil es nur dahin passt, wo es gerade steht, weil es sich nicht herumschubsen lässt und auch nicht auseinander bauen. Weil es ein echtes Möbelstück ist, das nicht wir selbst, sondern die Lieferanten die Treppe hinaufgeschleppt haben. Und die Verpackung haben sie auch gleich wieder mitgenommen.

Das Leben ist ein Bausatz

Nun steht es da, fett und feist in der Ecke, als wollte es jedem sagen: »Spinnt ihr nur rum, ich bleibe hier, mich könnt ihr nicht so einfach kaputtsitzen oder leichten Herzens wegwerfen wie den anderen Schrott, der sich in dieser Wohnung Möbel nennt.« Wenn es wirklich sprechen könnte, würde es wahrscheinlich aus den Tiefen seiner Polsterung noch eine Unverschämtheit hinterherschicken, eine freche Beleidigung, adressiert an die Kollegen aus dem lustigen Einrichtungshaus.

Eine hochnäsige Absage an die Schweden, deren Wirtschaft nicht halb so hochtourig laufen würde, wenn es uns, die Generation der ewig Halbwüchsigen nicht gäbe. Nicht nur, dass wir zuverlässig einen Großteil unserer Garderobe von einem schwedischen Massenartikler beziehen. Viel länger schon beherrscht der Elch die optische Anmutung unseres Daseins. Wir sind gemeinsam groß geworden, der Möbelriese mit der leicht transportablen, kurzlebigen Einrichtung im Karton und seine für immer jungen Käufer, deren Lebensweise keinen Ballast verträgt.

Wir fahren zu IKEA als regelmäßiger Zeitvertreib und tun so, als würden wir Tatsachen schaffen. Mit Sperrholzregalen, die keinen Umzug überstehen, mit Plastikstühlen, auf denen niemand sitzen will, mit Bettwäsche, die man nicht zuknöpfen kann, und meterhohen Grünpflanzen, die vor dem nächsten Gießen schon vertrocknet sind. Im Laden fühlt sich alles noch gut an, wir laufen in freundlichem Licht durch fröhliche Musterzimmer, sammeln wie immer Kerzen, Servietten und ein paar neue Gläser ein, schwelgen in wohliger Wohnatmosphäre. Nehmen uns anlässlich des Kaufs einer Tischdecke vor, bei der nächsten Essenseinladung endlich mal ein paar Deko-Tipps aus der letzten *Brigitte* zu probieren. Tischkarten zu falten, so wie sie im »großen Frühlingsheft« vorgeführt wurden. Wollen ob unserer strahlenden Laune nicht darüber nachdenken, dass die Freunde, die wir regelmäßig einladen, sich alle schon kennen und dass Tischdecken nur gut aussehen, wenn sie ordentlich gebügelt sind.

Vom äußerst kurzen und deswegen zweifelhaften Therapieeffekt eines jeden Konsumrausches mal abgesehen, ist es in Wahrheit eine entwürdigende Tätigkeit, mit zentnerschweren Sperrholzmöbeln auf Rieseneinkaufswagen zwischen ähnlich hoffnungslosen Menschen Slalom zu fahren und dabei dauernd darauf achten zu müssen, dass die zuoberst liegenden Glaswaren nicht ins Rutschen kommen.

Hat man die Beute schließlich in sein heimisches Nest gebracht, stellt man dort schnell fest, dass die neuen Gläser viel größer sind als der Platz im Schrank dafür, dass der Duschvorhang zu lang und die Bettlaken zu kurz sind und das Werkzeug zum Schrankaufbauen gar keines ist. Nur gut, dass einem beim heimischen Slapstick mit schlechten Brettern und billigen Schrauben dann wenigstens keiner mehr zusieht.

Oder fast keiner. Zum viel beschworenen Familienideal tragen die freundlichen Einrichter in der Realität jedenfalls herzlich wenig bei. In meinem Haushalt endete noch jeder IKEA-Einkauf mit einer kapitalen Beziehungskrise. Weil ich die Schrauben verlegt hatte oder er den Schlüssel, weil die vorgebohrten Löcher zu klein und der männliche Heimwerker-Ehrgeiz plötzlich sehr groß war. Weil ein Schlagbohrer jedes IKEA-Möbel kleinkriegt und man zerhackte Teile nicht mehr reklamieren kann. Weil Tischsets der libertinären Grundhaltung unserer Lebensgemeinschaft widersprechen und keiner mehr weiß, wo wir die ganzen Kerzen noch lagern sollen.

Beziehungsforschern auf der Suche nach einem ergiebigen Feld könnte ein Samstag bei IKEA Stoff für drei Doktorarbeiten liefern. So viel zwischenmenschliche Spannung auf klar eingegrenztem Raum, das bekommt man in keiner Versuchsanordnung hin. Die Damen preschen durch die wohlbekannten Gänge, die Herren schieben mürrisch voll getürmte Wagen hinterher. Maulen: »Brauchen wir das wirklich?« »Muss es unbedingt dieses Erbsensuppengrün sein?« »Ich dachte, du kennst dich aus. Wenn ich richtig gezählt habe, laufen wir jetzt gerade zum dritten Mal an den Badezimmern vorbei.« Wenn überhaupt, würden die Herren mit Vergnügen die Bettenkollektion testen, aber bestimmt nicht die Wahl der Türknöpfe für die neuen Küchenschränke diskutieren.

Einzige Wohltat für angereiste Verwandtengrüppchen im zeternden Chaos: Wenigstens den Nachwuchs kann man in einer mit Plastikkugeln gefüllten Zelle deponieren. Die Kleinen im Kasten sehen aus, als hätten sie wirklich Spaß dabei. Eine meiner gesegneten Mutterfreundinnen gibt unumwunden zu, dass der Besuch des von ihrer Wohnung in fünf Minuten erreichbaren IKEA-Paradieses ein fester Bestandteil ihrer von Nachwuchs geplagten Freizeitgestaltung ist. Wenn ihr die Racker auf die Nerven gehen, fährt sie zu IKEA. Gibt die Kinder im Kullerkasten ab und genießt bei Sekt und Smörrebröd die freie Zeit. Natürlich weiß auch sie schon nicht mehr, wo sie all die Kerzen verstauen soll.

Trotz der Unbill mit den Billy-Regalen, die schon so abgedroschen ist, dass sie nicht mal mehr als schlechter Party-Smalltalk taugt, kenne ich keine Wohnung in meinem Umfeld, die sich nicht mit IKEA-Teilen bestückt. Manche sehen aus wie ein ganzer Katalog. Und innenarchitektonische Fachgespräche laufen gerne etwas eintönig ab. »Das Sofa haben wir neulich auch mal ausprobiert, kann man denn da auch richtig gut drauf schlafen?« »Schöne Spüle. Wir warten schon ewig auf unsere, aber die sind gerade nicht mehr lieferbar.« »Gute Lampe. Haben wir auch. Denkt man gar nicht, dass die von IKEA ist, stimmt's?«

Würde man vielleicht nicht denken, weiß aber jeder. Das selbst geschraubte Heim ist eine schulterzuckende Übereinkunft, der gelebte Kompromiss zwischen Obstkiste und Eichenschrankwand, eine bessere Lösung aus dem Dilemma ist uns noch nicht eingefallen. Für unsere Bedürfnisse haben wenig inspirierte Marketing-Sklaven vor Jahrzehnten schon das Label »junges Wohnen« erfunden. Damit werden wir alt, weil »Einrichtung« immer noch zu gefährlich nach Doppelhaushälfte klingt.

Gemauerte Tatsachen

Manchmal sitzen Menschen auf unserem neuen Sofa, die halten flammende Reden in unsere Richtung. Ich behalte Fetzen, selten den ganzen Zusammenhang. Sie sprechen von »Eigentum« und »Wahnsinn« und »Miete« und »Geldverschwendung«, ich schalte meistens ab, wenn die Wortkombination »vernünftig überlegen« ausgesprochen wird. »Vernünftig überlegen« hieße, darüber nachzudenken, wo das ganze Geld hingeflossen ist und was man mit dem Rest tun will. Ob es nicht an der Zeit wäre, mit viel Hauruck und großen Schulden einen bleibenden Wert im Leben anzuschaffen. Es sei, so die Mahner, eine Immobilie immer eine gute Investition.

Eine Immobilie. Als Investition. Klingt logisch. Leider geht es bei derartigen Überlegungen nicht um Logik, es geht noch nicht mal nur ums Geld. Immobilie, das Wort in sich ist doch schon eine Bedrohung. So viel Latein habe ich noch behalten aus dem zackigen Unterricht eines verehrten Lehrers, der den Spitznamen Caligula trug und dazu ein Hinkebein und ein Glasauge als Vermächtnis aus Stalingrad. Immobilie kommt von immobilis, immobile, Adjektiv, Singular und heißt unbeweglich. U-n-b-e-w-e-g-l-i-c-h. Die Entscheidung zu einem sinnvollen Umgang mit den eigenen nicht wirklich vorhandenen Rücklagen birgt also einen Problemkomplex viel größerer Dimension.

Sie würde unter Umständen beinhalten, sich für die nächsten Jahre auf einen Wohnort festzulegen. Das allerdings macht Angst. Bedeutet, dass man sich sein zukünftiges Leben vorstellen kann, vorstellen muss. Bedeutet, dass es möglicherweise ähnlich aussehen wird wie die Gegenwart und die ganz großen Sprünge immer kleiner werden. Es ist in diesem Zusammenhang völlig egal, dass man dort, wo man lebt, nun schon eine ganze Weile zubringt, dass man genau dafür seine guten Gründe hat, dass es einem sogar richtig gut gefällt und man sich gerade gar nicht vorstellen könnte, wo man lieber wäre. »Aber wer weiß«, meldet das innere Frühwarnsystem, »wie das in zwei Stunden, zwei Tagen, zwei Jahren ist.« Wo sich doch täglich die Welt verändern kann, vor allem, so glaubt man, die eigene.

Könnte doch sein, dass einem demnächst die Erleuchtung begegnet, am besten dort, wo es wärmer ist als hier. Könnte sein, dass irgendwann das Gewissen überhand nimmt, und man als heiliger Helfer in Krisengebiete zieht. Könnte sein, dass die Liebe zur Natur eines Tages weiter geht als bis zum nächsten Sonntagsausflug und man bis an sein Lebensende auf einer grünen Scholle Hundeschlittenhunde züchten will.

Was kann schon bleiben vom freien Lebensgefühl, wenn man es auf einem Punkt festnagelt? Wenn man es nicht mehr durch die Illusion nähren kann, dass die Welt ein offenes Angebot ist. Kündigungsfrist, Kaution und Schlussrenovierung, das reicht schon, um Schwerkraft ins frei flottierende Dasein zu bringen, alles andere macht Zeitrechnungen auf, von denen man lieber nichts wissen will. Tilgungsfristen bis ins Greisenalter tragen nicht eben zu jugendlicher Unbeschwertheit bei.

Die Finanzexperten stöhnen an dieser Stelle natürlich schon wieder auf. Weil man auch gleichzeitig Hippie am Strand und glücklicher Hausbesitzer in Deutschland sein kann. Weil man das eigene Gemäuer vermieten, verkaufen oder verrotten lassen kann. Aber es wiegt trotzdem schwer in Gedanken. In der Südsee sitzen und gleichzeitig für die tropfenden Wasserhähne im fernen Eigentum verantwortlich sein, das klingt wenig romantisch.

Vielleicht ist der mangelnde Ehrgeiz zum Großgrundbesitz ja eine allzu offensichtliche Gegenreaktion auf die Hausbau-Heimeligkeit unserer Elterngeneration. Als Option nur vorgesehen bei unerwartetem Geldregen im Lotto, das wir leider nicht spielen. Tatsächlich haben die wenigen Bekannten in meinem Umfeld, die in den eigenen vier Wänden wohnen, gewonnen, geerbt, irgendwie ein großes Finanzlos gezogen. Keiner hat darauf hingearbeitet oder gespart. Erst recht hat sich keiner kapital verschuldet.

Wenn ich einmal reich wär

So bleibt das solide Dasein in gefestigten räumlichen Verhältnissen mit sortierter Finanzwirtschaft eine weitere Fiktion von vielen. Ein entrückter Plan für den Fall, dass man keine ruinöse Kleinfamilie wird, keine weltabgewandte Ashram-Bewohnerin, kein Großstadtcowgirl und auch keine freiwillige UN-Helferin. Sondern doch noch reich. Per Zufall. Weil mittels mehrerer vertauschter Gentests herausgefunden wird, dass man ein bislang geheim gehaltener Bastard des Sultans von Brunei ist und deswegen Anrecht auf großzügigen Unterhalt hat, der natürlich für die versäumten Lebensjahre nachzuzahlen ist. Oder weil einem während eines versehentlichen Drogenexperiments eine Formel vor den Augen tanzt, mit der sich ein weltweit patentiertes Mittel gegen Katerbeschwerden anrühren lässt. Oder weil man im nächsten hochgejubelten Jackpot-Fieber doch noch lernt, wie man einen

Lottoschein richtig ausfüllt. Schöne Schlagzeile wäre das: »WAHNSINN! BEIM ERSTEN MAL GLEICH SECHS! Mittellose Autorin kann ihr Glück kaum fassen.«

Wenn das Geld erst mal da wäre, würde man sich ohne größere Bedenken mit ein paar Insignien des erwachsenen Daseins schmücken. Würde ein Haus kaufen und ein hübsches Auto, ein paar Fonds und vielleicht noch ein Schuhgeschäft dazu. Würde mal wieder denken, man sei wo angekommen, nur weil das Geld jetzt ein bisschen lockerer klingelt. So wie man von der ersten Taschengelderhöhung bis zum letzten Jobwechsel bei jedem finanziellen Quantensprung immer geglaubt hat, nun endlich zu den Großen zu gehören.

Es gab Zeiten, da fühlte sich die erste Kreditkarte an wie ein Ritterschlag der oberen Zehntausend. Ich habe das Plastik damals mit euphorischem Stolz in meine Tasche gesteckt, meine Tasche in meinen antriebsschwachen Kleinwagen geworfen und bin damit nach Mailand gefahren. Ich wollte zum ersten Mal richtig groß einkaufen, mich beizeiten darin üben, mit aufrechter Haltung und ohne ein Wimpernzucken in wenigen Minuten ein ganzes Monatsgehalt virtuell zu verjubeln, wollte die Karte mit weltmännischem Lächeln auf die hochpolierten Verkaufstresen der Couture-Paläste in der Via Montenapoleone schnalzen und alle glauben lassen, das sei ein täglich wiederkehrendes Ritual meines gelangweilten Alltags.

Bereits bei der Einfahrt in die noch unbekannte Stadt der gehobenen Konsumfreuden jedoch schienen mir die Straßen seltsam leer. Und auch der Domplatz war wenig belebt, obwohl die Abendsonne die altehrwürdigen Fassaden geradezu märchenhaft erstrahlen ließ. Ich parkte das gequälte Auto, bestellte in einem spärlich besetzten Straßencafé Campari und fragte den Kellner beiläufig, wo sich die Mailänder

Bevölkerung an einem makellosen Sommerabend wie diesem denn aufhalten würde. Er lachte mir lauthals ins Gesicht, ein Wort nur war dazwischen zu verstehen: »Ferragosto«.

Es war der Vorabend des 15. August, Maria Himmelfahrt. Kein Italiener außer ihm, so der japsende Mann weiter, würde sich in diesen Tagen in der Stadt aufhalten, alle seien sie unterwegs ans Meer. Das war und ist leider die Wahrheit, an Ferragosto sperrt Italien zu und macht Ferien. Es waren wirklich alle weg, einschließlich des gesamten Verkaufspersonals von Armani, Gucci, Dolce & Gabbana, Versace und Prada. Sämtliche Läden waren geschlossen. Auch die bezahlbaren Hotels waren zu, ich nächtigte im Auto. Am nächsten Tag bestieg ich den Dom. Die Kirche war der einzige Ort, wo sich mir eine Tür öffnete. Ich warf ein paar Münzen in den Opferstock, trank im einsamen Café noch einen Campari. Dann hatte ich kein Bargeld mehr und fuhr wieder heim.

Schwache Bilanz

Sie war ein stetiger Irrtum, die Vision vom Aufstieg in die große Welt des Kapitals. Man verdient Geld, mal mehr, mal weniger, und gibt es wieder aus. Man hofft, dass trotzdem noch was übrig bleibt, und fürchtet sich vor dem Finanzamt. Mehr konnte man mir über Privatwirtschaft in meinem Leben nicht beibringen. Es gibt kaum eine Perspektive, die ich aus Altersgründen begraben möchte. Vielleicht wird noch eine Extremsportlerin aus mir, die sich mit Skiern von senkrechten Felswänden stürzt, vielleicht lerne ich irgendwann Ungarisch, weil mir der Sinn danach steht, oder entdecke eine späte Neigung zum Ausdruckstanz. Was in diesem Leben aber bestimmt nicht mehr aus mir wird, ist eine erfolgreiche Spekulantin.

Das hat auch seine Vorteile: Als alle Aktien kauften, habe ich weiter in meine Schuhsammlung investiert, als die New Economy einbrach, war das Geld vieler Freunde weg, meine sündhaft teuren Stiefel aber immer noch top und tragbar. Es schmerzt natürlich ein wenig und beeinträchtigt das taufrische Lebensgefühl, wenn man sich eingestehen muss, dass es wohl nichts mehr werden wird mit der ersten Million.

Aber man muss ehrlich zu sich sein: sparen, haushalten, sinnvoll wirtschaften, das war nie unsere Sache. Gerechnet hat man höchstens, wenn es um die Einteilung der Reisekasse für mindestens vier Wochen Asien ging und die Frage, ob das Geld am Ende noch für ein paar Nächte im Luxushotel in Bangkok reicht. Die man durchaus geschäftstüchtig im Internet bucht, weil die schicken Suiten dort viel billiger zu haben sind.

Von Kredit und Würde

Darüber hinaus fällt es uns schwer zu begreifen, was das Wort »Vorsorge« meint oder »Rücklage«. Weil die Zeit, in der wir beides möglicherweise brauchen, so unendlich weit entfernt zu sein scheint. Wer jetzt schon an die Rente denkt, bekommt doch Altersdepressionen noch vor dem ersten grauen Haar. Und wer auf Anhieb weiß, auf welchem Papier in welchem Ordner steht, was er wann ausgezahlt bekommt, hat wohl nichts Lustigeres zu tun.

Es ist nichtsdestotrotz ein psychisch nicht leicht zu verkraftender Balanceakt, zwischen juveniler Sorglosigkeit und abgrundtiefer Existenzangst zu taumeln und dabei nicht das innere Gleichgewicht zu verlieren. Bei jeder Steuererklärung, die ich den Tränen nahe, kniend auf dem Boden zwischen wuchernden Quittungsstapeln vorbereite, frage ich mich, mit welchem Recht die Gesellschaft mich mit achtzehn Jahren zum vollwertigen Bürger erklärt hat. Wer entschieden hat, dass ich ein mündiges Mitglied dieses Staates sein kann. Wo ich noch nicht mal in der Lage bin, über ein Jahr hinweg meine Kontoauszüge zu sortieren.

Den strengen Blicken meiner Steuerberaterin ausgesetzt, fühle ich mich wie sechseinhalb und immer noch zu dumm, die erste Klasse zu besuchen. Wenn die Bescheide dann ins Haus flattern und ich erblasse beim Anblick der Zahlen darauf, regt sich der Trotz: Ich finanziere den halben Laden, da muss ich nicht auch noch seine blöden Formulare verstehen.

Woher überhaupt kommen die Komplexe, die einen in schwachen Phasen quälen? Wer wollte ernsthaft behaupten, dass sich wahre Reife und Größe und Weisheit am Basiswissen über Buchhaltung erkennen lassen? Oder an der Höhe des Kontostands? An wohl sortierten Aktienpaketen? Oder an steuertechnisch geschickt geplanten Schulden?

Man ist kein unfertiger Mensch, nur weil man schon mal einen Gerichtsvollzieher abgewimmelt hat, und auch nicht automatisch aus dem Gröbsten raus, wenn man brutto von netto unterscheiden kann. Grundsätzlich empfiehlt es sich, die Umschläge mit Kontoauszügen und Rechnungen zu öffnen. Die Briefe vom Finanzamt auch. Und die Unterlagen der gerade noch rechtzeitig abgeschlossenen Lebensversicherung in sicherer Entfernung zum Altpapier zu verstauen. Ansonsten gilt es, sich zu entspannen und das Ausmaß der Unordnung im Auge zu behalten.

Wirklich bedrohlich wird die Lage erst, wenn ...
- Sie Ihren Steuerberater anrufen und er sich meldet mit den Worten: »Ich dachte, Sie wären tot.«
- Sie die Transaktionsnummern zum Online-Banking schneller aufbrauchen, als Ihre Bank Ihnen neue schicken kann.

- Ihr einziges Besitztum ein nicht mehr gültiges Los der Süddeutschen Klassenlotterie ist.
- Sie in Ihrem Schuhschrank drei Kartons mit zwei Jahre alten Quittungen finden, nun aber die Schuhe vermissen, die dort eigentlich reingehören.
- Sie wiederholt versuchen, Zigarettenautomaten mit alten D-Mark-Stücken zu füttern.
- Sie Ihre Steuernummer auswendig wissen.
- Ihre Freunde Sie darauf hinweisen, dass eine Firma mit dem Namen »Zeugen Jehovas« nicht als Lebensversicherer bekannt ist.
- der Gerichtsvollzieher Ihnen das »Du« anbietet.
- Ihr Geldinstitut unaufgefordert Ihren Dispo erhöht.
- der Kontoauszugdrucker Ihrer Bank eine Stunde nachdem Sie Ihre Karte hineingeschoben haben, den Dienst quittiert, weil seine Papiervorräte am Ende sind.

Über durchschnittliche Defizite im eigenen Wertehaushalt sollte man dagegen großzügig hinwegsehen. Wer glaubt, zu einem gewissen Reifegrad gehöre ein passabler Neuwagen, eine perfekt gestylte Wohnung, ein Funkelstein von Tiffanys oder ein aus Asien importierter Organizer, der rechnen, schreiben, telefonieren und Kaffee kochen kann, der benimmt sich nicht anders als ein quengelnder Teenager, der nur auf gerade angesagten Turnschuhsohlen erhobenen Hauptes den Pausenhof passieren kann.

Ein Haufen Blech darf keine ernsthafte Rolle in einem ausgefüllten Leben spielen, auch dann nicht, wenn ein klangvoller Name ihn ziert und er innen nach fein gegerbtem Leder duftet. Trotzdem scheint man einen einsamen Kampf gegen mitleidige Gesichter zu führen, wenn man beispielsweise sein Auto als Gebrauchsgegenstand begreift.

Mein Wagen fährt, ganz ohne Murren, seit vielen Jahren,

ansonsten sieht er eher zerknittert aus. Wenn ich ihn, was selten passiert, in die Werkstatt bringen muss, greifen halbwüchsige glatt geföhnte Jünglinge mit spitzen Fingern nach Schlüssel und Papieren, blicken mich an, als würde ich im besabberten Schürzenkleid um Almosen beten, und sagen verächtlich: »Wir schauen mal, was wir noch tun können.«

Jeden Morgen klemmen bösartige Beleidigungen unter seinen Scheibenwischern, neongelbe Zettel auf denen steht: »Wir kaufen jedes Auto.« Will heißen: »Bei uns bekommen Sie sogar für diesen Schrotthaufen noch Geld.« Ich will aber kein Geld, ich will genau dieses Auto fahren, bis es mir der TÜV verbietet und keine Aussicht auf weitere zwei Jahre mehr besteht. Warum ich mich damit in den Augen meiner verschuldeten Umwelt wie ein ewiger Bettelstudent fühlen muss, wird mir immer ein Rätsel bleiben.

Wer hat die Show mit den Statussymbolen eigentlich erfunden? Wer entscheidet, dass es schicker ist, sein Geld für eine Schweizer Uhr auszugeben als für einen Sonderposten selbst gestrickter Socken? Macht das eine mehr Sinn als das andere? Sind nicht beide einfach Varianten eines simplen Gebrauchsgegenstandes? Die dem einen mehr, dem anderen weniger Spaß machen? Allein darum kann es doch dabei nur gehen. Um Spaß. Den man manchmal mit Dingen hat. Oder auch nicht. Mit Dingen, die man haben will. Niemals haben muss.

Außerdem: Es hält frisch, wenn man sich der etablierten Existenz behutsam und vor allem langsam annähert. Wenn man den Prozess im Idealfall auf das ganze Leben verteilt. So lassen sich immer wieder völlig neue Höhepunkte schaffen, simple Glücksgefühle, von denen man gar nicht wusste, dass man sie für Geld kaufen kann.

Mir zum Beispiel war bis vor kurzem völlig unbekannt, wie sauber und vor allem leise und relativ regungslos Waschmaschinen Wäsche waschen. Ich besaß einen Großteil meines

Lebens ein etwas antiquiertes Modell, das sich nach Kräften bemühte. Immerhin: die Wäsche war nach dem Waschgang feucht und roch nach Seife. Die größte Leistung der Maschine allerdings war ihre Sprungkraft, mit der sie im Schleuderprogramm durch das Badezimmer tobte. Lange Zeit demonstrierte sie sehr unberechenbar, aber treu ihre etwas eigene Waschkraft, bis sie eines Tages kurz vor der Toilette stehen blieb, um nie wieder auch nur irgendeine Bewegung zu vollführen.

Es hat etwas durchaus Erhebendes, den Gedanken an Gebrauchtwaren in einer solchen Situation souverän beiseite zu schieben und zum ersten Mal in seinem Leben eine fabrikneue Waschmaschine zu kaufen. Ein Markenprodukt versteht sich. Das leise klickt, wenn es das Programm wechselt, ansonsten stramm steht und wäscht. Wir sind, seit das hochglänzende Modell bei uns eingezogen ist, wie im Rausch, wir waschen und waschen, die ganze Wohnung ist voll sauberer Wäsche, die in keinen Schrank mehr passt.

Eine unverhoffte Freude, die spontan in unser Leben Einzug hielt. Die wir hätten kaum so konzentriert genießen können, hätten wir uns beim Einzug auf Pump den Kompletthaushalt geleistet. So hält die Zukunft für uns noch einige Premieren bereit, die wir feiern werden wie kleine Kinder Weihnachten: die ersten Serviettenringe etwa, den ersten Lehnstuhl oder das erste neue Auto.

Aus ideologischen Gründen allerdings hoffe ich, dass meine verbeulte Kiste noch ein paar Jahre hält. Damit es mich wieder demonstrativ zum nächsten Klassentreffen fährt. Oder in die alte Heimat. Zu früheren Freunden. Zu einer dieser »Wir wollen mal sehen, was aus den anderen so geworden ist«-Zusammenkünften. Wo sich entfremdete Menschen umkreisen wie Boxer vor dem ersten Schlag. Wo die höchste Kunst darin besteht, Haus- und Grundbesitz, Geburten und

Gehaltserhöhungen geschickt in beiläufige Nebensätze einzubauen. Und höfliche Nachfragen in bescheidenem Tonfall, aber aller Ausführlichkeit zu beantworten. Weniger gefragte Gesprächsthemen in diesem Kontext sind Scheidungsdramen und Haarausfall.

Schon beim zehnjährigen Abiturtreffen fiel es mir bisweilen schwer, ehemalige Mitschüler und Lehrer auseinander zu halten. Sie hatten alle dieselbe Frisur und begrüßten mich mit gequältem Lächeln und wissendem Blick. Der alles streifte, was an mir anders war: die Haare zu wüst, der Mund zu rot, die Kleidung zu bunt, die Schuhe zu hoch, das Auto zu alt, der Schmuck zu billig. Sei seufzten und sagten: »Du hast dich wirklich gar nicht verändert.« Es war eine Anklage und kein Kompliment.

Vielleicht sollten wir beim nächsten derartigen Schaulaufen lieber gleich mit dem Motorrad vorfahren. Mit dem Motorrad, das wir uns unlängst kauften, damit der erste Frühling nicht aufhört, bevor der zweite und dritte anfängt. Wir könnten vorbeibrausen, wenn wir auf der Durchreise sind zu den südlichen Residenzen von Freunden und Verwandten, die ihr Geld immer schon sinnvoller investiert haben als wir. Die sich freuen, wenn jemand ihre gut ausgestatteten Gästezimmer bestaunt. Und es begrüßen, dass wir uns noch nicht auf der eigenen Scholle in Heimeligkeit suhlen und nur darauf hoffen, dass uns mal wieder jemand besucht.

Unsere dennoch oder vielleicht gerade deswegen recht häufigen Logiergäste haben sich mittlerweile sogar an die Abwesenheit des alten Kanapees gewöhnt. Sie ruhen nun auf einem Schaumstoffquader aus dem lustigen Möbelhaus. Der im Büro steht. In der einzigen Ecke, in der keine unsortierten Unterlagen den Boden bedecken. Sie schlafen dort gut und gerne. Es ist ihnen, sagen sie, völlig egal, dass ihre Umgebung, wie wir beteuern, natürlich nur eine Übergangslösung ist.

7 Überleben im Alltag

Was ist die schlimmere Anrede: »du« oder »Sie«? Und warum bietet mir keiner im Bus einen Sitzplatz an, wenn ich mit den High Heels nicht mehr laufen kann?

Hilfe, ich werde spießig

Der Tag war perfekt. So blank poliert und klar, so strahlend und aufgeladen, wie es nur ein erster, für die Jahreszeit zu warmer Frühlingstag sein kann. Einer dieser Tage, an dem der Temperaturumschwung und die Farbe des Himmels schon ausreichen, um jegliche Selbstzweifel zu zerstreuen. Die Welt ein Wunderwerk, man selbst mittendrin, zur richtigen Zeit, am richtigen Ort. Man fühlt sich gut, sieht auch so aus, blickt auf ein erfülltes halbes Leben zurück, hat in Zukunft noch mindestens dreimal so viel vor, glaubt an Erfolg, Glück, Gerechtigkeit und die wahre Schönheit von Lachfalten.

Beschließt deshalb, dass Menschen, die so vorbildhaft mit sich im Reinen sind, einen großen Kaffee im schmeichelnden Sonnenschein trinken dürfen, bevor sie sich allen anderen Verpflichtungen ihrer erfüllten Existenz mit dem angezeigten Ernst widmen. Was praktischerweise gleichzeitig ein spontaner Testlauf für die neue Sonnenbrille ist. Die neue Sonnenbrille natürlich muss im perfekten Umfeld zur Schau gestellt werden. Dort, wo die schönsten Sonnenbrillen der

Stadt, Männer- wie Damenmodelle, über viele Stunden hinweg ihre UV-Resistenz beweisen.

An jenem schönen Tag also, an dem ich mein bescheidenes Vermögen darauf verwettet hätte, dass alle meine Komplexe und Midlife-Krisen ab sofort für immer der Vergangenheit angehören würden, steuerte ich mit gebotener Gelassenheit ein Café an, das sich nie Café nennen würde. Eine kühle Zahl ist der Name des Lokals, dem der Ruf vorauseilt, die perfekte Melange an Großstadtmenschen zu servieren. Versaute Models, frustrierte Intellektuelle, großspurige Künstler, fransige Turnschuhträger, schwarze Brillengestelle.

Das schien mir passend. Ich gesellte mich dazu. Zwischen den Tischen schwebte ein elfengleiches Geschöpf mit zarten Armen und schweren Lidern. Es trug ein Glas Tee. Ich blätterte ein wenig in der Speisekarte. Wartete. Das Geschöpf lächelte ein entrücktes Lächeln, hielt kurz inne, blickte fragend auf die Tasse Tee. Ich entfaltete meine Zeitung. Wartete. Das Geschöpf glitt auf einen Tisch zu, etwas schneller jetzt. Der Mann, der dort saß, schüttelte den Kopf. Ich versuchte meine Lieblingskolumne zu lesen. Wartete. Das Geschöpf hatte den Tee abgestellt, zuckte mit den Schultern, lachte. Es sah sehr schön aus, wenn es lachte. Der Mann, buntes T-Shirt, Hose in den Hüften, lachte auch. Sie ging weg, der Tee blieb stehen. Ich legte meine Zeitung beiseite. Ich wartete. Wartete. Wartete.

Die Terrasse des Cafés, das kein Café sein will, füllte sich. Viele Sonnenbrillen, Handys, hängende Hosen und hübsche Frauen, viel demonstratives Gegähne, es war ja erst zwölf. Ich wartete. Das Geschöpf, stets lächelnd, wandelte von Tisch zu Tisch. Man schien sich zu kennen, bisweilen küsste man sich auch. Ich wartete. Das Geschöpf schien sich gut zu unterhalten, angeregt und konzentriert. Ich wartete. Manchmal, eher selten, wandte es sich ab, verschwand im Lokal, kam mit einem gefüllten Tablett zurück. Stockte kurz im Schritt, schien einen Moment ratlos, verteilte dann erleichtert Kaffee an die Menschen, die es geküsst hatte. Ich wartete. Ahnte bereits, ich würde eingreifen müssen. Ahnte auch, dass der Tag seinen Zauber verloren hatte. Spürte, wie der Missmut in meinem Bauch hoch kroch. Den es unter allen Umständen unter Kontrolle zu halten galt.

Die Lage war so klar wie leider auch bekannt. Ich wollte Kaffee und musste dafür die Aufmerksamkeit einer studentischen Hilfskraft erlangen, die eigentlich Kulturwissenschaften studiert, aber weniger als geplant, weil ihre Pflichtvorlesungen immer mit den Casting-Terminen kollidieren, welche sie allerdings bislang noch nicht zum internationalen Erfolg katapultieren konnten, was sie wiederum manchmal mit überhöhtem Wodka- und/oder Kokain-Konsum im ausufernden Nachtleben kompensiert, welches ebenso finanziert sein will wie die ausgewählt legere, aber nicht unbedingt preiswerte Model-Kluft, weswegen sie notgedrungen mehrmals pro Woche lustlos im Szene-Treffpunkt der eigenen Szene Kaffee serviert. Oder so tut, als würde sie es tun.

Ich wusste, es würde schwer werden, das Geschöpf an meinen Tisch zu locken und dabei die richtige Wortwahl zu treffen. Worte, die zwar zielgerecht fordernd, aber nicht zu verkrampft wirken würden. Worte, die nicht zu gepresst durch die Zähne zischten und dabei vermuten ließen, dass ich mich gekränkt, ignoriert und ausgeschlossen fühlte aus der entspannten Mittzwanziger-Solidargemeinschaft von Gästen und Personal.

Ich wusste auch, dass ihr entrücktes Lächeln sofort zu einer Eismaske gefrieren würde, würde ich sie als das behandeln, was sie war: eine Bedienung. Eine jämmerliche Bedienung, die mich seit einer halben Stunde gewollt oder ungewollt übersah. Ich wusste außerdem, was die unselige Gefühlsgemengelage aus »Eigentlich war es ein schöner Tag, ich fühlte mich unschlagbar, jetzt ist alles versaut« und »Wenn ich nicht sofort einen Kaffee bekomme, schlafe ich ein, bevor ich verdurste« bei mir auslösen würde. Einen reaktionären Anfall.

In meinem Kopf rumorte es, böse Gedanken krochen die Hirnwindungen entlang an die Oberfläche. »Dummes Ding, soll ihren Job machen, ich habe schließlich auch lange genug Tabletts getragen, in einer extrem finanzschwachen Phase sogar große, wirklich schwere Schieber, voll mit Bierkrügen und Braten, Bauarbeiterpublikum in der Mittagshitze, nicht so eine windelweiche Statisten-Show mit Milchkaffee und Rucola-Blättchen. Ich habe mich jeden Tag mit dem magenkranken Alkoholiker-Koch gestritten, der erst aufgehört hat zu brüllen, wenn man ihm den dritten Jägermeister spendiert hatte, und ich habe dabei bestimmt nicht darauf gewartet, dass jeden Moment ein Hollywood-Regisseur oder eine Star-Bookerin um die Ecke schlappt, um mich davor zu bewahren, dass ich mir weiter die Hände aufreiße.«

Da war er also wieder, der neue Mensch in mir, der kleine Satan, der seit einiger Zeit in meinem Inneren wohnt. Er erscheint ungewollt in unterschiedlichen Gestalten, er schwadroniert wie ein Stammtisch-Spießer, er zetert wie eine frustrierte Zicke, er wettert gegen die Sinnlosigkeit der Jugend und ihre luftleere Selbstgefälligkeit. Er schreit und quäkt und kämpft um einen Platz zwischen allen Stühlen. Wenn er die Oberhand gewinnt, werde ich streng. Nicht mit ihm, sondern mit meiner Umwelt. Ich bedaure, dass ich dann nicht auf zwei Fingern pfeifen kann, sondern »Hallo!« brüllen muss, laut über die Café-Terrasse. »Hallo!« ist kein starkes Statement, gerne hätte ich an jenem versauten Sonnentag meine Autorität etwas deutlicher demonstriert.

Es kam so, wie es kommen musste. Das Geschöpf, die Bedienung, quälte sich in meine Richtung, schob mit beachtlicher Grazie eine Augenbraue hoch und schnarrte in einem Tonfall, als hätte ich sie gerade beim Vorspiel gestört: »Ja bitte?« Ich sagte: »Ich hätte gerne einen Kaffee.« Ich sagte leider auch: »Ich sitze hier schon seit einer halben Stunde.« Sie zuckte mit den Schultern, hatte sich bereits umgedreht, als sie gelangweilt hinzufügte: »Ist viel los heute.« Der Satan fiel in Ohnmacht vor Empörung, mir fiel nichts mehr ein. Nach einer Viertelstunde kam der Kaffee, er war lauwarm. Das Wetter, so schien es mir zumindest, mittlerweile auch.

Für dich immer noch »Sie«

Es war natürlich im Grunde nichts wirklich Schlimmes und auch nichts Außergewöhnliches passiert. Der kleine Teufel aber quengelte gegen meine innere Mitte an: »Keiner nimmt dich ernst. Noch nicht mal eine halbwüchsige Hobby-Bedienung.« Er ist, so fürchte ich manchmal, Ausdruck einer fortschreitenden Persönlichkeitsspaltung. »Entspann dich, Alte«, sagt der eine Teil, etwa im selben Tonfall, den der mich um zwei Köpfe überragende Sohn unserer Nachbarn anschlägt, wenn er mal wieder sein Fahrrad auf meines geworfen hat. Der andere Teil kämpft zusehends mit einem geschwächten Nervensystem, mit gepflegten Marotten und den Grenzen der Toleranz.

Der klägliche Rest meines Ichs stolpert herum zwischen den Extremen, liegt im Park, bekommt einen Ball an den Kopf, brüllt: »Könnt ihr nicht aufpassen!?« Blickt in kleine Kindergesichter, denkt: »War das gerade ich? Und warum vor allem so laut?« Schnürt sich daheim gut gelaunt die Turnschuhe, wünscht sich zehn Minuten später Stilettos ans Bein, weil die kreischenden Teenies in der U-Bahn die gleichen Sneaker tragen wie man selbst. Ruft tuschelnde Kinobesucher zur Ruhe und kickt dann in der tragischen Schlüsselszene des Films aus Versehen die eigene Bierflasche durch den Saal. Schwer zu sagen, was einem dann mehr Scham bereitet: sein gouvernantenhaftes Auftreten oder die spätere Ungeschicklichkeit.

Es ist wahrlich nicht einfach, im luftleeren Raum zwischen »du« und »Sie« zu leben. Unser Dasein bisher: eine einhellige »Alles easy«-Übereinkunft mit lockerem Umgangston und einer frontal vor uns hergetragenen Laisser-faire-Haltung, als wäre die ganze Welt eine WG. Nur mittlerweile würde man gerne mal die Tür zumachen, Grenzen ziehen. Wünscht sich manchmal Unterschiede, möchte nicht, dass einen blasse Polizeischüler mit großer Selbstverständlichkeit maßregeln, als sei man ein hoffnungsloser Fall in der Zwergenverkehrsschule (»Kannste nicht gucken, oder was?«), möchte nicht gänzlich formlos von unglücklichen Hausfrauen im Supermarkt auf den ordnungsgemäßen Platz in der Warteschlange verwiesen werden (»Stell dich gefälligst hinten an«), man möchte auch nicht mehr von jedem Zeitungsabowerber allzu vertraulich in der Öffentlichkeit angesprochen werden (»Hey, willste die *Süddeutsche* umsonst?«), auch wenn der Ort der Begegnung eine wenig standesgemäße Trinkhalle ist, und vor allem stört in dem Zusammenhang die Unterstellung, man würde sich mit kindlicher Freude für drittklassige Werbegeschenke begeistern (»Mann, gibt auch 'ne Superuhr dazu. Und den Kugelschreiber.«)

Auf den Boden stampfen möchte man dann und sie lautstark alle in die Schranken weisen, um sinnvolle Ordnung herzustellen, ein für alle Mal: »Passt mal auf hier, ich bin schon länger volljährig, als mir manchmal lieb ist, ich habe Abitur, bin studiert, verdiene anständig und zahle mächtig Steuern. Ich lese täglich Zeitung und ganz selten nur noch Comics. Man hat mir vor einiger Zeit einen gehobenen Posten angeboten. Ich habe ihn abgelehnt. Ich trage nicht immer bunte Blümchenkleider und bin eine gefürchtete Diskussionsgegnerin. Ich habe schon mehrere Fernreisen allein unternommen und einige Zeit eine Firma geführt. Ich war mit euch noch niemals Bier trinken, und ich möchte es auch in Zukunft nicht. Ich weiß daher nicht, wie es zwischen uns zu diesem vertraulichen Tonfall kommen konnte. Für Sie also immer noch Frau Wimmer. Wimmer-Engelken, um genau zu sein.«

Manchmal allerdings erschrickt man auch, verwundert bis verstört, wenn die eingeforderten Unterschiede tatsächlich gemacht werden. Wenn ein zauberhafter junger Mann, ein engelsgleicher Bravo-Poster-Boy, ein gut erzogener noch dazu, in der U-Bahn sein Skateboard versehentlich an unsere schicken Schienbeine lehnt. Wenn er charmant zusammenzuckt, dann mit frechem Lächeln und großem Augenaufschlag »Oh, entschuldigen Sie bitte« sagt. Wenn einem dann der laszive Blick einfriert und man mit mütterlicher Güte stammelt: »Ist schon in Ordnung. Ist ja nichts passiert.«

Lieber hätte man natürlich gesagt: »Hey Baby, schickes Board. Scheint sich bei mir wohl zu fühlen. Vielleicht sollten wir unsere Bekanntschaft mal vertiefen. Ich übe gerade den Lipslide und könnte ein wenig Nachhilfe gebrauchen.« Nur: wer Frauen siezt, glaubt nicht, dass sie Skateboard fahren können. Oder Punk-Musik hören. Wahrscheinlich zweifelt er daran, dass sie überhaupt noch Spaß im Leben haben. Oder sogar Sex.

Das gefühlte Alter

Die Schwierigkeit des Wanderns zwischen Lebenswelten gestaltet sich im Alltag also als besonders unberechenbar, und weil man nicht weiß, wo man wirklich hingehört, ob man gerade als konventionsbefreite Rabaukin oder als angehende Respektsperson durch die Straßen läuft, ist das Dasein an schlechten Tagen ein bizarres Wechselbad der Selbstwahrnehmung.

Morgens beim Einkaufen. Eine alte Dame lehnt kraftlos neben dem Eingang des Supermarkts, ihre Tasche ist zu schwer, sie kann nicht mehr richtig laufen. Ich will ihr helfen, sie hält krampfhaft ihre Sachen fest. Ein schweigendes Gerangel beginnt, wir tragen die Tasche ein paar Meter gemeinsam, bis sie schließlich aufgibt. Vor ihrer Haustür sagt sie, sie hätte mir nicht getraut, dachte, ich wollte sie beklauen. Man wisse ja nie bei den jungen Leuten. Das also ist der Eindruck, den ich auf etwas ältere Mitbürger mache. Wenn ich morgens ungekämmt, ungeschminkt, schläfrig um die Ecke biege, sehe ich offenbar wie ein skrupelloses Straßenkind aus, wie ein Teenie vom Drogenstrich.

Später im Hausflur. Der Nachbarsjunge und sein Freund kichern mir hinterher, wahrscheinlich hat er gerade gesagt: »Das ist die Alte aus dem zweiten Stock, die mich immer anblökt, wenn ich mein Fahrrad falsch parke.« Für ihn bin ich so, wie Erwachsene halt sind – haben immer was zu meckern.

Im Hausflur, die Zweite. Die Mutter des Nachbarsjungen steht vor der Tür, hat ein Paket für mich in der Hand. Ich habe mir ein paar Restposten laute Musik bestellt. Sie späht um die Ecke, blickt angewidert auf den wild wuchernden Zeitungsstapel, bleibt mit einem wirren Fragezeichen in den Augen am Schuhregal hängen. Es ist ihr, man spürt es, alles zu bunt. »Ist bei uns abgegeben worden«, sagt sie. Und: »Hätte gar nicht gedacht, dass Sie um die Zeit zu Hause sind, mitten am Tag. Haben Sie Urlaub?« Sie meint eigentlich: »Arbeiten Sie überhaupt irgendwas?« Ich verneine, sie versteht die Welt nicht mehr, brummt im Weggehen: »Und sagen Sie Ihren Gästen mal, dass sie nachts leiser sein sollen, wenn sie das Haus verlassen.« Sie denkt wahrscheinlich, dass ich selbst für ihren Rotzlöffel von Sohn noch ziemlich schlechter Umgang wäre.

Nachmittags in der Stadt. Ich gönne mir einen Frühjahrsgarderobenmarathon. Behalte die neuen Pumps voller Stolz gleich an, werde weiterhin vielfach fündig, kann aber leider nicht mehr so viel tragen, wie ich einkaufen kann. Die Absätze, die Tüten, die Lauferei, die Schmerzen in Knöcheln und Kreuz. Ich steige in den Bus, er ist voll besetzt mit drahtigem Jungvolk. Sie hauen sich ihre kleinen Handtaschen um die Ohren, jauchzen, balgen, kitzeln sich, sitzen keine Sekunde still, wissen gar nicht, wohin mit ihrer Energie. Keiner bemerkt die ältere Frau, die schwächelnd, seufzend, stöhnend neben ihnen steht. Keiner bietet mir einen Sitzplatz an.

Früher Abend. Ich trage die neuen Sachen auf dem Weg zum Briefkasten ein, hinter mir schlurft eine Jungmännermannschaft. Erst pfeifen sie nur, lachen, machen zischende Geräusche. Ich stolziere weiter, gerade, aufrecht, als hörte ich nichts. Einen kurzen Moment verlässt mich die Konzentration, ich drehe mich um, reflexhaft, so wie man auf jedes Geräusch reagiert, das einen dauerhaft irritiert. Einer grinst mir breit ins Gesicht, sagt: »Scharfes Gestell, wollen wir ficken?« Die anderen brüllen vor Lachen, die Jungs sind höchstens sechzehn. Ich sage: »Träum weiter.« Behalte das, was ich denke, glücklicherweise für mich: »Ich könnte deine Mutter sein.«

Der Abend dann bei Freunden. Viel Nudeln, viel Rotwein, wir testen die neuen Boxen des iPods auf ihre Partytauglichkeit. Am Ende singen wir sogar mit, wann immer der Zufallsgenerator Iggy Pop auswählt. So lange, bis die halbwüchsigen Kinder der Gastgeber genervt auf der Matte stehen. Sie sagen nicht weinerlich: »Mami, wir können nicht schlafen«, sie motzen: »Mann, macht doch mal leiser, ihr seid echt unerträglich.« Wir fühlen uns ertappt, als wären wir die pubertierende Brut, entschuldigen uns, verlassen verschämt das Haus.

Man kann sich an so einem Tag also mehrmals vorwärts und rückwärts wie fünfzehn oder fünfzig vorkommen und begreift dabei, dass das mit dem gefühlten Alter nicht so einfach ist, wie gemeinhin behauptet. »Man ist so alt, wie man sich fühlt« – das ist eine immer wieder gerne achtlos hingeworfene Floskel, die einen über das eigene Geburtsdatum hinwegtrösten soll. Die Problemlage allerdings ist wesentlich komplexer als dieser scheußlich simple Satz. Das Gefühl nämlich schwankt unaufhörlich, wohin allerdings, lässt sich schwer erahnen. Genauso wenig wie die psychischen Auswirkungen, die die emotionale Karussellfahrt hat.

Wir sind höchst erfreut, wenn der schmucke Kerl im Reisebüro, der mit dem unschlagbaren Lächeln, der einem auch eine Südpol-Reise als Sonderangebot aufschwatzen könnte, beim Einbuchen sagt: »Es gibt da einen günstigen Studententarif. Oder sind Sie schon über fünfundzwanzig?« Es macht sogar gute Laune, wenn die geschäftstüchtige Kosmetikerin behauptet: »Man sieht Ihnen Ihr Alter gar nicht an.« Und auch von den Äußerlichkeiten abgesehen, kokettieren wir grundsätzlich gerne damit, im Herzen für ewig Teenager zu sein. Wir blicken mit leichter Häme und Verachtung auf freudlose Anzuggestalten in Amt und Würden und versuchen zu begreifen, dass sie kaum älter sind als wir. Freuen uns an der Überzeugung: so abgehangen, wie die jetzt schon aussehen, werden wir hoffentlich niemals sein.

Wenn aber die Staatsmacht oder sonstige Dienstleister uns scheuchen wie unmündige Kinder, werden wir sauer. Schließlich trägt man nicht diese ausufernde Zahl mit sich herum, hat nicht die Erfahrungen eines schon etwas längeren Lebens gemacht, um sich Höflichkeit und Respekt immer noch lautstark ertrotzen zu müssen.

Je nach Gegenüber oder Situation ist man also zu alt oder zu jung, zu laut oder zu leise, zu schüchtern oder zu aufmüpfig, zu unreif oder zu abgeklärt, und an ganz schlechten Tagen, so meint man, hat man den Anschluss in alle Richtungen verpasst. Therapeutische Gegenmaßnahmen gibt es viele, man könnte zum Beispiel beschließen, öfter Cafés zu besuchen, die sich auch so nennen, auf das Sonnenbrillenschaulaufen zu verzichten und fest dran glauben, dass man selbst sowieso das schärfste Modell auf der Nase hat. Man kann Atemübungen trainieren und indische Mantras lernen, um Beamtenrüffel und Teenie-Zoten ohne Hyperventilation zu überstehen. Man sollte als Frau von Welt nach Abklingen des Einkaufsrausches aus gesundheitlichen Gründen vielleicht lieber Taxi fahren.

Am besten aber übt sich die Souveränität in Extremsituationen. Man muss sich herausfordern und die behäbige Umwelt erst recht. Ich erinnere mich gern an ein Wochenende in einem mehr als gehobenen Hotel. Wir hatten die solide Montur vergessen, außerdem unser Auto noch nie gewaschen und wurden vor Ort wenig euphorisch begrüßt. Wir haben daraufhin beschlossen, das Zimmer bis Sonntagabend nicht mehr zu verlassen, was mir entgegenkam, da das einzig kleidsame Teil, das ich mitgebracht hatte, ohnehin nur ein seidenes Nachthemd war. Wir haben zum Zeitvertreib außerdem halbstündig den Zimmerservice bemüht, sowohl tags als auch nachts, wir bestellten Mineralwasser glasweise und bemängelten die Qualität des Fernsehbildes, wir ließen uns Öffner für mitgebrachte Weinflaschen liefern, und wenn die Kellner unwillig wurden, wiesen wir sie sanft, aber bestimmt zurecht. Ein einfacher psychologischer Trick: Wir hatten letztlich Spaß, den Ärger die anderen, das fanden wir besser als umgekehrt.

Gesteigerte Freude hatte ich auch daran, unlängst auf einer abendlichen Profilierungsveranstaltung einen selbst ernannten Supermann in die Schranken zu weisen. Er hatte meinen Platz auf dem Designersofa besetzt, während ich Bier holen war. Er hoffte auf kumpelhaftes Schulterzucken, ich forderte meinen Sitzplatz ein. Er beschimpfte mich als Spießer, ich nannte ihn rüpelhaft und unerzogen, und weil ihm das alles, wie er meinte, zu »uncool« sei, stand er schließlich wieder auf. Die Nacht wurde noch lang, und ich habe sie sehr zufrieden sitzend auf dem Sofa verbracht. Habe sogar jemand gefunden, der das Bierholen übernahm.

Schöner allerdings wäre es doch, auch als Dame in Turnschuhen immer als eine solche behandelt zu werden, es wäre dann viel leichter, sich in allen Lebenslagen zu gefallen. Bis es so weit ist, arbeite ich weiter an meiner ganz persönlichen Gegenwehr. Es ist nie zu spät im Leben, um etwas Neues zu lernen. Ich übe jetzt auf zwei Fingern zu pfeifen. Vielleicht ist es ein entwicklungspsychologischer Rückschritt. Aber irgendwann wird es klappen, und dann will ich in dem Café mit der Nummer die Kaffeetassen fliegen sehen.

8 Ohne Ende – die Gegenmaßnahmen

Vom Produktwahn im eigenen Badezimmer und der bangen Hoffnung, dass es sich mit Falten leben lässt.

Nur ein paar Pröbchen

Manchmal erwischen einen die leichten Schläge des Lebens unvorbereitet, ohne Deckung, schnelle, fiese Haken aus dem Hinterhalt. In einer Routinesituation, die scheinbar keinerlei Dramatik in sich birgt. Ein ausgiebiger Einkauf in einer Parfümerie war immer eine meiner leichtesten Übungen. Investitionen in die eigene Schönheit und das wohlriechende Wohlbefinden lassen sich vor Gewissen und Wirtschaftsprüfer problemlos rechtfertigen. Denn wer in dieser Welt bestehen muss, braucht schmeichelnde Badezusätze, zarte Düfte und liebevolle Lotionen. Außerdem eine repräsentative Palette an Gesichtsbemalung, Lippenstiften und Nagellacken, von Rot bis Rot, meist im selben Farbton, aber in vielfacher Ausführung. Zwanzigfach gedoppelt steht die Lieblingsfarbe schon im Badezimmerschrank, aber das fällt einem immer erst auf, wenn man mit den neuen Schätzen schon zu Hause ist. Das, nebenbei bemerkt, muss einen nicht grämen, sondern bewahrt uns im Zweifelsfall vor einer weiteren Katastrophe. Wenn der Lieblingslippenstift zum Auslaufmodell wird und die überschminkte Verkäuferin schnarrt: »Der ist nicht mehr im Sortiment«, hat man in der bevorzugten Note noch neunzehn andere in Reserve.

Es gibt also nie einen Grund, nicht in eine Parfümerie zu gehen, es sei denn, Sie wurden bereits mehrmals für Ihren mühsam ersparten Urlaubsflug nach Neuseeland aufgerufen und Ihr männlicher Begleiter hat Sie bereits vor zwanzig Minuten in Richtung Gate verlassen, dabei laut gestöhnt: »Ich halt das nicht mehr aus.«

Es sprach auch an jenem schicksalhaften Tag nichts dagegen, ganz im Gegenteil, es sprach einiges für eine bedenkensfreie Belohnung. Ich hatte einen überfälligen Text immerhin angefangen, hatte eine Rechnung geschrieben und einige Stunden mit Freundin, Mutter und Schwester telefoniert, hatte also mein Tagwerk erledigt, war außerdem hoch erhobenen Hauptes an drei Eisdielen vorbeigelaufen und hatte erst in der vierten eine einzige Kugel Zitroneneis gekauft. Ich hatte mir im Aerobic eine stattliche Blase erhopst und war zu meiner Verabredung ins Kino tatsächlich mehr als eine halbe Stunde zu früh.

Ich betrat die Parfümerie. Es war alles wie immer. Es duftete betäubend aus unterschiedlichen Richtungen, ein kreischend buntes Gesicht schoss auf mich zu, in der Hand hielt der zugehörige Körper einen Zerstäuber. Die Verkäuferin, die sich aus all dem zusammensetzte, befahl: »Probieren Sie doch mal den neuen Duft von Yves Saint Laurent.« Ich winkte dankend ab. Parfüm ist so ziemlich das Einzige, was man mir in Parfümerien nicht aufschwatzen kann, da bin ich mittlerweile konservativ. Ein Erfahrungswert, zu oft schon hatte ich diesen oder ähnliche Tempel der Schönheit verlassen, vollständig eingenebelt in Blüten- und andere Essenzen, die das Personal mir entgegensprühte, als sei ich ein zu vernichtendes Insekt. Den Rest des Tages wurde ich dann von heftigem Würgereiz gequält.

Ich widmete mich also stattdessen den Frühjahrsfarbkollektionen von Chanel und Clinique, entschied mich schließlich, als meine Hände beschmiert mit allen Nuancen von »KissyKiss« bis »VelvetMonster« aussahen wie die Mörderpranken einer Massen-Metzgerin aus einem schlechten Horrorfilm, für einen Rot-Ton, der so aussah wie alle anderen, die ich bereits besaß. Ließ mir bereitwillig den passenden Konturenstift und Nagellack aufschwatzen, packte im Vorübergehen, dem Hinweis einer wenig vertrauenswürdigen Frauenzeitschrift folgend, glitzerndes Körperpuder ein (Zitat: »Das macht Sie unheimlich sexy«) und stellte eine beiläufige Frage nach empfehlenswerten Pflegeprodukten für hochempfindliche Nagelhaut.

Die bunte Fratze leuchtete auf, flötete »Da habe ich etwas ganz Schönes für Sie«, schob mich durch den Verkaufsraum, zückte Fläschchen, Tuben, Ampullen, begleitet von einem süßlichen Wortschwall an Superlativen. Kosmetikverkäuferinnen sind die eifrigsten der Welt, so viel ungeteilte Aufmerksamkeit bekommt man als Kunde selten zu spüren. Ich bin ein leicht zu beglückender Mensch, ich freue mich, wenn man sich um mich kümmert, und dankte die Hingabe der verkaufstüchtigen Dame mit der Entscheidung für eine Handcreme, die etwa so viel kostete wie ein gehobenes Abendessen. Ich wählte sie vor allem, weil mir ihre güldene Verpackung so gut gefallen hat. Wenn es vor Ort glamourös verhülltes Klopapier gegeben hätte oder veredelte Zahnseide, hätte ich sie in meinem Sinnenrausch wahrscheinlich auch noch glücklich strahlend in die Hände der Verkäuferin gelegt. Immer mit dem zufriedenen Gedanken: »Es tut doch so gut, sich Gutes zu tun.«

Wir stolzierten zur Kasse, die Verkäuferin und ich, beide von einem erhebenden Erfolgsgefühl getragen. Ich betrachtete versonnen die leuchtenden Zahlen auf dem Display der

Rechenmaschine, sah ihnen beim Wachsen zu. Wusste, dafür würde es reichlich Belohnung geben. Kleine Miniaturen aus der vornehmen Produktpalette des Hauses, mit Glück ein paar Proben von Herstellern, deren Preispolitik jedem normalen Menschen die Tränen der Empörung in die Augen treiben würde. Die Verkäuferin verzog den pinkfarbenen Mund zu einem zähnefletschenden Lächeln, stierte ein paar Sekunden konzentriert in mein Gesicht, nickte wissend, griff mit beiden Händen in eine Schublade und sagte in einem äußerst behutsamen Tonfall, wie ihn etwa Fernsehkommissare im ersten Gespräch mit Angehörigen von Mordopfern anschlagen: »Ich gebe Ihnen da noch etwas wirklich Gutes zur Pflege mit.«

Ich wusste die Zeichen in ihrer Miene nicht zu deuten, rückblickend scheint es mir fast, als hätte ich sie gar nicht bemerkt. Es gab ja offiziell auch noch keinen Anlass zur Beunruhigung. Ich hatte ein kleines Vermögen für mein subjektives Schönheitsempfinden ausgegeben und würde gleich mit einer guten Freundin, die ähnlich wie ich von Zeit zu Zeit den Ausbruch ins Triviale schätzt, eine romantische Komödie im Kino sehen. (Wir konnten dabei auf gegenseitige Diskretion zählen, keiner unserer klugen Freunde würde erfahren, dass wir unsere Freizeit nicht bei einem russischen Untergrundfilmfestival verbrachten oder wenigstens ein technisch aufwendiges Science-Fiction-Epos zur zerebralen Entspannung ausgewählt hatten.)

Vor dem Gelingen des Abends allerdings musste ich selbstverständlich einen Blick in die Tüte werfen, musste die kindliche Freude auskosten, die man tatsächlich verspüren kann, wenn man gerade sinnlos viel Geld verschleudert hat und dazu ein paar Tropfen Duftwasser und den Hauch einer Creme geschenkt bekommt. Ein paar kleine metallisch glänzende Schachteln lagen unschuldig in der knisternden Tasche.

Ich nahm sie heraus, noch im Gehen, war zunächst bester Dinge, weil das glänzende Firmenlogo höchsten Luxus versprach. Ich las das Kleingedruckte – und musste mich erst mal setzen. Sank nieder am Rand eines Blumenbetonkübels auf dem Mittelstreifen einer mehrspurigen Straße. Die Fußgängerampel schaltete auf Rot, auf Grün, erneut auf Rot und wieder auf Grün. Ich saß wie versteinert und hatte immer noch nicht verstanden.

Es lag nicht an meinen mangelnden Französisch-Kenntnissen – die Worthülsen auf den kleinen Pretiosen waren zwar lang, aber nicht unmissverständlich: »Lift Jour Anti-Rides Multi-Régénérante Toutes Peaux«, »Baume Anti-Rides Contour des Yeux Multi-Régénérante«, »Lift Anti-Rides Lèvres et Contour«. Es hatte was mit Falten zu tun und mit Liften und mit Haut. Ich konnte mir nur nicht vorstellen, wessen Haut wohl gemeint war. Dann fiel mir der Blick der Verkäuferin wieder ein, die Argusaugen, die sich in meine Poren bohrten, die tragische Miene, mit der sie in ihre Wunderschublade griff.

Es schien keine andere Möglichkeit der Deutung zu geben, die zugekleisterte Cremetopfpromoterin war der Meinung, ich sei auf dem absteigenden Ast. Hatte mir Pröbchen für die reifere Haut eingepackt. Ich war in einer neuen Zielgruppe gelandet, gehörte nun zu denen, denen man aufmunternd zulächelt und dann sagt: »Sieht doch noch gut aus, Ihre Haut.« Und mir kam es so vor, als könnte ich darauf nur erwidern: »Ja, das ist noch nicht lange so, aber die Creme für die jugendliche Problemhaut hat mir wirklich gut geholfen gegen meine Unreinheiten.« Wie konnte das passieren, der fast nahtlose Übergang von antiseptischer Killer-Paste zum Krisentöpfchen mit Supernährwert? Endlich verdient man so viel Geld, dass man sich mal was Schickeres als Nivea leisten kann, schon rutscht man in die Oberpreisliga. Denn mit dem Leidensdruck wird kräftig Kasse gemacht, Kistchen, auf denen »Anti-Falten« und »anspruchsvolle Haut« steht, kosten immer deutlich mehr als profane Feuchtigkeitsprodukte.

Ich wollte zurücklaufen und der Verkäuferin schon von weitem zurufen: »Das muss ein Irrtum sein. Haben Sie nicht gesehen, dass ich nicht nur Turnschuhe trage, sondern auch noch gestreifte Socken? Zugegeben, ich habe sie heute Morgen nur angezogen, weil ich zu spät dran war und keine anderen gefunden habe, und ich weiß auch nicht mehr, warum ich sie überhaupt besitze. Aber ist Ihnen nicht außerdem aufgefallen, dass meine Haare keine Frisur sind? Dass an meinem Handy bunte Perlenschnüre hängen? Sie müssen doch mein Handy gesehen haben, als ich meine Handtasche ausgeleert habe, weil ich wieder mal meinen Geldbeutel nicht gefunden habe. Ja, und noch was, was Sie gar nicht wissen können, ich habe bei Ihnen viel mehr Geld ausgegeben, als mein unregelmäßiges Einkommen zulässt, und Sie sollten auch erfahren, was ich jetzt gleich tun werde. Ich werde mit meiner besten Freundin eine romantische Komödie im Kino anschauen. Irgendeine herzerweichende Schmonzette mit Richard Gere und, halten Sie sich fest, Jennifer Lopez. Das ist doch alles absolut pubertär. Geradezu kindisch. Was bitte schön sollte jemand, der so unreif ist, mit Creme für reife Haut anfangen?«

Es würde sinnlos sein. Mir schwante, was sie antworten würde, aus ihrer professionellen Fürsorge heraus: »Man kann nicht früh genug mit der Pflege anfangen. Die Hautalterung setzt schon mit zwanzig ein. Bereits mit dreißig produziert die Haut deutlich weniger Fett und Feuchtigkeit, und die Zellteilung verlangsamt sich, die elastischen Fasern in der Haut beginnen auszuleiern. Ab vierzig reduziert sich die Anzahl der Talgdrüsen erheblich, die Durchblutung wird schwächer. Ab fünfzig lässt die Östrogenproduktion nach, die Haut wird noch dünner, trockener und empfindlicher. Dazu wird sie belastet durch die ganzen negativen Umwelteinflüsse, durch Abgase, Sonne, Nikotin, ungesunde Ernährung und zu wenig Schlaf. Das alles lässt sie noch schneller altern.«

Ich hatte sie in Frauenpostillen tausendmal gelesen, die schaurige Beschreibung des eigenen Verfalls. Nur hatte ich nie das Gefühl, dass mich das Geschriebene etwas angeht. Auch wenn es mir manchmal merkwürdig vorkam, dass die Damen, mit denen die Kosmetikindustrie ihre Wundersalben bewarb, wesentlich unverbrauchter wirkten als ich an manchen Tagen. Das aber schien ein leicht durchschaubarer Marketingtrick zu sein: mit makellosen fünfundzwanzigjährigen Models den Älteren vorzugaukeln, sie könnten durch das entsprechende Pflegeprodukt genauso frisch aussehen.

Doch all das änderte nichts an der Tatsache, dass etwas Verhängnisvolles geschehen war. Die Zeitenwende war in mein Denken gerauscht wie eine Sturmflut, ich war das Schaf, das die professionellen Creme-Köche nun bis ans Ende seiner Tage melken würden, und das alles nur weil eine übereifrige Verkäuferin sich eingebildet hatte, über meinen schön geschwungenen Lippen die erste Nasolabialfalte entdeckt zu haben.

Allein die Terminologie der Spezialisten könnte einem als potenzielles Opfer der Chemielaboratorien dieser Welt nachhaltig die Laune versauen. Tränensäcke, Stirnquerfalten, Hängelider, das alles klingt nicht wirklich freundlich. Man versucht uns zu suggerieren, dass wir unweigerlich zum Monster mutieren. Wir, die mit der reifen Haut, die schon mit zwanzig zu gammeln anfängt. Die reife Haut, die man auch gerne »reifere Haut« nennt, im Komparativ – reifer als was eigentlich, reifer, als die Polizei erlaubt, oder reifer, als uns gut tut, oder einfach nur reifer als reif? Damit wir ja nicht auf die Idee kommen, dass reif sein eigentlich was Schönes ist? Ein roter Apfel sieht doch besser aus als ein grüner. Er ist außerdem süßer und saftiger.

Ein Apfel allerdings führt ein sorgenfreies Leben ohne Kosmetikverkäuferinnen, ohne Frauenzeitschriften und Werbeversprechen, ohne die fatale Hoffnung, mit den richtigen Mitteln weniger faule Stellen zu bekommen. Ich habe die Anti-Falten-Creme-Probe, die, wie ich fürchte, meinen Stirnsorgenfalten erst die echte Initialzündung gab, nicht entrüstet weggeworfen. Sie stand wie ein Mahnmal im Badezimmerregal, ich stand daneben, jeden Morgen, spitzte die Lippen, runzelte die Stirn, kniff die Augen zusammen, hob die Brauen, grinste, lächelte, schnitt scheußliche Grimassen und suchte dabei Falten. Wenn man vor dem Spiegel Gesichtsverrenkungen macht wie Mr Bean, findet man eine Menge davon.

Der Pflegefall

Falten, Krater, Furchen, Spuren eines Lebens, das, wie einige spitzzüngige Wegbegleiter meinen, mich wesentlich älter aussehen lassen müsste, als es der Fall ist. Es wäre zugegebenermaßen ziemlich hirnrissig zu glauben, dass zwanzig lasterhafte Jahre sich nicht irgendwann im Gesicht abzeichnen. Hautalterung ist ein biologischer Vorgang, so natürlich wie ein Niesanfall oder ein Orgasmus. Trotzdem fällt es absurd schwer zu verstehen, was da im Spiegel passiert.

Kein Problem, haben wir immer gedacht, das ficht uns nicht an, wir haben uns schließlich lange genug in Selbstbewusstsein und unabhängigem Denken geübt. Wir lieben uns, wie wir sind, und werden auch lieben, was wir sein werden. Wir glauben, dass unsere Intelligenz und unsere Lust am Leben bis ins hohe Alter sexy bleiben. Wir haben alles Nötige gelesen und gelernt, und trotzdem fühlt es sich so an, als seien wir für die Prüfung nicht wirklich vorbereitet.

Weil sie so wenig zusammenzupassen scheinen, die Flausen im Kopf und die sich andeutenden Knitter im Gesicht. Weil wir uns so herrlich über alles hinwegsetzen können, über fremde Konventionen und subjektive Ängste, über Kalenderjahre und Kleidervorschriften. Weil es gar nicht so schwer ist zu glauben, man sei für immer fünfundzwanzig, müsste dazu nur den Geist frisch halten und die zwanglose Attitüde. Störend in dem Konzept ist nur, dass unser Material Schwächen zeigt. Und noch weniger passt es uns, dass wir daran so herzlich wenig ändern können. Wir sind es einfach nicht gewohnt, dass etwas unserem jung-dynamischen »Alles ist möglich«-Prinzip widerspricht.

Bei Männern soll das Unaufhaltsame ungerechterweise sogar sexy wirken. Dieses leichtfertige Pauschalurteil ist allerdings mit Einschränkung zu betrachten. Erstens trifft es nur auf Männer zu, die auch ohne Falten schon ansprechend aussahen, und zweitens auch nur so lange, bis der Hals zu deutlich hängt. Nicht umsonst hat die Kosmetikindustrie mittlerweile sehr erfolgreich auch die Herren angefixt, was den Vorteil hat, dass sie sich nicht mehr an unseren Cremedosen vergreifen, nicht mehr mit großen Händen und allen Fingern zentimeterdick auf ihrer gegerbten Haut verteilen, was uns lieb und teuer ist, und dabei begeistert erkennen: »Fühlt sich ja wirklich toll an, deine Kaviarcreme.«

Auch ich habe die verhängnisvollen Cremeproben also letztlich angewendet, und das bereits mit einem Anflug von Panik. Schließlich mahnt die Industrie, dass unsere zarte Haut spätestens ab dreißig Extra-Pflege braucht. Ich war also schon etliche Jahre zu spät dran für die Rettung durch »Anti Rides«-Ritter. Die logische Frage wäre nun, ob es was geholfen hat. Die einzig mögliche Antwort darauf: Das ist völlig egal.

Nicht weil ich plötzlich doch noch zu souveräner Größe gefunden hätte und zu einem drastisch reduzierten Pflegeprogramm mit Melkfett. Nicht weil es mir wirklich schnuppe ist, dass meine rosa Pfirsichhaut verwelkt. Sondern weil es bei Cremes und Konsorten, die mehr kosten als eine gute CD und ein gutes Buch zusammen, nicht auf die äußerliche Wirkung ankommt. Sondern auf den mentalen Effekt. Auf das Gefühl, nicht tatenlos zuzusehen. Unsere Psychologie funktioniert besser als die Frischzellen unseres Körpers. Aktionismus ist ein äußerst hilfreiches Mittel der gesunden Selbsttäuschung. Wer eine Diät beginnt, fühlt sich bereits beim Einkaufen von Halbfett-Margarine dünner, wer im Fitnessstudio Probe läuft, sieht sich sofort als Muskelstahlwerk, wer aus dem Buchladen Proust nach Hause trägt, verbeugt sich schon an der Kasse vor dem eigenen Intellekt.

Vornehme Faltencreme hilft beim Glauben an das Unmögliche. Wer cremt, tut was für sich, fühlt sich besser und meint dadurch auch besser auszusehen. Nur so entstehen die positiven Studien der Hersteller. Man fragt die Frauen nach der Wirkung des Produkts, und sie bestätigen sie, weil sie sie wahrnehmen wollen. Die häufig angeführten messbaren Erfolge bewegen sich in einem Bereich, den das menschliche Auge kaum erkennen kann. Eine ordentliche Falte ist 300 Mikrometer tief, die beste Creme schafft davon nur zehn weg. Wir wissen also um die zweifelhafte Argumentation der Kosmetikindustrie. Wir sind schließlich nicht doof, und wir können auch lesen. Manchmal sogar seriöse Medien, die in regelmäßigen Abständen darauf hinweisen, dass es keine Creme zur Faltenbeseitigung gibt, schon gar keine, die mehr als fünf Euro kosten muss. Selbst richtig teurer Kram ist manchmal nur aus schnödem Erdöl hergestellt, aber die Branche boomt, und auch mein Badezimmerregal wird bald zu klein.

Ich bin ein trauriges Opfer, man kann mir mit blumigen

Worten fast jede Illusion verhökern, und wenn eine dieser überschminkten Damen mir mit dem Brustton der Überzeugung beteuert, dass gerade die Revolution auf dem Kosmetikmarkt ausgebrochen ist, dass pflanzliche DAN die Hautregeneration in Lichtgeschwindigkeit vorantreibt, dass Isoflavone die Kollagenbildung stimulieren, dass die sudanesische Akazie meine Samthaut bewahrt und erst das Q-10-Coenzym die obere Epidermis wieder richtig strahlen lässt, höre ich fasziniert zu und kaufe immer wieder einen überkandidelten Tiegel mit dem fadenscheinigen Argument, irgendwas müsse man sich nun schließlich ins Gesicht reiben, schon wegen der Sonne, und damit es nicht spannt. Bescheidener Trost: Ich kann nicht die einzige Frau mit Abitur sein, der so etwas passiert, mit Gesichtspflege werden hierzulande jährlich 750 Millionen Euro umgesetzt.

Meine Kosmetikexzesse sind, so viel sei zur eigenen Entschuldigung gesagt, nur Phasen, in denen ich möglicherweise beruflich unterfordert, sexuell nicht ausgelastet oder in einer anderen energetischen Schieflage bin. Dann habe ich vorübergehend das Bedürfnis und offensichtlich auch die Zeit, mich mit solchen Nebensächlichkeiten aufzureiben. Ich besitze infolge meiner Charakterschwäche zudem mehrere Massagebürsten, seltsam geformte Noppenobjekte und diverse Gels, Öle und Lotionen, mit denen angeblich einem weiteren Hautproblem namens Cellulite beizukommen ist. Cellulite wohlgemerkt, nicht Cellulitis, wie man neuerdings nicht müde wird zu betonen, denn, so die bahnbrechende Erkenntnis im Sprachgebrauch, ein schwächelndes Bindegewebe ist keine Krankheit. Ich schrubbe von Zeit zu Zeit mit großem Eifer ein paar Tage an meinem Fleisch herum, dann passiert irgendetwas wirklich Interessantes in meinem Leben, und ich vergesse, dass ich Dellen in den Oberschenkeln habe.

Ein gewisser obsessiver Wahn bezüglich des eigenen äußerlichen Verfalls befällt mich ansonsten nur in Freikörperzonen. Ich gestehe, ich vergleiche. Am Strand, in der Sauna, im Schwimmbad mustere ich fremde Weiblichkeit mit großer Akribie und steigender Faszination. Ich untersuche Schwachpunkte und Schönheiten wie ein Feldforscher, verliere mich in Hautoberflächenstudien, und es würde mich nicht wundern, wäre ich in meinen Fitnessstudio mittlerweile als darbende Lesbe verschrien. Was soll ich sagen, es beruhigt mich. Jede einzelne Frau ist der vitale Beweis für jene Wahrheit, die in der Theorie des eigenen Denkens nur zögerlich ankommt: Wir haben alle das gleiche Problem. Es breitet sich epidemisch aus zwischen Bauchnabel und Knien, und Bürstenmassagen und Sport sind noch die harmlosesten Methoden ihm vergeblich beizukommen.

Die Verschönerungsindustrie läuft auf Hochtouren und demonstriert beachtlichen Erfindungsreichtum. Man kann sich im Kampf gegen Dellen und Risse mit Nadelstichen quälen und unter Strom setzen lassen, kann sich in Spezialhosen stecken lassen und mit Luftdruck bearbeiten, man kann sich von Hightechgeräten durchwalken lassen oder in Folie schnüren, um dann wie ein eingeschweißtes Mikrowellengericht in der Sauna zu schmoren. Macht alles, nehme ich an, nicht wirklich Spaß und kostet sehr, sehr viel Geld.

Ein Bericht aus der Praxis

Mit viel Geld lässt sich heutzutage einiges regeln, was einem beim Blick in den Spiegel missfällt. Eine Rundüberholung meiner eigenen Erscheinung mit allem, was nach Ansicht des Fachmanns notwendig wäre, würde mich gute 6 000 Euro kosten. Ich habe mich erkundigt, aus Recherchezwecken und aus Neugier. Das ist ganz einfach. Man bekommt beim Schönheitschirurgen schneller einen Termin als bei meinem Lieblingsfriseur. Es war ein in vieler Hinsicht trauriges Erlebnis.

Die Praxis in exklusiver Lage in einem verglasten Neubau war in etwa so heimelig wie ein drittklassiges Nagelstudio. Unter einem kreischend bunten, abstrakten Kunstdruck von erschreckender Hässlichkeit saß ein gelangweilter Jüngling am Empfang, er hatte erstaunlich schlechte Haut, sah mich mitleidig an und sagte mit näselnder Stimme: »Es dauert noch einen Moment, nehmen Sie bitte Platz.«

Ich war gespannt. Auf der Homepage des Doktors war ein mindestens einstündiges, intensives Beratungsgespräch versprochen worden, und mir gefiel die Rolle als Undercover-Laborratte in eigener Mission. Im Wartezimmer neben einem leicht durchgesessenen roten Sofa lag das Fachblatt der Renovierungsbedürftigen: die *Anti-Aging-News*. Das Titelbild der Postille allerdings ging an mir als potenzielles Zielpublikum weit vorbei. Ein schlohweißer, aber braun gebrannter Mittsechziger küsste eine etwa fünfzigjährige Frau mit langen roten Haaren. Ich begann mich zu fragen, ob ich an der richtigen Adresse sei. Es würde zwar nicht unschmeichelhaft, aber doch unbefriedigend sein, wenn meine Forschungsreise verfrüht enden sollte mit dem doktorlichen Befund: »Für Sie kann ich nichts tun, Sie sind doch in der Blüte Ihres Lebens. Genießen Sie die Zeit, und kommen Sie in zwanzig Jahren wieder vorbei.«

»Frau Wimmer, bitte.« Der näselnde Empfangschef tänzelte mir voraus durch den Flur des Instituts. An den Raufaserwänden klebte weitere Posterkunst. In einem mittelgroßen Büro von enttäuschender Durchschnittlichkeit schließlich erwartete mich der Chefarzt. Er roch nach kaltem Rauch und sah aus wie das männliche Titelmodell der *Anti-Aging-News*. Er sagte: »Herzlich Willkommen.« Und: »Wo ist denn das Problem?« Ich antwortete so unverfänglich wie möglich, brachte mein Alter ins Spiel, den zu befürchtenden Kontrollverlust über Oberschenkel, Bauch und Doppelkinn. Er lächelte milde, musterte mich eingehend, äußerte nachdenklich ein lang gezogenes »Jaaa«. Dahinter steckt wahrscheinlich jahrelanges Training. Ein simples »Ja« so sorgenvoll auszusprechen, dass es bei der ohnehin leicht verunsicherten Kundin größtmögliche Befürchtungen auslöst und eine spontane Panik vor dem kapitalen Katastrophenszenario des eigenen Körpers heraufbeschwört.

Automatisch fragt man sich: Was denkt der Mann jetzt, der tagein, tagaus an Frauenfleisch herumsäbelt und -saugt? Denkt er: »Pfui, bäh, das Doppelkinn, besonders schwerer Fall«? Denkt er in Schnittmustern und Vorher-Nachher, wenn er einen ansieht? Es ist sehr unangenehm, wenn einen ein Mann betrachtet und man weiß, dass er dabei überlegt, wie er das, was er sieht, am wirkungsvollsten verändern kann. Jeden Punkt unter die Lupe nimmt, der dem Ideal nicht entspricht. Das gehört sich schließlich nicht im gewohnten Alltag. Kein Mensch darf zu einem sagen: Deine Schenkel schlabbern, deine Lider hängen und der Busen bald auch.

Ein einziges Mal hat mich ein Mann auf die unverwechselbare Form meiner Nase aufmerksam gemacht. Er war Barkeeper in einer aufgetakelten Bar und sagte: »Wenn du diese Nase nicht hättest, könntest du eine echte Schönheit sein. Ich kenne da übrigens einen guten Arzt, ich gebe dir gerne seine Nummer.« Ich weiß bis heute nicht, ob das die Art und Weise ist, wie Sadisten hoffnungsvolle Flirts beginnen, oder ob er gerade von seiner Freundin verlassen wurde und das Unglück auf seine ausgeprägten Tränensäcke schob. Ich habe das Lokal umgehend verlassen und außerdem meine Rechnung nicht bezahlt.

Dr. Schlohweiß aber konnte ich nicht verlassen, schließlich hatte ich mich seiner Untersuchung freiwillig ausgeliefert. Dr. Schlohweiß befahl kühl: »Dann ziehen Sie sich mal aus.« An der einzig freien Wand in seinem voll gestellten Zierpalmen-Büro hing ein mannsgroßer goldgerahmter Spiegel. Ich stellte mich nackt davor. Zu Hause mache ich das öfter, aber dann sieht mir keiner dabei zu. Und falls doch, dann ist der Blick des Mannes, der mit mir den Spiegel teilt, ein liebevoller. Dr. Schlohweiß sah mich an wie ein Automechaniker, der einen Blechschaden begutachtet. Dann griff er mit schmerzend harter Hand an die Hinterseite meines Oberschenkels, zurrte ihn auf Kate-Moss-Maße zusammen und entschied: »Das muss weg.« Mit der gleichen Brutalität und in atemberaubender Geschwindigkeit kniff er mich in Bauch und Hals, brummte: »Kann man alles absaugen.« Dann drehte er mich mit einer abrupten Bewegung zu sich, sein Kopf schnellte vor, er kam meinem Gesicht unangenehm nahe, ich hielt die Luft an. Er sagte: »Die Lider müssen wir liften. Sonst ist ja im Gesicht noch alles ganz in Ordnung. Na ja, dickere Frauen haben weniger Probleme mit Falten, das ist Ihr Vorteil. Oder haben Sie schon mal was machen lassen?« Ich schwieg verwirrt, er schien an einer Antwort nicht weiter interessiert und murmelte beiläufig: »Ziehen Sie sich wieder an.«

Ein kurzes Kopfnicken bedeutete mir, mich ihm gegenüber an seinen überquellenden Schreibtisch zu setzen, auf einem flackernden Monitor zeigte er mir ein paar grob gerasterte Fotos von vorher waberndem und hinterher weniger waberndem Fleisch, pflückte aus diversen Ablagen ein paar Zettel, brabbelte dazu monoton und geistesabwesend: »Operative Straffung der Augenlider, Wasserstrahl-assistierte Liposuktion, Bauch, Oberschenkel, Kinn, tausendzweitausendfünftausendsiebenfünf, das macht dann ... äh ... sagen wir mal ... ja, für 6000 Euro mache ich Ihnen alles zusammen.«

Ich war noch dabei, die Reißverschlüsse meiner Stiefel zu

schließen, und blickte fragend zu ihm auf. Er schob die Blätter über den Tisch, meinte knapp: »Alles, was Sie über die Eingriffe wissen müssen, steht da drin. Lesen Sie sich das durch, und wenn Sie einen Termin wollen, rufen Sie uns an. Schönen Tag noch und auf Wiedersehen.« Er rauschte aus dem Zimmer, vor mir flimmerte der Bildschirm, unsere Unterredung hatte keine zehn Minuten gedauert.

Ich verließ das Gebäude verstört und erbost. Jeder Klempner, den ich in meinem Leben konsultiert hatte, hat sich mehr Mühe gegeben, mir die sensible Funktionsweise eines Abflussrohres und den Ablauf seiner Arbeit zu erklären, als der Mann, der mit Skalpell und Kanüle für teures Geld meinen Körper tunen wollte. Es war vielleicht ein etwas unpassender Moment, um kurzfristig zum Glauben zurückzufinden, doch ich sandte ein spontanes Stoßgebet zum Himmel, damit mich der feste Vorsatz, mich niemals im Dienste der vermeintlichen Schönheit einem medizinischen Eingriff zu unterwerfen, zu keiner Zeit verlassen möge. Auch dann nicht, wenn mein Doppelkinn irgendwann mein faltiges Dekolletee verhängt, auch dann nicht, wenn Schneiden, Spritzen, Saugen so alltäglich sein wird wie ein Besuch beim Friseur. Vielleicht wird sie irgendwann nötig sein, die Hilfe von oben, weil sich nicht absehen lässt, wie man in Zukunft eingekreist wird, wie die eigene Überzeugung ausgehöhlt werden könnte vom Wandel der Zeit.

Kopf hoch, Augen geradeaus

Man hat schließlich schon öfter nachgegeben. War sich sicher, dass Schlaghosen wenig vorteilhaft wirken und glänzende Lippen billig sind. Und hat sich wenige Wochen später ausgestellte Jeans und klebrigen Lipgloss gekauft, weil die stilsicheren Freundinnen so verdammt gut damit aussahen. Hat Techno-Musik als degeneriert beschimpft und kurz darauf aus Versehen eine ganze Nacht im Stumpfbeat durchgetanzt. Wollte einstmals noch nicht mal ein Mobiltelefon besitzen, weil man sich sicher war, dass nur einsame Angeber ständig erreichbar sein müssen. Hat vielfach behauptet, irgendein Modediktat, eine Zeiterscheinung nun bestimmt nicht mehr mitzumachen. Um sich dann selber sprachlos beim trendgerechten Normverhalten zuzusehen.

Das Messer am eigenen Körper, die Kanüle im Oberschenkel, die Spritze in der Gesichtsmuskulatur, das ist aber, so denkt man, noch etwas anderes, so weit wird die Hörigkeit im eigenen Konsumverhalten nicht gehen. Jede vierte Frau hierzulande zwischen dreißig und neununddreißig jedoch würde Dr. Schlohweiß und seiner Zunft Arbeit bescheren, wenn deren Dienste nicht so teuer wären. Würden die Preise sinken, sähe unsere Umgebung sehr wahrscheinlich anders aus, und der Gedanke an eine Behandlung käme ganz selbstverständlich näher. Die ersten Einschlaglöcher im Schutzwall der eigenen Aufrichtigkeit gibt es schließlich schon.

Hinter vorgehaltener Hand wird von weiblichen Bekannten berichtet, die sich regelmäßig mit Botox das Gesicht glätten lassen. Und es sind keine, über die man auch sonst gerne herzieht. Keine, die in einem Paralleluniversum existieren, am liebsten Escada tragen und regelmäßig Urlaub in Marbella machen. Komisch, so denkt man, die ist doch eigentlich eine gute Frau. Aber sie ist auch: ein gutes Stück älter als man selbst. Und vielleicht hat sie vor ein paar Jahren ebenfalls noch Natürlichkeit gepredigt. So lange, bis die Haut um die Lippen sich deutlich zu kräuseln begann.

Dennoch ist jede künstliche Maßnahme im Grunde ganz schön feige. Nicht nur, weil man sich selber nicht mehr traut. Sondern auch, weil sich das Ausmaß der Veränderung anders beeinflussen ließe. Gute Ernährung, Sport, viel frische Luft und wenig Sonne. Hilft auch, macht aber Arbeit. Ich behaupte vollmundig: Wenn wir unser Leben nicht immer nach den Leitsätzen der Krankenkassenzeitschriften führen wollen, müssen wir eben mit den Konsequenzen zurechtkommen.

Wir könnten schließlich auch anders. So wie meine Stiefgroßmutter zum Beispiel, eine äußerst disziplinierte Frau von außergewöhnlicher Schönheit, Schauspielerin von Beruf. Sah immer und sieht bis heute zwanzig Jahre jünger aus, als sie ist. Wenn sie nicht arbeitet, lebt sie auf einer südlichen Insel. Ich habe sie dort einmal besucht und war fasziniert von ihrer fremden Lebensart. Sie trug Badeanzüge nur zum täglichen Schwimmprogramm, hüllte sich ansonsten in bodenlange Kaftans zum Schutz gegen das Sonnenlicht, ihre Haare waren immer unter einem Turban versteckt, das Gesicht stets im Schatten und trotzdem sorgfältig mit Sunblocker versorgt. Sie ging schlafen, noch bevor die Grillen zirpten, trank keinen Tropfen Alkohol und erledigte all das sehr konzentriert, bedacht und äußerst würdevoll. Ich war damals noch keine achtzehn und kam mir neben ihr schon in diesem zarten Alter vor wie ein hoffnungsloser Fall, eine haltlose Hedonistin schwachen Fleisches, sobald ich nur meine Nase ein paar Minuten in die Sonne hielt.

Wellness, Kur und Schattenseiten

Der Grundgedanke allerdings, der dahinter steckt, verdient mehr und mehr Beachtung. Wir brauchen Pflege. Und weil uns sonst niemand pflegt, sollten wir uns aufopfernd und ausgiebigst um uns selbst kümmern. Ein wenig lindernd wirkt nebenbei, dass sich Schönheitsfarmen heutzutage weniger kompromittierend Wellness-Tempel nennen. Ich erinnere mich an eine Bekannte, die mir vor mehr als zehn Jahren begeistert erzählte, sie verbringe ihren Jahresurlaub auf einer Schönheitsfarm. Die Arme verdingte sich damals sieben Nächte die Woche in Münchens lustigster Bar und war mir und meinen Freundinnen, die wir regelmäßig, aber eben nicht ständig bei ihr am Tresen zu Gast waren, im Verschleiß wohl ein wenig voraus. Trotzdem rümpften wir entsetzt die Nase. Ferien, das hieß für uns damals viel Rotwein, Meer, ein billiges Zimmer, Südländer-Flirts und wenig Schlaf. Eine Schönheitsfarm, das klang nach Operettenpublikum und Zwangsmaßnahmen unter Aufsicht. Zugegeben, die Barfrau sah nach der Sommerpause gesünder aus als wir, aber das konnte ihre gesellschaftliche Schmach in unseren Augen nicht aufwiegen.

Vielleicht wären wir mit unserem Urteil milder gewesen, hätte man damals schon von Wellness gesprochen. Unser Glück heute: Der Lauf der Dinge ist uns entgegengekommen. Wir fühlen uns kaum älter, und das Konzept Kur-Urlaub hat sich deutlich verjüngt. Keiner denkt dabei mehr an kalte Wassertretmühlen und hausbackene Kosmetikerinnen. Man pflegt sich mit Ayurveda und Aromatherapie, mit Thalasso, türkischen Bädern und Shiatsu-Massagen. Und die Ankündigung einer selbstgefälligen Pflegereise nach Kerala erntet mittlerweile mehr neidvolle Kommentare als eine Trekking-Tour durch Rajasthan.

Das macht es einfacher, sich selbst das Recht auf seniorengerechte Erholung zuzugestehen. Einen Gedanken zu begrüßen, an den man sich eigentlich gewöhnen kann: Ich bin nicht mehr die Jüngste, ich brauche regelmäßig Ruhe und Entspannung. Ich brauche nicht mehr in jedem Urlaub zwingend Zeltlagerromantik und täglich eine neue Herausforderung. Das Traveller-Syndrom hat man in seinem Leben schon ein gutes Stück abgearbeitet, so kann man auch mal eine

Weile entspannt auf einer Bambusmatte am Indischen Ozean in Massageöl schwimmen, ohne an die große weite Welt jenseits des Wohlgefühls zu denken und all die Abenteuer zu vermissen, die man gerade faul und träge versäumt.

Ein leichtes Entfremdungsgefühl ist dabei durchaus normal. Ganz lässt einen der innere Zwiespalt nicht los. Wer ist die speckig glänzende Frau in dem grünen Kaftan? Das war der wiederkehrende Gedanke bei meiner ersten Ayurveda-Kur, wann immer ich mir anfangs im Spiegel begegnete. Warum schleicht sie hier so lahmarschig, *Zauberberg*-artig durch die Gegend, trinkt heißes Wasser literweise und geht jeden Abend um neun Uhr schlafen? Hat sie nichts Besseres zu tun, solange sie noch laufen kann?

Doch je länger der Aufenthalt dauerte, umso mehr wurde die Dame mit dem wallenden Umhang und dem divenhaft zu einem Turban verschnürten Tuch auf dem Kopf, das die ewig geölten Haare verbarg, die Dame, die erhaben, vergeistigt, fast schwebend durch den Tropengarten schritt, zu einer gerne angenommenen Rolle. Ich saß vor meiner Hütte und probte die Verwandlung mangels Publikum vor einer aufdringlichen Horde indischer Raben. Besprach mit ihnen meinen wohlfeilen Tagesablauf, meine Stimmungsschwankungen, meine Schmerzen, mein Hautbild, meine Hysterien. Tat es vorzugsweise in der dritten Person, wusste, auch das würde unter uns bleiben. »Madame hat heute um drei Uhr noch eine Behandlung. Danach wird sie bis zum Abendmahl zwei Stunden ruhen. Madame möchte dabei nicht gestört werden. Madame hat schlecht geschlafen gestern Nacht. Ein übler Juckreiz hielt sie wach, eine außergewöhnliche Reaktion auf den Entgiftungsprozess vermuten die Ärzte. Madame fühlt sich etwas schwach heute und ist leicht reizbar. Madame hofft, dass die anderen Gäste beim Essen heute nicht zu laut sprechen und vor allem nicht mit ihr.« Ein bisschen

Wahnsinn ist Pflichtprogramm bei jedem Aufenthalt im Sanatorium.

Madame hat in der Folge ihrer äußerst wirkungsvollen Kur leider irgendwann jeden Bezug zu ihrem jugendlich-wilden Abenteurer-Ich verloren. Eines Nachts, als ich ins Badezimmer ging, schlängelte in der Toilettenschüssel etwas Langes, Schwarzes, deutlich Lebendiges. Meine andere Hälfte hätte gefasst reagieren können, jene Hälfte, die die Ruhe bewahrt hat, als sie auf einem sardischen Küstenplateau, im Freien schlafend, bei stockdunkler Nacht ohne Taschenlampe, Streichholz und Feuerzeug ihre Kontaktlinse verloren (und wiedergefunden) hat. Jene Hälfte, die nach einem durchweichten Open-Air-Festival, irgendwo in den USA, bei eisiger Kälte schlammverkrustet vergeblich auf einen Bus gewartet und sich die Zeit mit ihren Leidensgenossen bei einem »Wer erzählt die schmutzigsten Witze«-Wettbewerb vertrieben hat. Der Teil in mir, der in London Straßenräuber in die Flucht schlug, in Bangkok frittierte Heuschrecken verzehrte und in Russland mit Einheimischen um die Wette trank, war weggeölt.

Ich schrie. Laut. Lange. Bis der Nachtportier herbeigeeilt kam. Ein fröhlicher Inder, der forsch mein Badezimmer betrat, ebenso fröhlich wieder herauskam und mit großem Überschwang in der Stimme, als würde er mir zu einem Lottogewinn gratulieren, vermeldete: »It's a rat.« Er hat es entsorgt, das übergewichtige Nagetier, das vergeblich versucht hatte, durch die Kanalisation Zutritt zu Madames Gemächern zu erlangen. Madame saß derweil hinter ihrer Hütte und erleichterte sich panikartig in den Tropengarten. Vielleicht der entscheidende Moment für meinen Kurerfolg. Ich war wieder auf dem Boden der Tatsachen angelangt und wurde nie mehr nachts von Juckreiz gequält.

Die Wellness-Prinzessin in mir lässt sich dennoch gerne

weiterhin und, wie sie behauptet, mit Fug und Recht, verwöhnen. Sie deutet dezent auf meine Nasolabialfalte hin und argumentiert wenn nötig vehement mit meiner Lebensleistung. Sie fordert nicht immer eine Reise in eine andere Welt. Sie freut sich auch an regelmäßigen Friseurbesuchen, lässt sich manchmal in der Mittagspause die Fingernägel feilen und nach Feierabend den Luxuskörper massieren. Sie sagt, es habe sich nicht wirklich viel verändert, nur, so meint sie, sei die Zeit gekommen, in der man sich selbst und seinem Körper nicht genug danken kann. Dafür, dass er trotz der harten Prüfungen bislang vergleichsweise gut durchgehalten hat.

Man muss die Sachlage positiv sehen. Ist es nicht erstaunlich, ein Wunder gar, dass man nicht schon viel mehr Falten mit sich herumträgt? Bei all dem, was man sich schon angetan hat? Liebe, Lust, Leid, diverse Getränke, wenig Schlaf und immer wieder grobe Unvernunft. Wäre es nicht logisch anzunehmen, dass jemand, der seit zwanzig Jahren lebt, als sei er ewig achtzehn, infolgedessen aussieht, als sei er achtzig? Wir könnten uns also auch ebenso gut als bestaunenswerte Naturwunder feiern. Als widerstandsfähige Mutation, hervorgegangen aus extremen Lebensumständen, die wir nicht immer selber verursacht haben. Die Anpassungsfähigkeit der Biologie an das von uns gestartete Testprogramm muss belohnt werden. Ein so hochkomplexes System hat mehr Zuwendung verdient, als Wasser, Seife und eine Naturhaarbürste leisten können, das studentische Schönheitsprogramm hat ein für alle Mal abgedankt.

Es ist also keine verzweifelte Zwangsmaßnahme, es ist ein exquisites Vergnügen, sich auf oberflächlichste Art und Weise mit sich selbst zu beschäftigen, in meditativer Ruhe teure Substanzen auf sich zu verteilen und jeden Quadratzentimeter seiner selbst immer wieder neu kennen zu lernen. Meine

Nasolabialfalte und ich pflegen ein freundschaftliches Verhältnis, wir tauschen uns täglich über den Stand der Dinge aus. Ich spreche mit ihr, so wie ich es früher mit meiner ersten und letzten Yucca-Palme tat, die vielleicht nicht so stolz gegen die Trockenheit angekämpft hätte, hätte ich mich nicht jedes Mal aufrichtig entschuldigt, wenn ich vergessen hatte, sie zu gießen.

Tritt meine Falte entschieden und deutlich auf, ist es angezeigt, sie um Verzeihung zu bitten. Ich flüstere dann, damit sie nicht noch mehr erschrickt, und streichle sie sanft mit edlen Essenzen: »Es tut mir Leid, es war spät gestern, ich habe geraucht, getrunken und mich noch nicht mal richtig abgeschminkt. Ich habe nicht ausgeschlafen und komme auch heute nicht wirklich an die frische Luft. Zu viel Stress in der Arbeit, das haben dir vielleicht die Kollegen von der Stirn schon erzählt. Aber es ist schon Donnerstag, und am Wochenende, fest versprochen, legen wir die neue Maske auf, die mit dem Meeresschlick und den Korallenalgen. Nein, das hört sich nur etwas eklig an, glaub mir, sie riecht sehr gut.« Wenn man sich wirklich um sie kümmert, scheint die Falte mit sich selbst zufrieden. Man sieht sie dann kaum noch. Aber sie wird bleiben, weil es ihr gut gefällt, dort, wo sie ist. Und es lohnt sich nicht mit ihr zu streiten, weil sie jede Art von Ärger immer gegen mich ausspielt. Sie triumphiert dann in aller Deutlichkeit.

Ich habe ein anderes probates Mittel gefunden, um gegen meine Machtlosigkeit anzukämpfen. Wunderbare Welt der freien Marktwirtschaft, wo Menschen ein Angebot schaffen, bevor es eine Nachfrage gibt. Ich kaufe mein liebstes Labsal nicht mehr in der Parfümerie. Eine Konditorei in Hamburg hat das ultimative Produkt geschaffen. Es ist fast zuckerfrei, enthält keine tierischen Fette und hat einen Kakaoanteil von 92,5 Prozent. In Kakao sind jede Menge Pholyphenole, die vorzeitiges Altern verhindern, und Phenylethylamin, welches für allgemeines Wohlbefinden sorgt und außerdem aufmunternd wirkt. So viel Gesundes und Gutes vereint sich in der ersten »Anti-Aging-Praline« der Welt. Zwölf Stück für nur sechs Euro fünfundneunzig. Dagegen kommt keine noch so süßliche Kosmetikverkäuferin an.

9 Fit for Fun

Schwache Muskeln, dicker Kopf: Der souveräne Umgang mit einem kollabierenden Körper.

Eine Frage des Rückgrats

Das Lufthansa-Personal war mal wieder schuld. Die Kabinen-Mannschaft eines winterlichen Freitagmorgen-Flugs von München nach Berlin, um exakt zu sein. So fing das Unglück an. Mit einer Tasche, meiner Tasche, die im Laufe des Fluges in den hintersten Winkel des Gepäckfaches gerutscht war. Wir waren gelandet, ich streckte die Arme aus, schickte Hilfe suchend herzerweichende Augenaufschläge vor allem in Richtung der bezahlten Kranich-Kräfte in Dienstkleidung. Ich stieß auf eisige Ignoranz. Ich reckte und streckte mich vergeblich, man blickte mich dabei verständnislos an, als sei ich Angehörige einer noch nicht entdeckten Ethnie beim Ausführen eines fremden, bizarren Tanzrituals. Die anderen Passagiere drängten zum Ausgang, ich stand im Weg und musste handeln. Ich stieg kurzerhand auf die Armlehne des Sitzes, hievte die Tasche aus dem Gepäckfach, bugsierte das erhebliche Gewicht taumelnd Richtung Boden, spürte in der unteren Wirbelsäulengegend einen leichten, flüchtigen Schmerz.

Mehr war nicht passiert. Ein wenig Übergepäck und eine

kleine Bewegung waren die unbemerkten Anfänge einer lang anhaltenden Lebenskrise. Der Moment im Flugzeug, den hilfsbereite Menschen hätten verhindern können, war der Moment, in dem meine Wirbelsäule beschloss, Konsequenzen zu ziehen. Ihr perfides Racheprogramm zu starten für Jahre am Schreibtisch in einem durchgesessenen Stuhl. Ein Stuhl, der obendrein abgrundtief hässlich war und dessen grober grauer Wollbezug mich unangenehm an Rücken und Beinen kratzte, wann immer ich Hochsommertage im Büro mit möglichst wenig Kleidung zu ertragen suchte. Ein Relikt, das ich als Übergangslösung von meinem Vorgänger übernommen hatte, mit dem festen Vorsatz, es baldmöglichst zu ersetzen. Da meine Neigung, hart verdientes Geld geradezu verschwenderisch in den Wirtschaftskreislauf einzuschleusen, sich offenbar nur auf ästhetisch anspruchsvolle Konsumgüter und Genussmittel erstreckt, blieb es leider zu lange bei dem Vorsatz.

Es fällt mir schwer, für sinnvolle Dinge viel Geld auszugeben. Kaufhandlungen, die aus Vernunft geschehen, lösen in mir nicht die leiseste Befriedigung aus, vor allem dann nicht, wenn man dabei nur über Sitzbezüge in Grau oder Schwarz entscheiden kann und über Rollen für Parkett oder Teppichboden. Ich hatte es durchaus versucht, mich in die Materie einweisen zu lassen von ambitioniertem Verkaufspersonal, das gegen meine Langeweile ankämpfend eifrig Hebel und Kippvorrichtungen demonstrierte. Am Ende fand ich alle vorgestellten Modelle einfach zu scheußlich für eine definitive Entscheidung, fast so scheußlich wie mein alt gedienter Drehstuhl, auf dem ich weiter der Katastrophe entgegenlümmelte.

Natürlich war nicht nur der Stuhl daran schuld. Die verwirrende Mischung aus Ursachenforschung und Diagnoseversuchen, die jedes Rückenleiden begleiten, sind meist eine traurige Bestandsaufnahme geflissentlich ignorierter Schieflagen der eigenen Lebensführung. Zu viel Stress, zu viel Anspannung, zu viel Arbeit, keine Nerven, keine Bewegung, keine Auszeit. Ich ging am Abend nach dem Flug mit einem leichten Ziehen in der unteren Rückengegend ins Bett und konnte am nächsten Morgen nicht mehr aufstehen. Zumindest nicht, ohne dabei laut zu schreien. Es war Wochenende, und mein Körper hatte seinen Dienst eingestellt.

Meine Verblüffung darüber war vom akuten Schmerz überlagert, aber dennoch außergewöhnlich groß. Ich war in meinem Leben noch niemals im Krankenhaus gewesen, der einzige kapitale Gesundheitsschaden der Vergangenheit war ein Schienbeinbruch beim Skifahren, den ich weniger einer körperlichen Schwäche als vielmehr meiner übermütigen Fahrweise zu verdanken hatte. Es war mir neu, dass irgendetwas einfach nicht mehr geht. Wenn man vom Schlafzimmer keine drei Meter mehr ins Bad laufen kann, ohne sich an der Wand abzustützen, und dabei mangels Kraft nur noch leise in sich hinein weint, bekommt man es mit der Angst zu tun.

Ich war hilflos und außerdem psychisch völlig überfordert von dem Gedanken, in der Blüte meiner Jahre an einem überdies strahlend schönen Frühlingssamstag ganz unvermittelt völlig gebrechlich geworden zu sein. Ich, die ich schon mit vierzig Grad Fieber rauschende Nächte gefeiert hatte, ich, die ich trotz eines soliden Renommees als beeindruckende Kampftrinkerin niemals öffentlich bewusstlos geworden war, ich, die ich Wurzelbehandlungen beim Zahnarzt ohne Betäubung über mich ergehen ließ, ich, die ich asiatische Koliken und europäische Hautkrankheiten stoisch überstanden hatte, heulte nun meinen Geliebten an: »Bring mich in die Notaufnahme! Bitte! Sofort! Ich halt das nicht mehr aus!« Ich war, nebenbei bemerkt, nicht mal in der Lage, mir zu diesem Zweck Hosen, Socken und Schuhe anzuziehen. Mein Geliebter hievte mich in die Klamotten, sagte mitfühlend: »Dann können wir dir ja demnächst einen hübschen Zivildienstleistenden engagieren.«

Ich will Ihnen allzu ermüdende medizinische Details meines Leidens ersparen, im Krankenhaus krümmte ich mich vor amüsiert dreinblickenden Jungärzten und kam mir dabei vor, als wäre ich deren Oma. Man schickte mich nach Hause mit schweren Drogen, die nicht wirkten. Ein Orthopäde verschrieb weitere Pillen, außerdem Fangopackungen und Physiotherapie, mit dem eigentlichen Problem ließ man mich allein.

Obwohl – allein kann man nicht wirklich sagen. Es war, als hätte der marode Zustand meiner Bandscheiben mir Zugang zu einem Geheimbund verschafft. Wann immer ich meine Verspätung, mein Fernbleiben, mein Versagen, meine schlechte Laune, meine labile Gemütsverfassung ob beruflich oder privat mit einem Rückenleiden begründete, stieß ich auf mitfühlende Mitwisser und abgebrühte Leidensgenossen. Saft- und kraftvolle Menschen wie ich, fröhliche Freaks, entschiedene Macher, gemütvolle Lebemänner, immer vorn dabei, so dachte ich. Allerdings nur, wenn der Rücken sie nicht quält, wie ich jetzt erfuhr. Es waren viele, sehr viele, die mir plötzlich gestanden, dass auch sie ab und an unter Tränen über den Boden robbten – eine Blöße, die nicht wirklich zu unserem Selbstbild passt.

Mitten im Frühling, in einer Zeit des Aufbruchs und der Virilität, dann wenn einen die Vorfreude kitzelt auf Röcke und Riemchensandalen, wenn die ersten Biergartenabende locken und jeder sein Fahrrad aufpoliert, war in mein Leben der kalte Hauch des Herbstes eingezogen. Ich verbrachte meine Tage in abgedunkelten Räumen, mit Schlamm verpackt unter Wolldecken schwitzend, ich versuchte auf Gummimatten und Gymnastikbällen unter Qualen Bewegungen zu vollführen, die Babys noch vor dem Sitzen beherrschen, ich rollte allmorgendlich aus dem Bett mit der Leichtigkeit eines gestrandeten Wals, an Sex war in keiner Stellung zu denken.

Ich hatte mal mehr Schmerzen, mal weniger, besonders schlimm wurden sie schon nach fünfzehn Minuten sitzen auf einer Biergartenbank. Mich zur Gegenwehr besaufen durfte ich wegen der Tabletten nicht. Radeln war verboten, Auto fahren und Absatzschuhe auch. Die Sonne schien, die Stadt sprudelte über vor Vergnügen, ich schlurfte auf Gummisohlen durch die Welt und entdeckte wenig erfreut das Leben in Langsamkeit. Aus Mitleid begann mein Geliebter mit mir zu wandern.

Mein geistiger Horizont, mein vitales Interesse und die Auslastung meines Terminkalenders beschränkten sich in der Zeit meiner Rehabilitation auf Therapieformen jeglicher Art. Ich lief vom Pilates-Studio zum Akupunktur-Termin, lauschte Vorträgen über Rolfing, Osteopathie und Shiatsu, ich teilte mein Leben ein in vor und nach dem Schmerz. Ich kam mir zum ersten Mal schrecklich alt vor und war dabei unfassbar traurig.

Traurig, deprimiert und verzweifelt darüber, dass mein Körper mir fortan den groben Leichtsinn verwehrte. Dass er Tage ohne Auslauf mit einem lästigen Kneifen quittierte und nach einem Bürostuhl im Wert von mindestens fünf Paar Schuhen schrie. Es war nicht wirklich zu verstehen. Wir haben uns schließlich früher auch nicht viel bewegt, außer jede Nacht von Club zu Club. Und niemals hätte ich damals geglaubt, dass ich in ein paar Jahren ein bitterernstes Verkaufsgespräch führen würde in einem Laden namens »Studio für gesundes Sitzen«. Es war dabei nur mühsam zu ertragen, mit ansehen zu müssen, wie ein wohlbeleibter Mann vor meinen Augen seine schwer auszumachenden Hüften auf einem High-tech-Stuhl kreisen ließ, als gelte es die Welt von der Notwendigkeit einer neuen olympischen Disziplin namens Sitzbauchtanzen zu überzeugen. Seine Augen leuchteten, als er in Fahrt geriet, und vom eigenen Schwung mitgerissen, rief er viel zu laut für einen Raum, in dem nur wir beide und ein paar merkwürdige Möbel waren: »Das ist kein Stuhl, das ist ein Therapiegerät.«

Ich kaufte den Stuhl trotzdem, wohl auch, weil ich schnellstmöglich den Laden wieder verlassen wollte, und ich bin sehr zufrieden mit ihm, obwohl mir die Farbe seines Sitzbezuges nicht gefällt und er im Sommer genauso kratzt wie der alte. Er tut tatsächlich meinem Rücken gut, und manchmal, wenn ich alleine im Büro bin, lasse ich verhalten die Hüften auf ihm kreisen. Der Schmerz hat sich verflüchtigt nach einem halben Jahr, doch ist er mir in Kreuz und Kopf haften geblieben und mahnt mich sehr aufsässig zur Vernunft von Zeit zu Zeit.

Wenig heilsame Gespräche

Das bereitet mir manchmal leise Sorgen, viel schwerwiegender aber ist die größere Dimension des Problems. Die kollektiven Korrosionsschäden, die offenbar mein gesamtes Umfeld befallen haben. Es ist nicht immer der Rücken, mancher Freundin schmerzt neuerdings nach dem Joggen das Kniegelenk, einer anderen wird regelmäßig der Nacken steif, die dritte klagt über Spannungen in der Schulter. Bei lustigen Schaumweinrunden, in denen wir sonst gerne über unser Paarungsverhalten, die letzte Prada-Kollektion oder den neuen Film von Sean Penn diskutierten, schleichen sich immer wieder Gespräche über unsere Gesundheit ein. Wir reden uns in Rage über exotische Allergien und plötzlichen

Haarausfall, tauschen verschwörerisch Adressen von Homöopathen und Kinesiologen, als handele es sich dabei um gut gehütete Shopping-Geheimtipps, und wenn wir richtig betrunken sind, erheitern wir uns mit schonungslosen Berichten von Hühneraugen und Hämorrhoiden.

Es verhält sich mit solchen Gesprächen wie mit vielem im Überschwang des Moments: Solange man dabei ist, mittendrin, scheint alles gut und richtig. Oft sogar ist es wohltuend und amüsant, gemeinsam mit leichter Hysterie und der gebotenen Dramatik seine Zipperlein im Smalltalk zu zelebrieren. Mit etwas Abstand aber wird mir mulmig, wann immer meine lustige Damengruppe zur aktuellen Sprechstunde mutiert.

Als Kind habe ich meine Mutter oft in die dörfliche Damensauna begleitet, ein Treffpunkt, der nicht nur dem persönlichen Wohlbefinden diente, sondern für die regelmäßigen Besucherinnen vor allem auch eine soziale Funktion erfüllte. Die Schwitzkabine war ein getarnter Frauenstammtisch. Dort lagen sie dann, die Damen des Ortes, zerflossen auf ihren Handtüchern, sollten sich dort eigentlich der Entspannung hingeben und plauderten stattdessen in einem fort. Über ihren Ischias und den letzten Zahnarztbesuch, über Migräneattacken und ausbleibende Hormonschübe, über verstärkte Sehschwächen und die Praxiseinrichtung des neuen Augenarztes. Wenn die gesundheitspolitischen Nachrichten aus erster Hand langsam dünn wurden und die Sanduhren dennoch weiterhin zum Bleiben mahnten, wurden statt der Leiden der Anwesenden die Verfallserscheinungen der Ferngebliebenen durchdiskutiert. In das Stöhnen über die Hitze mischten sich dann theatralische Seufzer der Anteilnahme, die, so schien es manchmal, besonders laut ausgestoßen wurden, wenn die Betroffenen wenig bis gar nicht bekannt waren.

Mich verstört die Vorstellung, dass ausgerechnet wir, die wir uns gerne für immer als flotte Feger verstehen, ein ähnliches Gesprächsverhalten an den Tag legen wie eine dörfliche Saunarunde vor dreißig Jahren. Dass wir mit großer Leidenschaft Unterhaltungen führen, in denen wir uns nicht dafür feiern, dass wir relativ gesund und munter mitten im Leben stehen, sondern den Eindruck erwecken könnten, als sei das erste Ersatzteil nur noch eine Frage der Zeit.

Dabei sind wir an unserem maroden Zustand nicht nur meist selbst schuld, sondern sind außerdem im allgemeinen Gesundheitswahn auch noch auf dem besten Weg, unsere Vergangenheit und unsere Ideale zu verraten. Die omnipräsente Fixierung auf das eigene körperliche Wohl verdrängt vollkommen, wie viel Spaß es macht, sich bisweilen in vollendeter Form selbst zu schaden.

Die Doppelbödigkeit des Unterfangens offenbart sich im Ablauf der Fachgespräche über heilende Quellen und hilfreiche Pillen ganz von selbst. Meist wird die Schwere des Themas mit einer großen Menge an Getränken kompensiert. Ich behaupte jetzt mal dreist, das ist auch gut so. Es gilt, sich beizeiten daran zu erinnern, dass wir bestimmt nicht den Rest unseres Lebens auf der Joggingstrecke verbringen wollten und auch nicht abwartend und grünen Tee trinkend. Egal wie viele freie Radikale dessen Aufguss immer auch binden mag.

Weil man tagsüber und beim Joggen nämlich keine neuen Schuhe ausführen kann (ich meine Schuhe und nicht Nikes), weil man dabei keine verwegenen Blicke wirft und keine Witze erzählt, weil man im Trab keine sinnlosen Gespräche über den Sinn des Lebens führen kann und auch nicht ausnahmsweise mal wieder Kette rauchen, weil Musik über Kopfhörer im Park und alleine gehört lange nicht so gut klingt wie gemeinsam mit vielen, sehr laut und mit einem Bierbecher in der Hand, und weil außerdem nebenbei bemerkt Rotwein genauso wie grüner Tee jede Menge grundgesunde antioxidative Flavonoide enthält.

Also: Wir sind vielleicht mittlerweile zu alt und zu eingerostet, um uns dauerhaft im Flickflack fortzubewegen, aber wir sind auch zu jung, um immer früh schlafen zu gehen. Ein gelungener Abend mit Wein, Weib, Mann und Gesang kann schließlich auch seine positive Wirkung haben. Zumindest für das psychische Wohlbefinden. Wer die Party-Queen in sich regieren lässt und der makrobiotischen Mahnerin den Mund verbietet, wer auf silbernen Schuhen durch die Nächte tanzt, fühlt sich zumindest währenddessen besser, als es jede Gesundheitsmaßnahme garantieren kann.

Die Giftschranke

Ich räume allerdings ein, dass diese altgediente Maßnahme zur Förderung von Glückshormonen, die sich nachweislich leichter und schneller trainieren lässt als ein Endorphine erzeugendes Laufpensum, zusehends ihren Tribut fordert. Die Tragik des Alterns trifft einen brachial am Morgen danach. Überhöhter Rauschmittelkonsum, kombiniert mit kurzen Schlafphasen, war noch nie gesund und hat schon immer seine Spuren hinterlassen. Aber infolge der jahrelangen Routine als Spaßprofi konnte man die kurzfristigen Folgen realistisch einschätzen. Wusste, wie der verbreiteten Malaise namens Kater im individuellen Fall zu begegnen war. Die Trickapotheke wurde bei mir im Laufe der Jahre immer ausgeklügelter, leider auch immer größer.

In der Anfangsphase des ausufernden Lebensstils war die Problemlösung so radikal wie einfach. Gegen die Schwächeanfälle zwischendurch half nichts so gut wie Weiterfeiern. Durchhalten. Niemals nachgeben. Ab und an wenn nötig ein wenig die Wohnung entmüllen, arbeiten und studieren. Wie das funktioniert hat, ohne dabei binnen kürzester Zeit in einer medizinischen Einrichtung zu landen und/oder auf dem Sozialamt, ist mir heute ein Rätsel.

Auf dem Höhepunkt meiner hedonistischen Frühgeschichte habe ich mir in den Semesterferien und an vorlesungsfreien Tagen das nötige Kleingeld in einem ästhetisch wenig anspruchsvollen Schuh-Großmarkt verdient. Ich habe also nach durchzechten Nächten, manchmal ohne eine Sekunde Schlaf, Menschen hässliche Schuhe über ihre bestrumpften Füße gestülpt. Details dieser Arbeit, die verdeutlichen könnten, dass es eine verdammte Spitzenleistung war, mich nicht dreimal täglich in den Verkaufsraum zu übergeben, möchte ich Ihnen hier ersparen. Die Stunden, die ich mit einem Sixpack Cola light und einer fettigen Leberkässemmel in einer Frühvorlesung zum Thema »Jenseitsdarstellungen des Mittelalters« im großen Auditorium der Universität verbrachte, waren dagegen jedenfalls ein wahres Erholungsprogramm.

Das, wie gesagt, ist lange her. Eine nie wieder erreichte Topform. Immerhin aber habe ich es im weiteren Verlauf meines Lebens zu einer relativ friedlichen Koexistenz mit meinem geschundenen Körper gebracht. Er war nach nächtlichen Vergnügungen ordentlich verkatert, ich konnte trotzdem deftig frühstücken, ich konnte mit vergleichsweise fremden Männern lustigen Morgensex haben, ich konnte glaubhaft beruhigende Telefonate mit meiner Mutter führen, ich konnte in jedwedem Verkehrsmittel am Straßenverkehr teilnehmen, ich konnte stehen, laufen, sprechen, ein paar Mal habe ich sogar richtig intelligente Interviews mit Hollywood-Stars schwer übernächtigt geführt. Wer mich sah, bemerkte nichts Ungewöhnliches, oft versicherte man mir sogar, ich sähe besonders frisch und munter aus.

Ein paar wenig spektakuläre Hilfsmittel unterstützten mich dabei. Ayurvedischer Tee und Heilerde rückten den Magen wieder zurecht, Aspirin dämpfte den Kopfschmerz. Je nach

Ausprägung des Leidens kurierte ich mich außerdem manchmal mit Essiggurken und saurem Hering oder mit Pommes Rot-Weiß und Currywurst, bisweilen half Ei mit Speck und Bohnen, oft war Rohkost ein Garant für neue Lebensgeister, in seltenen Fällen auch Lakritze und Gummibären.

Die Zeiten aber, in denen ich ein oder mehrere probate Gegenmittel und vor allem ihre Wirkungsweise sicher bestimmen kann, sind offenbar vorbei. Die ganze Wahrheit ist noch viel schlimmer: Manchmal hilft überhaupt nichts mehr. Das Training der vielen Jahre scheint plötzlich sinn- und nutzlos geworden zu sein. Mein Körper weigert sich zusehends, Gift zu verarbeiten. Eine vergnügliche Nacht ist immer öfter nicht einfach nur der lustige Grund für eine leicht verschobene Wahrnehmung am nächsten Tag, eine vergnügliche Nacht lähmt mich für mindestens achtundvierzig Stunden.

Im schlimmsten Fall geschieht die Nahrungsaufnahme dann nur noch flüssig, Wasser in kleinen Schlucken, abgedunkeltes Zimmer, sich geißeln, bis es wieder besser geht. Und das kann dauern. Wenn der motorische Apparat und auch der Rest des Systems wieder einigermaßen funktionieren, bin ich immer noch eine Bedrohung für mich und die Welt. Ich fahre dann Auto wie ein Schulkind ohne Führerschein und rede gerne viel, vor allem über mich, und das mit schonungsloser Offenheit. Man könnte auch sagen, ich benehme mich verkatert schlimmer, als ich betrunken jemals sein könnte. Der Abbau von Giften scheint meinen Körper plötzlich mehr in Unordnung zu bringen als der ausgelassene Konsum.

Das ist eine fatale Entwicklung, da der Abbau ja zeitlich nach dem Konsum erfolgt, sprich das Ausmaß des sich dramatisch verschlimmerten Katers immer erst deutlich wird, wenn die Ursachen alle lange schon verkostet sind. Erschwerend kommt hinzu, dass zwischen jugendlicher Dauerenergie und seniler Bettflucht offenbar eine Phase liegt, auf die wir so nicht vorbereitet waren. Wir brauchen plötzlich Schlaf. Viel Schlaf. Regelmäßig, und damit er besonders regenerierend wirkt, so behaupten Mediziner, am besten noch vor Mitternacht.

Man könnte sich nun darauf einstellen und der neuartigen Schwäche nachgeben, könnte Vernunft annehmen und künftig immer mit den langweiligen Gästen als Allererste nach Hause gehen. Das aber würde bedeuten, dass man die veränderten Umstände akzeptiert, als gegeben hinnimmt und sich von ein paar windelweichen Körperzellen den Spaß am immer wieder letzten Glas Schampus nehmen lässt. Würde bedeuten, dass man nie wieder von wildfremden Menschen in halbwegs vertrauten Wohnungsküchen spätnachts rheinisches Liedgut beigebracht bekommt. Und nur noch selten bis gar nicht mehr könnte man zu vorgerückter Stunde in heißen Sommernächten am Himmel den Sinn der eigenen Existenz entdecken oder zum Kreischen komische Bilder und Figuren. Es wäre das Ende übermütiger Fußmärsche im Morgengrauen und die Absage an Schwelgereien in Rotwein und Rauch als Gegenoffensive zum erneuten Wintereinbruch.

Glücklicherweise funktioniert der Verdrängungsmechanismus im Kopf besser als die versagenden Reinigungskräfte des Körpers. Womöglich hat sich das lustige Lotterleben, das Daseinskonzept der rauschenden Ballnacht über die langen Jahre unserer perfektionierten Jugendlichkeit zu tief in unsere Festplatte eingebrannt, als dass wir jetzt plötzlich konsequent auf vernunftbestimmtes Verhalten umschalten könnten.

Wozu auch? Wir sind auf dem besten Weg, selbst auf diesem Gebiet unsere größte Stärke auszuspielen. Wir vereinnahmen einfach alle Positionen für uns. Wir lesen aufmerksam die Schwemme gesundheitsorientierter Publikationen und Sonderseiten, befolgen eifrig jeden verheißungsvollen

Tipp und Trend, erproben alte, neue und wieder entdeckte Bewegungsformen. Wir machen Cycling und Boxing und Pilates und Bodypump. Wir schlucken Vitamine, Mineralien und die neuesten Erkenntnisse der Alternativmedizin, manche trinken freiwillig morgens warmes Wasser, andere schwören auf die therapeutische Wirkung von bonbonbunten Pflanzenölen. Und in regelmäßigen, allenfalls nicht mehr ganz so häufigen Abständen feiern wir das gereinigte, geläuterte Ich einfach weg. Geben mit voller Kraft und in gewohnter Ausgiebigkeit die Königin der Nacht, die dank ihrer neu gebündelten Yoga-Energien noch ein bisschen länger auf dem Tisch tanzen kann.

Wer Omm sagt ...

Letzteres übrigens ist ein persönlicher Erfahrungswert. Infolge meines ziemlich durchschnittlichen Rückenproblems habe ich zusehends davon Abstand genommen, zu dröhnenden Heavy-Metal-Riffs, übertönt von martialischen Befehlen einer wenig weiblichen Fitnesstrainerin, deren muskelbepackte Hals-Nacken-Partie nicht meiner Vorstellung von einer Idealfigur entsprach, zentnerschwere Eisen zu stemmen. Ich verzichte auch mehr und mehr darauf, in das gruppendynamische Gejohle wild hopsender Aerobic-Anhängerinnen einzustimmen. Ich mache neuerdings Yoga.

Das ist ein Satz, den man mittlerweile eigentlich nicht mehr äußern kann, ohne sich dabei im Innern vor Peinlichkeitsschmerzen zu krümmen. Alle machen Yoga. Gescheiterte Pop-Prinzessinnen und depressive Nebendarsteller, hängen gebliebene Hippies und steif gewordene Super-Manager, echte Stars und arbeitslose Modepuppen. Es gibt neuerdings Lach-Yoga und Punk-Rock-Yoga und Doga, das ist Yoga für

Hunde. Jede Frauenzeitschrift bebildert die ausufernde Berichterstattung mit einem verknoteten Madonna-Foto, Gwyneth Paltrow lässt sich mit der Limousine zum ehrwürdigen Ashtanga-Yogi chauffieren, und selbst Courtney Love soll mit einer strikten Asana-Praxis kurzfristig ihre Drogensucht in den Griff bekommen haben.

Es fällt zwar schwer, mir einzugestehen, dass ich an etwas Gefallen finde, das all jene und obendrein auch noch Langweiler wie Sting mit einem salbungsvollen Lächeln und predigerhaftem Habitus praktizieren, aber dennoch: Ich weiß seit einiger Zeit, wie man einen Sonnengruß ausführt, und singe sogar mit beim »Omm«. Und damit die Aufrechten, die Makellosen, die extrem biegsamen Laktovegetarier mit dem besonders meditativen Atemfluss nicht merken, dass sich eine Doppelagentin eingeschlichen hat, die beim Meditieren manchmal in Gedanken ihr perfektes Abendoutfit zusammenstellt und nach einer kurzen Nacht extrem kurzatmig ist, fange ich damit einfach später als die anderen an, damit ich genauso lange brummen kann wie sie.

Es ist viel die Rede davon, wie der moderne Mensch mit indischer Akrobatik und spirituellem Beiwerk nach neuer Innerlichkeit in seinem extrovertierten Leben sucht. Ich allerdings glaube, es gibt auch ein paar pragmatischere Gründe für den Yoga-Hype in meiner Altersgruppe. Wir haben erkannt, dass viele andere Fitnessaktivitäten, die wir über die Jahre ausprobiert haben, nicht mehr unserem Auftreten entsprechen. Zugegeben, auch eine lustige Körperverschraubung, deren Vollendung man vergeblich versucht zu erreichen, birgt ein gewisses Potenzial an Lächerlichkeit, aber die ist weit entfernt von der Schamgrenze, die man beim Besuch eines HipHop-Dance-Workshops überschreitet. Wir haben es immer geahnt, dass Bewegungseifer und versprochene Fettverbrennung nicht jede Maßnahme rechtfertigen können. Auch nicht, wenn man nur sich selbst verpflichtet ist, und auch dann nicht, wenn einem niemand dabei zusieht außer andere Kursteilnehmer, die ähnlich verkrampft mit den Hüften wackeln.

Den Tiefpunkt meiner Fitnessstudio-Karriere hatte ich eigentlich schon vor Jahren erreicht. Für die Cardio-Funk-Stunden bei einem überaus appetitlichen, dunkelhäutigen, rastagelockten Sonnyboy erhoben sich meine Sportsfreundinnen und ich jedes Wochenende pünktlich und freiwillig schon vormittags aus dem Bett. Zu unserer Ehrenrettung muss gesagt werden, dass wir nicht zu dem Teil seiner Anhängerinnen gehörten, die samstags um elf zur Fitness in vollem Make-up erschienen und deren Aufsehen erregende Gymnastikanzüge von Woche zu Woche freizügiger wurden.

Dennoch, als der Sonnyboy zu einem ganztägigen Tanz-Workshop lud, erkauften auch wir uns einen Platz auf der Liste. Der Sonnyboy hatte sich zu unserer rhythmischen Erziehung etwas ganz Besonderes ausgedacht. Die musikalische Untermalung seines Unterrichts waren an jenem Wochenende nicht HipHop-Klänge aus der Konserve, für die Auflockerung unserer Beckenmuskulatur sollten leibhaftige afrikanische Trommler sorgen. Drei an der Zahl, einer sah beeindruckender aus als der andere. Sonnyboy wollte auch nicht wie sonst mit uns lässige Street-Dance-Schritte aus irgendeiner MTV-Choreographie üben, er war angetreten, uns die Gründzüge afrikanischer Tanzkunst beizubringen. Das hatte er in der Ankündigung verschwiegen, ich befürchte allerdings, dass auch die Wahrheit uns nicht von einer Teilnahme abgehalten hätte, weil wir insgeheim hofften, Sonnyboy würde sportliche Frauen in dezenter Kleidung und ohne Make-up favorisieren.

Das Aufwärmtraining folgte zunächst den gewohnten Regeln. Als es bereits zu spät war, unauffällig zu fliehen, begann

Sonnyboy uns den Grundschritt des Tages zu erklären. Ein alternierendes Stampfen mit weichen Knien, eine höchst unästhetische Bewegung, wenn sie von weißen Mitteleuropäerinnen in mehr oder weniger bunter Gymnastikkleidung ausgeführt wird. Wir übten das Stampfen am Platz viele, sehr lange Minuten lang, es fiel mir zusehends schwer, mein trauriges Spiegelbild zu ignorieren. Unbemerkt schob ich mich mit jedem Schritt ein Stück hinter die anderen bleichen Kriegerinnen bis in die allerletzte Reihe.

Ich hätte dort ohne existenzielle Krisen bis zur Mittagspause des Workshops durchgehalten, und ich wäre wohl auch am Nachmittag noch geblieben, weil ich Sonnyboy nicht zu nahe treten wollte. Zumindest nicht im übertragenen Sinn. Sonnyboy aber läutete die nächste Übungsphase ein. Wir sollten uns vorwärts bewegen im wiegenden Ethno-Schritt, und zwar hintereinander im Kreis um den gesamten Turnsaal herum. Das bedeutete: jede trampelte alle halbe Minute einmal an den erhabenen dunkelhäutigen Percussion-Göttern vorbei. Im Gänsemarsch mit der Grazie einer fußkranken Elefantenkuh.

Ich versuchte zu vermeiden, die Trommler dabei auch noch anzusehen, es ist mir trotzdem nicht entgangen, dass ein deutliches Zucken ihre Mundwinkel umspielte. Sie sahen aus als würden sie jede Sekunde vor unterdrücktem Lachen explodieren. Dass sie es nicht taten, nötigte mir noch mehr Respekt vor ihrer würdevollen Erscheinung ab. Nach der dritten Runde nahm ich die entscheidende Kurve nicht mehr, ich trampelte einfach weiter im Takt bis zum Ausgang der Halle und verbrachte den Rest des Tages auf dem Laufband.

Es war eine Zeit der nicht nur sportlichen Extreme in meinem Leben, die schon damals einen vorzeitigen Einschnitt erfuhr, als Sonnyboy einige Wochen später tatsächlich eine Affäre mit einer Kursteilnehmerin begann. Einer Blonden vom Reißbrett, die zur Fitness vorwiegend pinkfarbene Stretchhosen trug, an dem Workshop wohlweislich nicht teilgenommen hatte und die natürlich unseres Erachtens weit unter seiner Würde lag. Wir begannen, samstags öfter mal wieder auszuschlafen.

Dennoch habe ich mich weitere Jahre in enger Kleidung, manchmal sogar bauchfrei, in großen Gruppen zu schlechter Diskomusik auf Kommando hektisch bewegt, bis mein Gesicht einen erschreckenden Hibiskus-Ton annahm. Ich war stolz, wenn eine Mitstreiterin in der Umkleidekabine des Studios meine klar definierten Oberschenkel erwähnte, und arbeitete angestrengt am eigenen Push-up-Rekord. Es ist mir allerdings nie gelungen, dabei so auszusehen wie Cindy Crawford.

Das war wohl letztlich der Auslöser für den sportlichen Umschwung. Wir haben uns lange genug bis an die Grenzen der minimalen Selbstachtung gequält, die neue trendbestimmende Freude am Yoga ist eine direkte Reaktion auf das unwürdige Gehampel in Lycra-Jazz-Pants mit klumpigen Schuhen an den Füßen. Es wird einem ja mittlerweile sogar verleidet, sich stumpf auf Stepper, Laufbänder oder Ähnliches zu stellen, weil das MTV-Programm im Studio-Fernseher keine fünf Minuten mehr zu ertragen ist und man bei n-tv nicht wirklich abschalten kann. Das Schöne am spirituellen Sportprogramm und der neuen Seriosität unseres Bewegungsdrangs, die von ehrwürdig ergrauten Indern mit Gummiknochen glaubwürdig untermauert wird, ist vor allem, dass Schlabberkleidung dabei zum guten Ton gehört und man während des hilflosen Übens nicht in den Spiegel schauen soll, sondern in den Körper hineinhören.

Der Körper findet das gut, wenn die innere Stimme endlich mal die Klappe hält und nicht permanent an seinen Pölsterchen herummäkelt, die früher, obwohl unangenehm eingeschnürt, bei jeder Hüpfbewegung in Wallung gerieten. Man muss sich jetzt nur noch daran gewöhnen, dass einem beim Kopfstand der eigene Bauch entgegenfällt.

Die Scham ist vorbei

Auf dem Weg zur inneren Mitte ist es am besten, die äußere Mitte und was sich dort neuerdings ansammelt geflissentlich zu übersehen. Wir werden im Laufe der Jahre von vielen Veränderungen heimgesucht, eine der ungerechtesten Entwicklungen in der Hälfte unseres Lebens ist die Verlangsamung des Stoffwechsels. Das System schaltet einen Gang runter, gibt sich aber so hungrig wie eh und je. Das ist eine traurige und unverrückbare Wahrheit. Es ist also endgültig Schluss mit dem hohlen Traum von Modelmaßen. Mit der irren Hoffnung, Ananas und harte Eier könnten ausladende Hüften zu knabenhaften Formen einschmelzen oder strikte Rohkost würde aus einem rund-gesunden Gesicht eine hohlwangige Schönheit hervorzaubern.

Auch die trotzige Lust am pubertären Vergnügen hat ihre schönste Nebenwirkung verloren. Früher, als wir noch Größe 34 trugen und trotzdem dünner werden wollten, wirkte die Sex-Drugs-and-Rock'n'Roll-Diät wahre Wunder. Ein durchgetanztes Wochenende, kaum Schlaf und viel Flüssigkeit, und schon war man wieder zwei Kilo leichter. Funktioniert heute nicht mehr. Kein Gramm wiegt man weniger nach langen Nächten. Dafür wird der Kopf, wie bereits erwähnt, immer schwerer davon.

So resigniert, wie das jetzt klingt, darf man natürlich nie werden. Die Aufklärung über den eigenen Metabolismus soll keine Aufforderung zur maßlosen Selbstmast sein. Eher die dezente Bitte, sich nach all den Jahren endlich selbst zu lieben.

Wir hatten schließlich lange genug Zeit, uns an unsere Stärken und Schwächen zu gewöhnen, ein entspanntes Verhältnis zu finden zu kleinen, mittleren, großen Brüsten, zu schmalen oder breiten Hüften, zur Y- oder A-Figur. Wir haben Liebhaber und Liebende für uns gefunden, man hat uns Bewunderung und Blumen geschenkt. Trotz fleischigen Kinns oder Storchenbeinen, vielleicht aber manchmal auch ein bisschen genau deswegen.

Mich hat noch nie ein Mann verlassen wegen meiner vermeintlichen fünf Kilo zuviel, die mich als Übergewicht in meinem Kopf schon seit der Pubertät begleiten, hartnäckig im Hirn sitzen, egal ob ich gerade Größe 36 oder 40 trage. Den Unsinn immerhin habe ich begriffen. Ich weiß außerdem, dass mein Dekolletee gut aussehen kann und kurze Röcke meinen Beinen gar nicht stehen. Vielleicht ist das schon eine Vorstufe von Weisheit. Die immer größer wird, je länger ich das »Omm« singen kann. Wenn ich Yoga mache. Für meinen Rücken, nicht mehr gegen meinen Bauch.

Im Grunde ist es doch ganz einfach. Wir werden älter und vielleicht dicker. Wir werden müder und vertragen nicht mehr so viel. Die besten Voraussetzungen für ein bequemes Leben ohne Schuldgefühle. Sie haben drei Tüten Chips gegessen und dabei zugenommen? Der verzögerte Metabolismus ist schuld. Sie bleiben manchmal lieber auf dem Sofa liegen? Ihr Körper ist nicht träge, sondern einfach weniger stressresistent. Das Kopfweh dauert schon zwei Tage? Das liegt nicht daran, dass Sie den Schampus zum Schluss aus der Flasche getrunken haben, bis keine volle mehr da war, sondern an der neuen altersbedingten Alkoholunverträglichkeit. An jeder Fehlleistung und ihren physischen Folgen ist fortan das fortgeschrittene Alter schuld.

Ganz beruhigt kann man in Zukunft altbekannte Ausfallerscheinungen dem rasanten Zellabbau zuschreiben. Und fühlt sich beispielsweise nicht mehr ganz so daneben, wenn man die Orientierung im eigenen Alltagsgepäck verliert.

»Was suchst du eigentlich«, fragt der Mann gerne, wenn ich mehrere Minuten kopfüber in meine Handtasche verschwinde. Verweile ich noch etwas länger dort, fragt er weiter: »Was hast du da bloß alles drin?« Das, lieber Mann, ist eine stete Überraschung, auch für mich, von Tag zu Tag. Antiquierte Taxiquittungen und vermisst gemeldete Lippenstifte, drei bis fünf Päckchen Papiertaschentücher, alte Bonbons ohne Verpackung, Brillenetuis ohne Brille, Wattebäusche, die einmal Tampons waren, manchmal Obst, vielleicht mein Handy, hoffentlich den Autoschlüssel, aber nie in dem Seitenfach, in dem ich ihn vermute. Ganz unten Kleingeld, auf dem Weg dorthin leere, zerknüllte Brötchentüten und die wichtige Visitenkarte der Frau, die ich unbedingt anrufen sollte, nur weiß ich nicht mehr warum. Einmal: ein leeres Champagnerglas (ich hatte es gefüllt mit ins Taxi genommen und kam mir vor wie ein Filmstar), öfter: ein einzelner Handschuh, nie: der zweite dazu.

Hoffentlich hat noch niemals jemand behauptet, dass die Handtasche der Spiegel der Seele sei. Ich wäre der sichere Fall für eine Dauertherapie. Immer wieder neue Taschen kaufen, hilft leider auch nichts, binnen kürzester Zeit wird aus ihrem Inneren ein fremdes Land, in dem man vergeblich umherirrt, weil es keine Karte und keinen Reiseführer gibt.

Auch temporäre Gedächtnislücken lassen sich im Alter leichter entschuldigen. Es muss nicht immer etwas mit dem Einfluss gesundheitsschädigender Substanzen zu tun haben, manchmal macht der Kopf einfach Pause. Bevorzugt dann, wenn auf einer öffentlichen Veranstaltung oder einer privaten Party ein freundlicher Mensch vor einem steht, der einen strahlend ansieht und sagt: »Hallo, schön dich mal wieder zu sehen!« Leider kann man diesen Ausruf schwer beurteilen und noch weniger erwidern. Der Mensch ist einem nämlich völlig unbekannt. Der Mensch allerdings weiß erschreckend gut Bescheid, fragt ganz selbstverständlich nach Partner, Krisen, Urlaubsplänen, spricht mitten in das eigene leere Gesicht, das nur nicken kann und dümmlich grinsen.

Die Befürchtung liegt nahe, dass alles, was der Mensch von einem weiß, man ihm womöglich selbst erzählt hat. Nur wann? Und wo? Und warum muss man eigentlich immer so viel Information über sich selbst loswerden, die dann so unkontrolliert wieder auf einen zurückfällt? Das Gegenüber macht sich nun schon Sorgen. Es fragt: »Bist du in Ordnung?«, weil man offensichtlich so angestrengt aussieht, als würde man gleich in Ohnmacht fallen. Es sagt nicht: »Alles klar, du erkennst mich nicht mehr. Nicht so schlimm, mein Gesicht kann sich niemand so recht merken. Aber das macht mir gar nichts aus. Also noch mal: ich bin der Horst.«

Das wäre zu einfach. Stattdessen muss man sich meist aus der Affäre quälen, muss akuten Flüssigkeitsmangel vortäuschen und sich zur Bar empfehlen, muss hoffen, jemand Vertrauten zu finden, der das verdrängte Gegenüber identifiziert. Weil einen sonst dessen Gesicht bis in den Schlaf verfolgt. Man es nie mehr vergisst. Und immer noch nicht weiß, wie es heißt und woher man es kennen sollte.

Um sich selbst zu schonen, hat es im Zweifel also etwas durchaus komfortables, von nun an jede Schwäche im Leben mit einem theatralisch geseufzten »Hach, das Alter ...« kommentieren zu können und damit jeder weiteren Erklärungsnot zu entgehen. In der finalen Konsequenz schließlich heißt das, endlich dürfen wir wirklich tun, was wir wollen.

Mein persönliches Vorbild für spätere Zeiten findet sich allabendlich in New York in einem alten italienischen Traditionslokal. Sie trägt große Klunker an den Fingern, trinkt Martinis, ist steinalt, sieht gut aus und sitzt ganz aufrecht an der Bar. Von Rückenproblemen keine Spur. Eine sinnesverwandte Freundin hat mir beeindruckt von ihr erzählt. Sie hat einmal kurz mit ihr gesprochen, sie gefragt, ob man in ihrem Stammlokal auch zu Mittag speisen könnte. Die Lady hat sie angeschaut, einen tiefen Schluck Martini genommen und geantwortet, ohne eine Miene zu verziehen. Sie sagte: »Ich habe gehört, der Lunch hier sei in Ordnung, aber ich kann's nicht bezeugen, Honey. Ich stehe niemals vor fünf Uhr nachmittags auf.«

10 Feierabend

Das Ende des Rock 'n' Roll? Der Rest des Lebens Jazz und Oper? Ein paar Gedanken über angemessenes Freizeitverhalten.

Wer hat an der Uhr gedreht?

Der Raum war groß, viele Menschen, laute Musik. Sehr viele Menschen, sehr laute Musik. Die Quelle der stampfenden Bässe war nicht auszumachen, davor waberte ein Gewirr dünner nackter Arme im Dunkeln wie Wasserpflanzen im Aquarium. Ein Lichtschein fiel von einer Batterie Lampen über die lang gestreckte Bar, ein weiterer bahnte sich seinen Weg durch einen Riss in der Fensterverkleidung. In einer anderen Welt war offenbar Tag und schönes Wetter. Auf Schaumstoffquadern räkelten sich Mädchen über Jungs und umgekehrt und hielten ihre Bauchnabelpiercings in die trübe Luft. Mein Halt waren eine Bierflasche und ein paar vertraute Gesichter.

Wir standen an der Bar und wippten mit den Knien. Das taten wir schon ziemlich lange. Es schien uns Spaß zu machen. Einer meiner Freunde grinste die Bauchnabelpiercings an. Er sah dabei nicht gut aus. Ich fürchte, wir sahen alle nicht mehr besonders gut aus. Das hatte vielleicht mit der Uhrzeit zu tun, nur trug ich wohlweislich keine Uhr. Und dies war nicht der Ort, um jemand anderen freundlich nach der Zeit zu fragen. Ich suchte die Damentoilette zum Abgleich mit der Realität. Es gab keine Damentoilette. Nur einen Raum für alle, in seiner Mitte abenteuerlich montierte Kabinen, außen herum Schaumstoffquader, Jungs über Mädchen und umgekehrt.

An den Kabinen bildeten sich Schlangen, an den Waschbecken mit Spiegeln auch. Ich stellte mich an, sah mich um, versuchte mit einem solidarischen Grinsen den weltweiten Zusammenhalt von Mädchen wartend vor einer Toilette zu etablieren. Sie registrierten mich nicht, sie sprachen aufgeregt miteinander über den Typ, den einen, den tollen, und auch die anderen coolen Jungs von letzter Woche, schon gesehen, wer heute wieder alles da ist, und hergeschaut haben sie auch schon, verdammt ich muss pinkeln, wie findet ihr eigentlich meinen neuen Lippenstift? Sie schüttelten ihre Haare, knufften sich in die Seiten, rückten ihre Miniröcke zurecht.

Das Schauspiel war mir seltsam vertraut, nur die Inszenierung stimmte nicht. Und mein ungutes Gefühl konnte nicht allein daran liegen, dass mein Rock etwas länger war und ich außerdem ahnte, dass in weniger als zwei Stunden an einem anderen Ort in dieser Stadt eine Yoga-Stunde begann, die ich eigentlich besuchen wollte. Ich sah mich um. Ich sah nicht gut aus. Ich war die Älteste im Raum. An einem Sonntagmorgen weit nach Tagesanbruch stand ich in einer Unisex-Toilette im angeblich angesagtesten Club der Stadt, inmitten unverwüstlicher Heranwachsender auf exzessiver Selbsterkundung und fragte mich, was ich dort verloren hatte. Viel schlimmer aber noch, ich fragte mich außerdem, warum ich mir diese Frage plötzlich stellte.

Sie war neu, fremd im Kopf. Ein seltsamer Misston in unserer ausgelassenen ausufernden Abendveranstaltung, die so zivilisiert begonnen hatte. Ein Essen unter Freunden war die

Keimzelle der Fröhlichkeit gewesen, eine vorweihnachtliche Zusammenkunft, bevor alle sich übers Land verstreuen würden, zu Eltern, Verwandten, Bekannten, um Bäume zu schmücken und Gänse zu füllen. Wir hatten ein gutes Restaurant gewählt, getafelt, getrunken, gepflegt parliert, und weil die Gespräche so lebhaft im Gange waren, das Lokal aber immer leerer wurde, hatten wir die Runde in eine immer noch solide, aber etwas länger geöffnete Bar verlegt.

Vielleicht lag es an der brisanten Mischung aus Elegie und Euphorie, die im Laufe des Monats Dezember gängigerweise die Stimmung prägt und gegen die man sich immer weniger wehren kann, je mehr Weihnachtsfeiern man besucht. Zwischen dem dritten und vierten Singapore Sling ist es irgendwann passiert, es schien schon relativ spät geworden zu sein. So spät, dass einer aus der Runde sagte: »Lasst uns noch ein bisschen um die Häuser ziehen, es gibt da diesen neuen Club im Hochhaus, und richtig gut soll es auch in der alten Halle am Bahnhof sein.«

Ein kleiner Stich ließ das Unheil bereits erahnen, dieses beleidigte Gefühl, das sich breit machte, weil man jetzt nicht gelangweilt und leicht lasziv in seine Cocktailkirsche beißen konnte und dabei sagen: »Ja, sind ganz okay, die beiden Läden, wahrscheinlich ist es ja mittlerweile nicht mehr so voll wie bei der Eröffnung, da war es vor allem in der Bahnhofshalle unerträglich. Ziemlich lahmarschiges Barpersonal, und das Bier war zu warm.« Stattdessen hörte man sich verlegen kichern: »Oh, wow, ja, warum nicht? Tanzen war ich schon ewig nicht mehr.« Und: »Von dem Hochhausclub habe ich letzte Woche, glaube ich, in der Zeitung gelesen.« In der Zeitung gelesen. Wir lesen also jetzt von Clubs, in denen die Lichter der Großstadt gerade am heißesten brennen, in der Zeitung. Und das wahrscheinlich zu einem Zeitpunkt, zu dem schon jeder Vorstadt-Teenie weiß, dass der Laden seinen Zenit bereits überschritten hat.

Aber was soll's, denkt man sich, wenn der Übermut einen kitzelt, was er gerne mal tut nach dem dritten Singapore Sling. Kicken wir also mal wieder mit in der Absturzliga, Exzess verlernt man nicht, das ist wie Fahrradfahren. Versäumt jedoch hat man einiges in lauwarmen Abenden unter Freunden oder vorm Fernseher. Zum Beispiel, Kontakte zu pflegen.

Die erste Station unserer außer Kontrolle geratenen Weihnachtsfeier, der Club im Hochhaus, war professionell bewacht. Von großen Männern, die keiner von uns souverän begrüßen konnte, die auch nicht schon aus weiter Entfernung erkannten, dass es sich bei unserer vergnügten Truppe um altehrwürdige Nachtleben-Profis handelte, die sich nur ein wenig aus der Szene zurückgezogen haben, weil es im Leben noch ein paar andere Dinge zu tun gibt außer Trinken und Tanzen. Keiner klopfte uns lässig auf die Schulter und sagte: »Hey, hallo! Schön, dass ihr's auch mal geschafft habt in unseren neuen Laden. Wie viele seid ihr? Alles, klar, kommt rein. Viel Spaß!« Die großen Männer taten stattdessen ihre vermeintliche Pflicht. Sie bewahrten eiserne Gesichter und schüttelten den Kopf. »Tut uns Leid. Ist voll. Geht gar nichts mehr.« Sie sahen uns dabei an, als seien wir just vor ihren Augen mit einer ökumenischen Reisegruppe einem Sonderzug aus Bietigheim-Bissingen entstiegen.

Immerhin waren wir noch nicht betrunken genug, um ihre Entscheidung in Frage zu stellen. Wir zogen uns erhobenen Hauptes, aber innerlich leicht lädiert zurück. Es ist ein Leichtes, aus gegebenem Anlass nicht mehr auf jeder angesagten Hochzeit zu tanzen, aber es wurmt, von vorneherein gar nicht eingeladen zu sein. Glücklicherweise hatte der Scout unserer Odyssee eine weitere Adresse parat, ein demokratischerer Betrieb, durch dessen weit geöffnete Türen im Morgengrauen so viele Menschen strömten, dass ich mir schon am Eingang altmütterliche Gedanken darüber nicht verkneifen konnte, was die aufgeweckten Besucher sonst so im Leben trieben.

Aber dann gab es doch: laute Musik und übergeschnappte Stimmung und gute Freunde und das große Gefühl, alle gesunden Regeln endlich mal wieder außer Kraft zu setzen. Angekommen im Moment, wir mitten dabei, wen kümmern da die dräuende Steuererklärung, schlechte Wetterprognosen, die eigene Unterversicherung und das erste graue Haar. Wer will dann noch wissen, dass draußen ein neuer Tag beginnt, ein ganz durchschnittlicher, an dem man Strafzettel kassieren wird und Hoffnungen aufgeben und wahrscheinlich nicht mehr rechtzeitig zum Einkaufen kommt?

Ist doch ganz einfach, die wohl konservierte Teenie-Ekstase wieder anzuzapfen. Sollte man öfter mal tun, fühlt sich sehr befreiend an. Könnte man denken. Denkt man immer. Bis einen die andere Wahrheit im schlimmsten Fall auf einer improvisierten Toilette einholt. Wenn sich das Lenor-Gewissen selbstständig macht und mit strenger Miene über die Frau erhebt, die da scheinbar souverän, entspannt und heiter in einem etwas zu langen Rock zwischen giggelnden Jungmädchen steht. Wenn es einem streng erklärt, dass man gerade in etwa so cool wirkt wie eine Junglehrerin auf ihrer ersten Klassenfahrt. Wenn es finster behauptet, die ausnahmslos jüngeren angestammten Besucher des Etablissements würden das genauso sehen. Wenn es gehässig stichelt, man solle doch mal überlegen, was man selbst gedacht hätte, mit frischen zwanzig über doppelt so alte, die in Clubs mit den Knien wippen und glauben, sie hätten Spaß dabei. Und wenn es besonders hartnäckig ist, lässt es auch den Einwand nicht gelten, man sähe bis auf die Rocklänge fast noch genauso aus wie die Jüngeren im Revier oder bitte schön wenigstens nicht wie eine Junglehrerin.

Also steht man da und fragt sich plötzlich, warum man da steht. Versucht nebenbei Trotz und Stolz und ein seltsames Schamgefühl in seinem Inneren zu sortieren. Fürchtet sich davor, als alternde Tante den Absprung zu übersehen, einem Vergnügen hinterherzulaufen, das nichts mehr von einem will. Und sucht bockig Gründe, die die eigenen Zweifel zerstreuen. Man hört schließlich gern Musik, manchmal auch laut mit mehreren Leuten. Das macht man schon seit vielen Jahren. Man sagt lieber Jahre, weil Jahrzehnte zu erschreckend klingt.

Es fing an mit einem Plattenspieler, in dessen Deckel der Lautsprecher eingebaut war. Das Gerät, ein Geburtstagsgeschenk, war die erste Lärmquelle, über die man alleinige Verfügungsgewalt hatte. Eine Schutzmaßnahme der Eltern, die es nicht mehr ertragen konnten, im Wohnzimmer die Bay City Rollers in einer Endlosschleife zu hören.

Die Zeit danach war immer an Klänge gekoppelt. Der scheppernde Speaker hat eine halbe Nacht lang »Imagine« geseufzt, als John Lennon erschossen wurde und ich als friedensbewegter Teenie dazu erschütterte Gedanken in mein Tagebuch schrieb. Meine erste große Liebe habe ich auf einer Bahnfahrt zu einem Bob-Marley-Konzert getroffen. Über den Verlust der zweiten habe ich geheult zu Platten von Joy Division und The Cure. Wir haben Sonnenaufgänge mit Iggy Pop gefeiert und das Ende des Tages mit Neil Young. Wir haben mit The Clash die ersten eigenen Nachbarn geärgert und zu Kraftwerk unsere Schuhspitzen poliert. Wir haben für Kurt Cobain Trauerbier auf den Boden unserer Stammkneipe gekippt und bei einer DJ-Nacht mit Goldie vor lauter Tanzwut vergessen zu sprechen, zu rauchen, zu trinken. Wir haben Paraden gefeiert und private Soireen, und überall war Musik dabei. Popmusik. Jugendkultur.

Nur was macht man, wenn man gerne noch Teil der Kultur, aber nicht mehr jugendlich ist? Die Altersgrenze des Pop – ein ausuferndes Problem, bei dem es schwer ist, für sich einen soliden Standpunkt zu finden. Weil die Protagonisten das denkbar schlechteste Vorbild abgeben. Selbst die Helden unserer Eltern sind noch nicht bereit, von der Bühne abzutreten. Mick Jagger wird durch die Rock-Arenen sprinten, bis ihn eine Kiefersperre stoppt, und Paul McCartney wird tragische Weltereignisse mit seichten Liedern kommentieren, bis seine Tochter ihm eine Zwangsjacke schneidert.

Und die Superstars unserer Generation? Machen ebenfalls einfach weiter, benehmen sich genauso wie wir. Tragen alte Jeans und große Sonnenbrillen, suchen nach Liebe und lernen Yoga. Bekommen spät Kinder oder gar nicht. Machen Musik und keinerlei Anstalten, irgendwann ein anderes Leben zu führen. Und falls doch, dann kehren sie unter dem Zwang des Gerichtsvollziehers oder der eigenen Geltungssucht ein paar Jahre später zum großen Comeback zurück. Sie werden, so schrecklich sich das anhört, mit uns alt, was für sie allerdings möglicherweise noch unangenehmer ist als für uns.

Denn wir können sie meiden, die allzu brutale Konfrontation. Wir finden Mittel und Wege unsere unreifen kulturellen Bedürfnisse zu modifizieren. Über die Jahre sind wir in Rockkonzerten immer weiter nach hinten gerutscht. Treffen uns jetzt in der letzten Reihe, nahe der Schänke und weit von den Boxen entfernt. Stehen da mit verschränkten Armen und wippen gönnerhaft mit den Zehen. Ein Bekenntnis, das nicht ganz so schwer fällt: Die Zeit des Stagedivings ist offenbar vorbei. Wir haben erkannt, dass sich mit etwas persönlichem Freiraum in Konzerthallen das teuer erkaufte Bier auch trinken lässt und nicht nur die neue Jacke versaut, und wir haben unsere Nahtoderfahrung am Bühnenrand schon bei unserem ersten Ramones-Konzert hinter uns gebracht.

Wir behaupten außerdem selbstgefällig: Das hat mehr Stil, als sich die Knie für zeitgenössische Kopien aufzuschlagen.

Die Gleichaltrigen, die oben stehen, aber dürfen nicht aus der Rolle fallen, die müssen tatsächlich so bleiben, wie sie immer schon waren. Die müssen mit Wasserstoff das Grau kaschieren und mit Seife das Haar ganz und gar nicht mehr revolutionär in die Senkrechte kleben. Die singen von der ewigen Dröhnung und warnen in Interviews die Jugend vor den bösen Folgen des Drogenkonsums. Und die Hälfte der Menschen im Publikum könnten tatsächlich ihre Kinder sein. So viel zu Sex and Rock 'n' Roll.

Weil man derart schlechte Gesellschaft und ein so grausig verzerrtes Spiegelbild auf Dauer nicht ertragen kann, versucht man sich auf die Gegenseite zu schlagen. Dorthin, wo man immer war: vorne dabei. Neue Bands, neue Musik, neue Clubs, neue Kneipen, neue Filme, neue Talente, neue Trends. Damit hat es doch immer geklappt, sich selbst in Aufregung zu versetzen.

Leider ist das mit der hemmungslosen Begeisterung nicht mehr so einfach wie früher. Es scheint eine ungebetene Begleiterscheinung des Älterwerdens zu sein, dass man nicht mehr vorbehaltlos lieben kann. Zu viel hat sich schon angesammelt im Kopf, das einen zum gnadenlosen Kritiker werden lässt, zum altklugen noch dazu. Alles schon mal gesehen, gehört, gelesen, viel besser, versteht sich und außerdem im Original. Natürlich ist diese Art von abgebrühtem Zynismus unfair, wenig sympathisch und nicht wirklich originell. Früher war alles anders und schöner – mit dem Satz hat sich noch jede Omi unbeliebt gemacht, die sentimental und schlecht gelaunt die eigene Vergangenheit verklärt. Im Grunde sind wir wahrscheinlich nur beleidigt, weil wir wahrnehmen, wie unser Fan-Gen schwindet, ein deutliches Zeichen dafür, wirklich nicht mehr fünfzehn zu sein.

Es gibt schließlich einen vorrangigen Anlass, von Lieblingsmusik, -filmen oder Ähnlichem zu schwärmen, und das ist deren Personal und die Leidenschaft, die es entfachen kann. Warum sollte man sich in der ersten Reihe einer überfüllten Konzerthalle herumschubsen lassen, wenn nicht, um einen unverstellten Blick auf einen scharfen Sänger oder Guitarerro werfen zu können? Welchen anderen Grund gäbe es, sich seufzend in einen Kinosessel zu drücken als den, für neunzig Minuten in den Hauptdarsteller verknallt zu sein? Die aufgeheizte Fiktion gehört zum Spiel, es macht mehr Spaß, wenn die Männer auf der Bühne zu denen gehören, die man nicht von der Bettkante schubsen würde.

Langsam aber muss man begreifen, dass der eine oder andere Hipster der Glamourwelt als Fantasieobjekt gar nicht taugt. Weil er zu jung dazu ist. Oder gemeinerweise aus der anderen Perspektive betrachtet: wir zu alt für ihn wären. Auch wenn Groupie zu sein niemals ein ernsthafter Berufswunsch von uns war, kann es dennoch deprimierend wirken, wenn man in den eigenen Hirngespinsten plötzlich als bärbeißige Managerin des goldgelockten, unterernährten Rockstars auftaucht und nicht als strahlende Geliebte.

Es könnte also sein, dass wir gar nicht mehr die Zielgruppe sind, wenn die Popkultur zum wiederholten Mal vertraute Riffs und Bilder neu erfindet. Deswegen muss es einen auch nicht beunruhigen, wenn man die Musik im Radio keiner Band mehr zuordnen kann. Fast fühlt sich das manchmal wie eine Rückkehr an, in jenen embryonalen Zustand, bevor der Plattenspieler mit dem Deckenlautsprecher in unser Leben trat.

Die wunderbare Welt der Technik trägt ihr Eigenes zur neuen Unbeschwertheit bei. In meinem Reich wohnt neuerdings ein iPod. Weil Werbung manchmal ihren Zweck erreicht und vor dem Jahresende seltsamerweise noch Geld übrig war.

Der kleine Kerl hat bald schon meine halbe, hoffnungslos überalterte Plattensammlung in sich aufgesogen und spielt sie auf Knopfdruck nach seinem Gutdünken ab. Es könnte überraschender nicht sein, völlig fremde Töne kramt er aus meinen vermeintlichen Lieblingstonträgern hervor und wird nicht müde dabei. Ein Freund von mir hat schon vor Jahren überflüssigerweise versucht auszurechnen, wie lange man brauchen würde, um die eigene Musikkollektion vollständig durchzuhören, und vermutet, dass der Rest des Lebens dazu nicht reichen würde. Der iPod und ich, wir spielen gegen die Unmöglichkeit an. Und gleichzeitig gibt er mir das gute Gefühl, dass ich eigentlich nie wieder eine neue Platte brauche.

Die Verwirrung bezüglich des eigenen Freizeitverhaltens breitet sich dennoch weiter aus. Erste Freundinnen berichten verstört von Pop-Konzertbesuchen mit den eigenen Kindern, eine Zukunftsvision, die für uns früher ein schönes Bild ergab: Die coole Mami geht mit dem hübschen Nachwuchs aus, und keiner will den beiden ihr Verwandtschaftsverhältnis glauben. Die coole Mami aber ist von ihrem Glück eher überrumpelt, weil in ihrem Kopf das Kind gestern noch in der Sandkiste saß und die Stereoanlage das erklärte Hoheitsgebiet der Eltern war.

Geschmacksgrenzen

Was bleibt einem anderes übrig, als in Anbetracht der fortschreitenden Ausgrenzung den eigenen Horizont zu erweitern. Glücklicherweise verschwindet mit dem Hang zur hyperventilierenden Verzückung auch das Geschmacks-Dogma der frühen Jahre. Man ist mittlerweile in der Lage, auch Gutes in Menschen zu sehen, die Westernhagen hören, man verzeiht Freundinnen, die sich anderweitig bewährt haben, dass sie am liebsten Filme mit Julia Roberts konsumieren. Und ist erstaunt, an was man sich alles freuen kann, wenn man nur die Perspektive wechselt.

Ich muss zum Beispiel gestehen, dass es mir großes Vergnügen bereitet hat, mit einer ausgelassenen weiblichen Begleitung unlängst ein Eros-Ramazotti-Konzert zu besuchen. Als geübte Punk-Profis war es für uns ein Leichtes, die ondulierte Fan-Gemeinde beiseite zu schieben, um dann sehr entspannt ganz vorne an der Rampe zu stehen, weil sich niemand mehr in unsere Nähe wagte. Auf Einwände wie »Nun drängeln Sie doch nicht so« erwiderten wir herrisch: »Muttis, das ist hier ein Popkonzert, da macht man das.« Wir schrien »Eros« so inbrünstig wie wir früher »Hey ho, let's go« skandierten, kauften uns gegenseitig Mützen und T-Shirts und hatten einen Heidenspaß dabei.

Mehr Spaß auf jeden Fall, als an jenem Abend, da ich den minderjährigen Bruder eines Exfreundes auf ein Metallica-Konzert begleitete. Der Junge und sein Freund standen kopfschüttelnd auf den Stühlen, ich saß kopfschüttelnd daneben, weniger weil mich die Musik dazu trieb als das Verhalten des Exfreundes. Er war zum Entsetzen seines Bruders schon beim zweiten Stück eingeschlafen.

Kultur im Sitzen hat einiges für sich, das denke ich mir mittlerweile bei jedem Opernabend, der sich zugegebenermaßen vorwiegend ereignet, wenn meine Mutter zu Besuch ist. Es braucht eben seine Zeit, das eigene Verhalten komplett neu zu konditionieren. Obwohl wir unser Bestes tun, den Rückzug ins gesetztere Vergnügen zur besseren Rechtfertigung als Trend zu kaschieren. Wir loungen in Bars, kochen zu Hause à la Jamie Oliver und finden Gespräche am Kaminfeuer schick. Wir entdecken das Grün vor den Städten, entspannen uns beim Gardening vom grauen Alltagsstress und pflegen die Balkonblumen so gewissenhaft, wie weiland die

Oma ihre Geranien für den nächsten »Unser Dorf soll schöner werden«-Wettbewerb.

Jedes noch so fremde Kulturgut wird im passenden Kontext auf einmal zur begrüßenswerten Bereicherung. Wenn im Feierabendverkehr die Aggressionen hochkochen und dazu im Radio die Gitarren zu laut scheppern, schalte ich neuerdings manchmal auf die beschwingt swingende Jazzwelle. Seit einem Südamerikakurlaub denke ich bei Salsa nicht mehr an hüftwackelnde Bankbeamte und provinzielle Caipirinha-Partys, eine Zeit lang hat mich danach sogar der Panflötenterror in deutschen Fußgängerzonen berührt. Glücklicherweise weigert sich mein Mann beharrlich, mit mir einen Latino-Tanzkurs zu absolvieren. Ich ertappe mich dabei, das holprige Getrommel aus dem Park gegenüber als stimmungsvolles Geräusch abzuspeichern, schottische Volkslieder treiben mir Tränen in die Augen, bei meiner Hochzeit wurde auf ausdrücklichen Wunsch der Braut eine bayerische Blaskapelle engagiert, und es macht die Sache nicht verständlicher, dass der Trompeter der Truppe einen langen Pferdeschwanz trug.

Bisweilen frage ich mich, wie das weltumarmende Ethno-Bewusstsein den bösen Rocker in mir unterwandern konnte. Ist das ein erstes Frühstadium von Altersmilde? Werde ich so wie der von uns früher spöttisch belächelte Sozialkundelehrer? Der lange Haare zum Kordsakko trug, Standpauken im Therapeuten-Tonfall abhielt und zu Klassenpartys seine Miriam-Makeba-Platten mitbrachte? Nichts gegen Makeba, aber ihre Musik verträgt sich schlecht mit Petting und Wodka-Trink-Wettbewerben. Das hat er nie verstanden. Kann es sein, dass wir genauso den Anschluss verlieren?

Das wäre an sich nichts Ungewöhnliches, hätten wir nicht immer noch das Gefühl, die wahren Herrscher der Klassenpartys zu sein. Umso deutlicher springt einem in der direkten Konfrontation das Gegenteil ins Gesicht. Unlängst hatten wir, die toleranten Verwandten, eine entfernte Kusine mit zwei Freundinnen zu Besuch. Die Damen waren knapp volljährig und wollten von uns wenig wissen. Mit kühner Selbstverständlichkeit verwandelten sie unser Wohnzimmer in ein Matratzenlager mit frei flottierendem Kleiderschrank. An trägen Feierabenden mussten wir die Sichtschneise zum Fernseher von sich stapelnden Klamotten, leeren und vollen H&M-Tüten befreien. Die Mädchen bekamen wir selten zu Gesicht, manchmal luden sie tagsüber neue Tüten ab. Nur in ihrer letzten Nacht kamen sie nach Hause, bevor wir zu Bett gegangen waren. Sie waren schlechter Laune und hatten sich gestritten, es war einiges schief gelaufen an jenem Abend.

Die eine, so war die Auskunft der Kusine, telefoniere ständig mit ihrem Freund, weil der extrem eifersüchtig sei. Dabei sei er verheiratet, über dreißig, mit eigener Firma und habe sowieso nie Zeit für sie. Ihr und der anderen ginge das mächtig auf den Zeiger. Ich nickte verständnisvoll. Und dann auch noch diese völlig vergeigte Location, ausgerechnet am letzten Abend, so fuhr sie fort. Eine Empfehlung aus der Beilage in dieser Spießer-Frauenzeitschrift, hätte man sich ja gleich denken können. »Die beste Cocktail-Bar der Stadt« sei dort angepriesen gewesen. Die Räumlichkeiten seien ja noch einigermaßen okay, die Drinks auch. Aber das Publikum, unfassbar, bodenlos, langweilig, lauter alte Säcke und ihre aufgemotzten Tussen dazu.

Mir war die Empfehlung wohl bekannt, ebenso ihre deutliche Formulierung, ich hatte die Beilage selbst verfasst. Die

Kusine sprach von meiner Lieblingsbar, und höchstwahrscheinlich von ein paar netten Freunden, die dort ebenso wie wir regelmäßig verkehrten. Ich nickte verständnisvoll. Sagte beiläufig: »Ja, ja, was die immer schreiben, von denen kennt sich ja keiner richtig aus in der Szene.« Verrat an der eigenen Sache, um sich von einer Achtzehnjährigen entfernten Verwandten nicht bloßgestellt zu fühlen – so weit war man also schon gekommen in der eigenen Konfusion.

Natürlich trinken wir weiter unsere Martinis in der beliebten Bar und saugen nicht bei Planet Hollywood an Piña Coladas, so wie die Kusine das am liebsten machte. Natürlich gibt es einen Unterschied, und der liegt vor allem im Entspannungsgrad. Wir können jugendliches Freizeitverhalten an den Tag legen, müssen aber nicht mehr. Es ist erstaunlich, wie einfach es ist, ein Konzert der liebsten Lieblingsband zu verpassen. Man las davon noch in der Zeitung, oder sprach mit Freunden darüber, und dann ist irgendwie gerade Tiefdruckphase oder Fastenkur, vielleicht will man eine Weile nur Karten spielen und Rotwein trinken oder ganz gerne auch mal alleine sein. Und schon ist es vorbei, das Konzert. Fand ohne einen statt, wie so viele andere Dinge, die man lange aus dem Überblick verloren hat. Und wenn andere davon erzählen, grämt man sich kurz und denkt schnell: Mit den Füßen unterm Sofakissen war es auch ganz schön.

Ständig sollte man sie dort natürlich nicht vergraben, aber so ganz ohne Sofakissen, wie früher, will man auch nicht sein. Die große Schwierigkeit ist, die richtige Balance zu finden, ohne sich selbst der Lächerlichkeit preiszugeben. Bemitleidenswert kann vieles sein. Die Strenge, mit der man sich ein vermeintlich seriöses Programm auferlegt, ebenso wie mangelnde Einsicht um sechs Uhr früh. Verdammt dünnes Eis, auf dem wir immer noch gerne mal ekstatisch tanzen.

Es könnte also durchaus sein, dass Sie auf einer Veranstaltung gelandet sind, die nicht Ihrem Alter entspricht, wenn …

… auf einer Party bei Ihrem Erscheinen die Musik leiser gedreht wird, alle Gäste schuldbewusst zu Boden blicken und dabei hastig ihre Joints verschwinden lassen.

… man Sie fragt, ob Sie Ihr Bier lieber mit Strohhalm trinken wollen.

… Sie der einzige Mensch im Raum sind, der keine Teddybären auf die Bühne wirft.

… man Ihnen ein Taxi bestellt, obwohl Sie noch gar nicht gehen wollten.

… die Gastgeber Sie sofort ihren Eltern vorstellen.

… man Sie anspricht mit den Worten: »Schön was, mal wieder unsere Musik zu hören?«

… in der Pause alle nur Mineralwasser trinken.

… das Publikum nicht jubelt, sondern nur wohlwollend nickt.

… auf der Mädchentoilette niemand lacht.

… Sie schon weit vor Mitternacht mal wieder der letzte Gast sind.

Besonders unerträglich wird das Dilemma unseres Nachtlebens, wenn die Vorsortierung von außen vorgenommen wird. In der seligen Provinz, aus der ich stamme, dort wo die Generationenfolge noch einigermaßen geregelt ihren Gang geht, lädt der landkreisweit bekannte Superclub gönnerhaft die Übriggebliebenen, die nicht in Familie und Gartenarbeit aufgehen, jeden Donnerstag zur »Zone 30«, ein Abend für, wie der Flyer munter verheißt, die »etwas Älteren und trotzdem Junggebliebenen«. Man lockt mit »stilvollem und gemütlichem Ambiente«, Musik aus den Achtzigern und dem Versprechen, dass der DJ gänzlich entgegen der heutigen Berufsehre, so wie früher, sogar Wünsche erfüllt.

Es versteht sich von selbst, dass wenn uns in meiner alten Heimat der Hafer sticht, wir niemals die ausgewiesene Oldie-Veranstaltung besuchen würden. Es war mal wieder um die Weihnachtszeit herum, als aus einem Treffen mit alten Freunden ein bewegter Zug durch die Gemeinde wurde. Finale Station: die Disko. An einem Samstagabend. Davor mindestens hundert Meter lang aufgereihte Teenies, frierend in Stilettos und zu kurzen Hemdchen. Ein Ding der Unmöglichkeit als Mensch mit Geschichte, als selbstverständlicher Disko-Schlangen-Passierer in den Metropolen dieser Welt sich dort einzureihen. Es war eine Eingebung, ein spontaner Gedanke, genährt von einer zünftigen Menge bayrischen Biers. Ich stapfte nach vorne mit meiner Mannschaft, baute mich vor dem fragend dreinblickenden Türsteher auf. Und sagte: »Komm, lass uns rein, ich bin zu alt, um mich hier eine Stunde anzustellen.« Er war so überrascht, dass er uns anstandslos die Tür passieren ließ.

11 Junges Volk

Von waghalsigen Flirts, netten Begegnungen und dem bösen Gedanken: Werdet ihr erst mal so alt wie ich.

Die freundliche Übernahme

Es gibt viele Tage, an denen fallen sie einem gar nicht auf. Da rennt man vergnügt und beschäftigt mit einem grundgesunden egalitären Bewusstsein durch die Gegend. Denkt, alle Menschen sind irgendwie gleich, und lässt sich von etwaigen Unterschieden in Styling, Figur und Faltenbildung nicht verunsichern. An anderen aber, an weniger guten, verfolgen sie einen auf Schritt und Tritt. Verrenken sich mit Anmut und Leichtigkeit auf der benachbarten Yogamatte, lehnen lässig in den besten Nischen der jüngst entdeckten Lieblingsbar, fahren mit großer Selbstverständlichkeit in flotten Autos an einem vorbei, lächeln souverän über ausladende Schreibtische hinweg, vor denen man selbst mit weichen Knien steht, um sich zu bewerben. Menschen, die jünger sind als man selbst. Deutlich sichtbar jünger.

Die schlichte Logik des Gedankens erschreckt mich bisweilen: Je älter ich werde, umso größer wird die Masse derer, die weniger Jahre zählen als ich. Und dann beginnen die Klischees im Kopf zu arbeiten. Der Nachwuchs könnte meinen Job gefährden und meinen Mann, könnte das Lächeln des Barkeepers klauen und die Zufriedenheit mit dem eigenen Spiegelbild.

Möglicherweise kommt die natürliche Altershierarchie mir besonders komisch vor. Schließlich habe ich meine gesamte Kindheit und Jugend damit zugebracht, neugierig hinter meiner genervten großen Schwester herzudackeln. Ich habe sogar freiwillig zwei Jahre früher die Schule besucht, war immer die Kleine unter den Großen, das Maskottchen der Mofa-Clique. Und erst als mein Hormonhaushalt explodierte, wollte ich nicht mehr das putzige Anhängsel sein, das alle ins Herz geschlossen hatten, aber keiner der Jungs leidenschaftlich küssen wollte.

Wenn ich mich recht entsinne, wurde mein erster Vorstoß in Liebesdingen von meinem auserwählten vier Jahre älteren Lustobjekt, einem blassen schwarzhaarigen Jungen von schneewittchenhafter Schönheit, mit den Worten abgewehrt: »Ich würde ja gerne mit dir gehen, wenn du nicht so klein wärst.« Fast wäre es mir in meiner romantischen Verblendung noch gelungen, den verbalen Tiefschlag als verstecktes Kompliment zu deuten. Doch letztlich haben der Pragmatismus und vor allem die Gier nach Erfahrungen gesiegt. Ich begann mich in meiner eigenen Altersklasse nach Knutschpartnern umzusehen.

Und natürlich habe ich dabei sehr bald begriffen, dass sich auch auf anderem Wege Sympathien sichern lassen als mit treuäugiger Niedlichkeit. Dennoch lässt es sich zugegebenermaßen mit dem Jugendbonus ziemlich gut leben. In meinem ersten festen Job war ich die viel bewunderte jüngste Vollbeschäftigte im Unternehmen, die erste Frau in einer männlich besetzten Redaktion obendrein. Ich habe mich gerne in meinem Sonderstatus gesonnt und viel Lob für Leistungen bekommen, die man älteren, männlichen Kollegen als selbstverständlich abverlangt hat. Ich war das junge Talent, und jeder der Herren mühte sich eifrig, mein Mentor zu sein.

Auch wenn der passende Augenaufschlag noch ganz gut sitzt, als frisches junges Blut kann man sich irgendwann nicht mehr glaubhaft verkaufen. Schade nur, dass man sich deswegen leider nicht automatisch souverän, sicher und erfahren wie ein abgezockter Profi fühlt. Fast ungläubig und ein wenig fassungslos sieht man stattdessen dabei zu, wie muntere, hoch motivierte Jüngere das eigene Terrain betreten.

Völlig aus dem Rennen?

Sie bandeln mit den besten Freunden an, sprühen vor guten Ideen und haben unübersehbar glatte Haut. Sie sind meist freundlich, nett und höflich und eigentlich gar nicht anders als wir. Trotzdem wird man manchmal das Misstrauen nicht los. Und wenn das Misstrauen erst mal da ist, mutiert man schnell zur giftigen alten Tante.

Geschehen beispielsweise an einem ausufernden Abend in der heimatlichen Provinz, der mangels Alternativen wieder mal in der örtlichen Disko endete. Geschätztes Durchschnittsalter des Publikums: zweiundzwanzigeinhalb. Geschätzte Außentemperatur: minus 5 Grad. Was die anwesenden Damen nicht davon abgehalten hatte, geschlossen in hochhackigen Sandalen und bauchfreien Hemdchen anzutreten. Ich war, wie es sich für eine Frau mit größerer Lebenserfahrung gehört, dem Wetter entsprechend gekleidet. Zumal wir zu Fuß unterwegs waren. Ich trug einen Rollkragenpullover und rutschfeste Winterstiefel.

Mir war zu heiß, ich wollte nicht tanzen, und Bier hatte ich eigentlich schon genug getrunken. Ich langweilte mich gepflegt dabei, den Heranwachsenden bei ihrer Samstagabend-

Ekstase zuzusehen, und fragte mich, ob unsere früheren Balzrituale objektiv betrachtet ähnlich plump aussahen. Kein Mensch nahm von mir Notiz, selbst meine fröhlichen Begleiter einschließlich meines Angetrauten, die sich wild auf der Tanzfläche gebärdeten, schienen mich vergessen zu haben.

Ich stand also schwarz gekleidet, latent schlecht gelaunt und unsichtbar in der Ecke, nippte Mineralwasser und begann jeden Zentimeter rosiger Haut in glitzerndem Leibchen, der an mir vorbeischwebte, zu hassen. Für die Selbstverständlichkeit und die Grazie, mit der die jungen Damen knatschenge Hüfthosen tragen konnten, für den absehbaren Vollrausch, den sie mit nach Hause tragen würden, ohne am nächsten Morgen deswegen in einer Sinnkrise zu versinken, für all die Zeit, die noch vor ihnen lag, und für die mitleidigen Blicke, die sie mir, wie ich mir einbildete, zuwarfen.

Mein Mineralwasser war schal geworden, als meine vergnügten Begleiter, weil gänzlich erschöpft, endlich den Aufbruch ankündigten. Wir stolperten in die kalte Winternacht, mein aufgekratzter Geliebter kickte Schneebälle durch die Luft und jubilierte: »Also diese kleinen versauten Gören! Was die einem für Blicke zuwerfen …« Der Frust des Abends saß zu tief, ich hatte meine negativen Energien nicht mehr unter Kontrolle, holte kurz eisige Luft und fauchte verächtlich: »Du glaubst doch wohl nicht im Ernst, dass die sich für eine alten Kerl wie dich wirklich interessieren.«

Das war's. Mein Mann verstummte für die nächsten vierundzwanzig Stunden beleidigt, und ich konnte es ihm noch nicht mal übel nehmen. Ausgeschlafen und ohne die grausame Zwangslage des Vorabends, ohne Hitzestau unter dem Rollkragen und ungeschminkte Müdigkeit im Gesicht, musste ich mir sogar eingestehen, dass meine bösartige Übersprungreaktion deutlich an der Realität vorbeiging. Warum sollte es nicht auch klugen Zwanzigjährigen auffallen, dass mein Geliebter ein wunderbares Lächeln hat und ein betörendes Funkeln in den Augen? Und sollte ich nicht, solange er mir gleichzeitig und aufrichtig ewige Liebe schwört, ein wenig stolz darauf sein, dass man ihn umschwärmt?

Der wahre Grund meines Ausfalls war wahrscheinlich auch ein anderer. Mich hatte den ganzen Abend niemand angesehen. Zwar entfachte keiner der glatt geföhnten Milchbubis, die an jenem Abend in der Provinzdisko vergeblich versuchten, für die bauchfreien Mädchen die perfekte James-Bond-Show hinzulegen, auch nur ansatzweise ein erotisches Gefühl. Man passt als Frau seine leidenschaftlichen Bedürfnisse offenbar dem eigenen Reifeprozess an. Richtig sexy, finde ich, werden Männer frühestens ab fünfunddreißig. Das allerdings fällt mir erst auf, seit ich selbst in der Altersklasse bin. Es liegt mir also sehr fern, mich für Jünglinge zu erwärmen.

Es schien mir dennoch sauer aufzustoßen, dass sich die Jünglinge nicht im Geringsten für mich interessierten. Ich war der eher unbescheidenen Ansicht, dass sie hätten erkennen können, was für eine unvergleichliche Frau sich hinter der schwarzen Schlabbermontur und dem feindlichen Gesichtsausdruck verbirgt. Dass meine Reife und meine Erfahrungen, mein erwachsenes Frau-Sein, gekoppelt mit der im Herzen bewahrten Jugendlichkeit, über vieles hinwegstrahlen und den einen oder anderen von ihnen elektrisieren müsste.

Sprungkraft der Generationen

Umso schmerzhafter war die Erkenntnis, die aus der Ignoranz der zarten Jäger folgte: Rein rechnerisch könnte ein nicht unerheblicher Teil von ihnen mein eigener Nachwuchs sein. So weit war es nämlich schon. Ein paar Tage zuvor hatte ich mit ein paar alten und neuen Freundinnen in einer Bar gesessen. Herein kam ein netter Pulk braun gebrannter Jungmänner, nicht unappetitlich anzusehen. Sie grüßten ehrfürchtig in unsere Richtung. Ich wusste noch nicht warum, aber erkannte instinktiv, ein aufreizendes Lächeln als Antwort wäre fehl am Platz. Eine Dame aus unserer Runde grüßte fröhlich zurück und erklärte mit großer Selbstverständlichkeit: »Das sind alles Freunde meines Sohnes.«

Man muss sich also zusehends daran gewöhnen, dass ein Großteil der Männer, die einem im öffentlichen Leben begegnen, jünger sind als man selbst. Die konkrete Einordnung ist nicht immer einfach. Vor allem weil man, um sich zu schonen, gerne vergisst, dass es auch und gerade unter Turnschuhträgern größere Altersunterschiede gibt. Merkwürdigerweise greift ausgerechnet in diesem Zusammenhang die kollektive Lässigkeit, die man als Weltanschauung pflegt, dennoch eher schlecht.

Mit großer Selbstverständlichkeit pflegen wir Freundschaften mit Menschen zwischen zwanzig und fünfundsechzig, behaupten gerne, ab einem bestimmten Reifestadium seien alle vernünftigen Leute gleich, und fühlen uns bei einem Flirtversuch mit einem deutlich jüngeren Kerl trotzdem schnell mal wie eine schlechte Zweitbesetzung von Mrs Robinson in der *Reifeprüfung*.

Am ärgerlichsten dabei ist, dass man im eigenen Hirn an eine Grenze stößt, die gesamtgesellschaftlich gesehen über die Maßen abgeschmackt und nach wie vor extrem empörend ist. Frauen, die sehr viel jüngere Partner wählen, werden geringschätzig und süffisant beobachtet, Männer, die dasselbe tun, werden bewundert und beglückwünscht.

Das hat man uns so in den Kopf geimpft, dass wir jetzt offensichtlich schon bei aufflackernden Blickkontakten mit saft- und kraftvollen Mittzwanzigern an der eigenen Glaubwürdigkeit zweifeln. Ein Reflex, den man sich tunlichst abtrainieren sollte. Ob man verheiratet, verwitwet oder sexuell verwaist ist, gerade glücklich oder traurig darbend, es ist eine allseits empfehlenswerte Wohltat, die Erfahrungen eines Damenlebens im Umgang mit hübschen jungen Männern auszuspielen. Dabei muss man nicht immer erotische Hintergedanken pflegen. Es bereitet auch größtes Vergnügen, flaumbärtige Verkehrspolizisten nachhaltig zu verunsichern oder mit hippen Verkäufern Prozente auszuhandeln. Niemals darf man dabei denken, dass der dann denkt: »Was will die Alte eigentlich von mir?«

Vielmehr erinnere ich mich in unsicheren Zeiten lieber an den Tatsachenbericht eines Exfreundes. Der Mann pflegte im zarten Alter von achtzehn eine leidenschaftliche Affäre mit der besten Freundin seiner Mutter. Es war die spannendste und romantischste Liebesgeschichte, die mir jemals erzählt wurde. Und sie ist mir wohl auch deswegen so nachhaltig in Erinnerung geblieben, weil der Erzähler, wann immer er davon sprach, leuchtende Augen und rote Bäckenchen bekam.

Natürlich helfen verdrehte Lolita-Fantasien nicht immer über die Urangst vor dem Verdrängungsprozess hinweg. Gegen akute Neid-Attacken und zickige Alterskomplexe wirkt nur die Rückbesinnung auf die schlichte Wahrheit. Die Uhr tickt, für jeden und jede von uns. Die kühle Blonde, die völlig zu Recht noch ohne Bedenken Bikini trägt, und das ganz ungeniert auf der Frühstücksterrasse des Hotels, in dem man gerade einen entspannten Urlaub beginnen wollte, wird auch nicht verschont von Falten und Sinnkrisen. Der Lauf der Zeit ist eine verdammt gerechte Angelegenheit. Wir wünschen der Blonden nichts Böses, ganz im Gegenteil. Wenn sie Glück hat, sieht sie in zwanzig Jahren noch genauso gut aus wie wir.

12 Alles wird besser

Spaß für Fortgeschrittene: Warum es schön ist, seinen Champagner auch bezahlen zu können, und wozu Erfahrungen wirklich nütze sind.

Mein Wunsch ist mir Befehl

Es gibt Menschen, die behaupten, es sei ein Erlebnis, mit mir in ein Restaurant zu gehen. Nicht weil die Tischgespräche so unvergleichlich anregend sind oder ich ein untrügliches Gespür im Umgang mit der Weinkarte beweise. Das sind temporäre Stärken, die stets von meiner Tagesform abhängen. Was mir dagegen immer gelingt, ist, den Bestellvorgang zu einem außergewöhnlichen Schauspiel werden zu lassen. Die männlichen Sekundärleser mögen jetzt aufstöhnen. Ja, ich gehöre zu den Menschen, die Angebote auf Speisekarten gerne etwas modifizieren.

Die Gründe dafür sind wenig exotisch. Ich leide nicht an Allergien, die mich binnen Sekunden einen sicheren Erstickungstod sterben lassen, wenn ich Kiwis nur rieche, ich folge auch nicht einem Ernährungsdiktat aus dem letzten Apothekenjournal, um meine Darmtätigkeit zu sanieren. Ich bin noch nicht mal Vegetarier. Ich mag nur lieber Kartoffeln als Reis, außerdem lieber gekocht als gebraten und esse Salat gerne vor dem Hauptgericht. Grundsätzlich. Dazu kann es außerdem passieren, dass ich Fisch will, aber mit der Beilage eines angebotenen Fleischgerichts, es ist möglich, dass mir der Sinn nicht nach weißem Brot steht und mir die Suppe ohne Einlage besser gefällt. Oder genau das Gegenteil der Fall ist. Oder wieder nicht. Manchmal wechselt die Stimmungslage sekündlich. Ich möchte einfach genau das essen, worauf ich gerade Appetit habe, und betrachte das Angebot auf Menülisten deswegen als meinen persönlichen Bausatz. So viel Service muss sein. Die meisten Leute, vor allem die Kellner, finden das, glaube ich, anstrengend. Kompliziert. Vielleicht sogar ein bisschen zickig.

Ich meine, sie tun mir unrecht damit. Ich bleibe bei meinen Sonderwünschen immer ausgesprochen freundlich und höflich und werde auch nicht ungehalten, wenn das über die Maßen verwirrte Bedienungspersonal am Ende alles durcheinander bringt. Aber ich insistiere auf meiner Extrawurst. Ich habe lange genug gebraucht, herauszufinden, was ich will, und denke, es ist an der Zeit, es auch zu bekommen.

Ich will Desserts meistens ohne Sahne und für hilfreiche Mitesser mindestens drei Löffel dazu. Hotelzimmer nie zur Straßenseite und nicht über dem Küchenabzug. Den Sitzplatz, den ich reserviert habe. Gutes Geld für meine Leistung. Auch mal meine Ruhe. Mindestens so viel Liebe, wie ich geben kann, zurück. Schuhe, die weder zu groß noch zu klein sind, und, nein, so was lässt sich nicht mit einer Einlegesohle regeln. Auskünfte, die jeder versteht. Wein ohne Kork. Lieber Champagner als Prosecco. Vorfahrt, wenn sie mir zusteht. Das gebotene Maß an Respekt, selbst von überhitzten Bauarbeitern. Regelmäßigen Cunnilingus. Und so weiter. Und so weiter. Jeder Tag im Leben ist eine permanente Prüfung der aufrechten Haltung, mit der man seine Ansprüche formuliert.

Solange man frisch, jung und auf zarten Füßen durch die Welt geht, bremst einen oft die eigene Unsicherheit. Man will gefallen. Mir gefällt es mittlerweile besser, meinem ausgebildeten Charakter bei seinem selbstbewusst bis kapriziösen Auftreten zuzusehen. Es ist schön festzustellen, dass man doch ein bisschen was gelernt hat im Leben.

Die Welt ist schließlich voller Möglichkeiten, das eigene Durchsetzungsvermögen zu schulen. Man kaufe zum Beispiel viel und regelmäßig Kleidung bei einschlägigen Modehäusern und prüfe sie unter verschärften Bedingungen (Vierundzwanzig-Stunden-Einsatz, spontane Outdoor-Ausflüge, leidenschaftliche Triebbefriedigung) auf ihre Haltbarkeit. Verlorene Knöpfe, geplatzte Nähte, tiefe Risse werden am nächsten Werktag mit großer Empörung angemahnt, schließlich, so die Beschwerde, hätten sich die Schwächen des Gewebes bereits beim erstmaligen Überziehen offenbart. Ungläubige Blicke von Seiten des Verkaufspersonals kontert man mit noch mehr Empörung und dem deutlichen Verweis auf den eigenen Stammkundenstatus und den beträchtlichen finanziellen Einsatz, der damit verbunden ist. Für ein überzeugendes Auftreten mit entsprechender Autorität ist es dabei tatsächlich von Vorteil ein paar Jährchen älter als die meisten knackigen Kleiderverkäuferinnen zu sein.

Ich war immer ein etwas zurückhaltender Mensch, für mich ist es bereits eine reife Leistung, Zeugen Jehovas und Zeitschriftenabowerber bestimmt und unmissverständlich von meiner Türschwelle zu verscheuchen. Früher war ich ein williges Opfer, nicht nur weil ich zu nett war, nein zu sagen, sondern auch weil es zu meinem erklärten Lebenskonzept gehörte, allem und jedem Offenheit und Interesse entgegenzubringen. Mittlerweile habe ich die Vorteile der Selektion erlernt. Ich habe begriffen, dass man nicht unbedingt besser über die Welt Bescheid weiß, wenn man mehr Gedrucktes bezieht, als ein durchschnittlicher Altpapierbehälter in einer Woche fassen kann, und ich weiß auch, dass der *Wachturm* in diesem Zusammenhang noch weniger zum Bildungsniveau beiträgt als die *Gala*.

Zurück in die Zivilisation

Wenn man die eigensinnige Dame in sich entdeckt hat, fällt es zusehends leichter, sich von falschen Erwartungen an die eigene Person zu trennen. Zum Beispiel davon, dass eine jung gebliebene Aufgeschlossenheit automatisch unbändige Lust am Abenteuer mit sich bringen muss. In der dergestalt irrigen Annahme habe ich jahrelang in durchnässten Zelten geschlafen, einige davon waren sogar umgeben von ganz vielen ihrer Art. Mit hunderttausenden war man freiwillig zusammengekommen, um Wochenenden mit lauter Musik, verkohlten Grillwürsten und überfüllten Dixie-Klos zu verbringen. Wer denkt schon an Duschen, wenn man derartige Gruppenerlebnisse genießen kann?

Wenn man aber endlich begriffen hat, dass das Pfadfinderalter vorbei ist, kann man ohne Gesichtsverlust sich und anderen eingestehen, dass man die Vorzüge von fließend Warmwasser schätzt und lieber unter Daunendecken als in Schlafsäcken schläft, dass man auf einen gewissen Standard an Zivilisation nur noch verzichten will, wenn damit ein einmaliges Naturerlebnis einhergeht, wenn man also in einer indischen Baumhütte schläft oder mit George Clooney am Strand.

Es hat etwas durchaus Beruhigendes und Erleichterndes, wenn man ab und an seufzen kann: Dazu bin ich zu alt. Oder andersherum – das ewige Image der jung Dynamischen kann manchmal ganz schön anstrengend sein. Ein Magazin wollte mir vor nicht allzu langer Zeit einen, wie sie meinten, wahrlich tollen Auftrag zukommen lassen. Trekking in der Bergwelt Südamerikas, vierzehn Tage schwer atmend in dünner Luft, auf Gedeih und Verderb dem Gruppendruck ehrgeiziger Hyperaktiver ausgeliefert. Sie fänden das toll, so war die Argumentation, wenn eine junge lebhafte, sportliche Frau wie ich daran teilnehmen würde.

Die junge lebhafte, sportliche Frau liebt die Alpen und spaziert gerne gemütlich auf befestigten Wegen. Sie ist wahrscheinlich nicht mal das, was man trittfest nennt, und sie war es auch nie, noch nicht mal als leichtfüßiges Kind. Sie schiebt dieses Defizit heute gerne auf ihre spät erkannte Fehlsichtigkeit. Die junge lebhafte, sportliche Frau aber wollte gerne weiter jung, sportlich und lebhaft genannt werden, hat lange überlegt und sich selbst dabei mächtig unter Druck gesetzt, mit Sprüchen wie aus den Terrortagen der Kindheit: Sei nicht so feige. Mann, bist du langweilig. Dann spielen sie eben wieder ohne dich. Dazu kamen ein paar drängelnde Forderungen aus dem ehrgeizigen Erwachsenenlager: Geh mal an deine Grenzen. Es wird sich lohnen. So eine Chance bekommst du nicht mehr.

Die Rettung kam eher zufällig. Man hat mir, um mich endgültig zu überzeugen, das Programm der Reise zugeschickt. Die Teilnehmer sollten dabei, so stand es schwarz auf weiß, nach ausgiebigen Gewaltmärschen und ernsthaften Kletterpartien auch eine Nacht (O-Ton: »ein unvergessliches Erlebnis«) schwebend in einer Art Hängematte am Fels schlafen. Ich wusste: schlaflose Nächte machen wirklich alt. Ich sagte ab. Und kann damit leben, dass man mich seither verstärkt für Ausflüge zur Lavendelblüte in die Provence einplant.

Nicht alles, was Jugendlichkeit signalisiert, macht automatisch Spaß. Ein weiser Blick zurück relativiert bisweilen altersbedingte Knitter und Krisen. Ich habe früher aus Mangel an Mitteln viel billigen Sekt getrunken, habe mich dauerhaft von Pfannengemüse und Bananenmilch ernährt und hatte aus Unwissenheit eine Menge eher mäßigen Sex. Manchmal war er sogar deprimierend schlecht. Ich habe in einem Wohnklo mit Dusche gelebt, und mein Auto veränderte bei jeder Fahrt, die weiter ging als zwanzig Kilometer, die Pannenhilfe-Statistik des ADAC. Ich habe mir lange Zeit selbst mit Henna die Haare rot gefärbt und zwanghaft bei jedem Gang zum Mülleimer volles Make-up aufgelegt, weil ich auf Schritt und Tritt hoffte, meinen Traummann zu treffen und meinem wahren Gesicht nicht traute. Ich habe all das hinter mir gelassen, und ich möchte nicht dorthin zurück.

Friede, Freude und in alle Ewigkeit

Dennoch ist die Gemengelage im Gemüt nicht immer einfach zu verstehen. Auf der einen Seite kommt es einem vor, als habe man sich kaum verändert, sei immer noch so bunt und lustig und unfertig wie schon seit zwanzig Jahren, auf der anderen Seite nimmt man unvermittelt seltsame Alterserscheinungen an sich wahr. Ich, die ich niemals auch nur einen Kaktus am Leben erhalten konnte, ich, die ich Zierpflanzen in geschlossenen Räumen für ebenso überflüssig hielt wie Windhunde im Stadtpark, habe jüngst die Floristin in mir entdeckt.

Ich weiß nicht, wo sie herkommt, die Frau, die mit einem milden Lächeln und einer leisen Melodie auf den Lippen in akribischer Sorgfalt Schnittblumen in ständig neu erworbenen Vasen arrangiert, als sei sie eine Reinkarnation von Mrs Dalloway. Aber sie ist da und lässt unsere Wohnung permanent aussehen, als hätte gerade jemand – wahrscheinlich sie selbst – Geburtstag gehabt. Meine küchenpsychologische Deutung: Sie feiert sich und das Leben. Mit Schnittblumen und Morgenläufen. Und nicht mehr ganz so oft mit späten Tänzen und harten Drinks.

Die gesteigerte Aufmerksamkeit, die ich frischen Tulpen entgegenbringe, hat auch etwas mit einer pfleglicheren Behandlung meiner selbst zu tun. Die Frau, die es geschafft hat, aus einem in vier Zimmer zu ziehen, die nicht immer rote Zahlen auf dem Konto hat, die mit Stolz auf eine stattliche Schuhsammlung blicken kann und oft lacht, bis ihr die Tränen kommen, die ihre Hochzeitstage feiert und schöne Freundschaften pflegt, die sich ein eigenes Leben gezimmert hat, das sich an guten Tagen richtig gut anfühlt, hat meine Anerkennung verdient.

Ich muss sie sorgsam behandeln, auch weil sie mittlerweile manchmal schwache Nerven zeigt. In öffentlichen Verkehrsmitteln beispielsweise, wenn irgendwelche Rotzlöffel ihre Ghetto-Blaster in voller Lautstärke dröhnen lassen und einem noch nicht mal die Musik gefällt. Wenn man sich plötzlich gar nicht mehr jung fühlt, sondern steinalt, weil man am liebsten aufspringen möchte, die Stopptaste drücken und mit säuerlicher Miene zischen: »Schon mal was von rücksichtsvollem Benehmen gehört?« Man lässt es bleiben, noch, weil man das Gefühl hat, dass einem für jede Äußerung dieser Art zur Strafe für seniorenhaftes Benehmen drei neue graue Haare wachsen. Und man sich glücklicherweise aus eigener Erfahrung an die kichernde Genugtuung erinnern kann, die solche Auftritte bei aufmüpfigen Teenagern provozieren.

Vielleicht, so denkt man milde, werden die Armen zu Hause von ihren Alten mit Dauerbeschallung von U2 malträtiert und rächen sich dafür an der Welt. Man selbst ist dazu übergegangen, die Klassik-Plattensammlung der Eltern und die gepflegte Ordnung und Ruhe in ihrem Haushalt schätzen zu lernen. Man begegnet ihnen gerne und auf Augenhöhe und genießt das Gefühl, beim gemeinsamen Restaurantessen mit dem eigenen Vater den Wettlauf um die Rechnung anzutreten. Der Vater, der einem bei jedem Besuch dennoch mit der liebevoll besorgten Frage kommt: »Habt ihr auch genug Geld?« Alle Vorsätze, erwachsen zu werden, sind im Elternhaus ohnehin vergebens. Weil man dort für immer Kind bleiben wird. Meine Mutter nennt mich auch heute noch öfter aus Versehen »Zwerg«.

Der vierzigjährige Zwerg hat sich vorgenommen, den Ist-Zustand als nach oben offenes Optimum zu begreifen. Die Halbzeit des Lebens könnte doch auch ein guter Zeitpunkt sein, nicht um sich darüber zu grämen, was schon alles versäumt ist, sondern um ein paar aufgeweckte Überlegungen dazu anzustellen, was man in Zukunft noch so losmachen kann. Es wäre vielleicht auch vorstellbar, dass wir zwar an Jahren gewinnen, aber trotzdem nicht alt werden. Zumindest nicht so, wie man sich das landläufig vorstellt.

Nicht mit einem Farbwechsel auf Braun und Beige, nicht mit einem vorwurfsvollen Zug um die Mundwinkel, nicht mit koffeinfreiem Kaffee und seltsamen Ängsten. Wir sind schließlich viele, und wir haben uns bis jetzt auch gut gehalten. Haben vor allen Dingen schon eine ganze Menge an unterschiedlichen Erfahrungen gemacht. Wir haben alleine gelebt, zu zweit, zu mehreren, wir haben geliebt, getrennt, gelitten, wir haben überdies gelernt, in jeder Hinsicht für unser Wohl zu sorgen. Wir sind selbstständig und flexibel, also bestens gerüstet für das, was da noch kommt.

Wir sind außerdem jetzt schon mindestens zehn Jahre älter als das, was man gemeinhin eine junge Zielgruppe nennt, und wir fallen dennoch nicht allzu unangenehm auf, wenn wir uns darunter mischen. Ich behaupte jetzt mal hoffnungsvoll, das wird auch so bleiben. Das soll nicht heißen, dass wir einmal zu denen gehören wollen, die mit zu blonden Haaren und zu kurzen Röcken nur noch von hinten wohlwollende Blicke ernten. Dennoch sind wir ein vitales Experimentierfeld. Ein Phänomen im Werden. Keine Generation vor uns hat so gelebt wie wir, ist groß geworden mit der freien Auswahl: Karriere, Kinder, Mann, Frau, Stadt, Land, Gummisohle, Hackenschuh, Botox, Biomarkt … Und deswegen kann es auch für die nächsten vierzig Jahre keine Verhaltensmuster geben, die es zu beachten gilt.

Wenn wir zusammensitzen, meine liebsten Damen und ich, was wir gerne und in gebotener Regelmäßigkeit tun, wenn die Gläser sprudeln und wir die Komplimente für beeindruckende Ausschnitte und Outfits ausgetauscht haben, wenn wir schmutzige Witze erzählen und traurige Geschichten, wenn eine die Augen rollt, weil die andere schon wieder von ihren Kindern schwärmt, wenn wir Kerle durch den Kakao ziehen und gebrochene Herzen kitten und immer wieder neue Runden bestellen, dann möchte ich gerne glauben, dass es immer so bleibt. Dass wir mit siebzig, achtzig, neunzig noch dasitzen mit leuchtenden Augen und viel Gekicher und wir auch dann noch erkennen, was mir heute schon auffällt: Meine Freundinnen werden immer schöner. Von Tag zu Tag. Weil ihre Gesichter erzählen und nicht nur gefälliges Abbild sind. Weil vieles dort zu lesen ist, was mich sie bewundern lässt. Und nichts von ihrer Würde verschwindet, wenn sie vor Lachen gerade vom Sofa fallen oder schluchzend an einer Schulter hängen.

Natürlich sehe ich uns silbergrau in einer mondänen Bar irgendwo am Nabelpunkt der Welt konferieren und nicht in einem verstaubten Café an einer Kurpromenade. Falls dann jemand der Meinung ist, dass wir dort nicht mehr hingehören, greift die letzte Stufe des vergnügten Reifungsprozesses: Wir werden entdecken, wie viel Spaß es macht, sich unbotmäßig zu verhalten. Und dabei endlich wieder richtig aufzufallen.

Waris Dirie

Schmerzenskinder

Gebunden mit Schutzumschlag | 256 Seiten | ISBN 3-547-71067-7

Waris Dirie, international gefragtes Topmodel, schildert ihre eigene erschütternde Geschichte in den beiden Büchern *Wüstenblume* und *Nomadentochter,* die zu Weltbestsellern wurden. In diesem Buch erzählt Waris Dirie ihr Leben weiter, von dem Tag an, als sie ihr Schweigen brach. Sie erzählt von ihrem Kampf gegen das grausame Ritual der Genitalverstümmelung, von Begegnungen mit Opfern und Tätern, von den mühsamen Recherchen, von Rückschlägen und Erfolgen.

»Und plötzlich ist das grausame Ritual ganz nah.« *Brigitte*

»Ein erschütterndes Buch, doch es ist auch voller Kraft und Hoffnung für Millionen Frauen in aller Welt.« *zeit.de*

Kristin Gore

Und wovon träumst du nachts?

Roman | Aus dem Amerikanischen von Catrin Frischer
Gebunden mit Schutzumschlag | 528 Seiten | ISBN 3-547-71084-7

Sie ist erst 26 und hat schon einen Top-Job in Washington. Trotz 70-Stunden-Einsatzes und kaum zu kaschierender Ringe unter den Augen stolpert sie eines Tages über ihren Traummann – ausgerechnet im Büro. Sie schwebt auf Wolke sieben, bis sie feststellt, daß Mr. Right sie nur ausnutzt. Samantha schwört Rache, und sie wäre nicht Samantha, wenn es dabei nicht zu größeren Katastrophen käme. Eine davon heißt Charlie …

»Bridget Jones in Washington!« *New York Times*

Zoë Barnes

Ehe für Anfänger

Roman | Aus dem Englischen von Joachim Peters
Gebunden mit Schutzumschlag | 400 Seiten | ISBN 3-547-71065-0

Emma und Joe Sheridan sind frisch verheiratet, doch im rauhen Ehealltag wird die Jugendliebe auf eine harte Probe gestellt. Seine Mutter ist eine echte Herausforderung, und Joes Erwartung, Emma würde häuslicher werden und ein Kind wollen, erfüllt sich nicht. Zwar begleitet sie ihn zu den Golf-Turnieren seiner Firma, aber das anstehende Damen-Programm fordert ihr die letzte Beherrschung ab.

Temporeich und äußerst fröhlich erzählt Zoë Barnes vom Eheglück mit Hindernissen: Auch an der Seite von Mr. Right gibt es Schattentage.

2. Auflage 2005

Marion von Schröder ist ein Verlag der Ullstein Buchverlage GmbH

ISBN:13: 978-3-547-71081-6
ISBN-10: 3-547-71081-2

Gesetzt aus der Goudy Old Style by LVD GmbH, Berlin
Druck und Bindung: Clausen & Bosse, Leck
Printed in Germany